U0871625

基础教育语文教材语言研究丛书

主编：苏新春

『十二五』国家重点图书出版规划项目

20世纪80–90年代
基础教育语文教材语言研究

Language

李焱　孟繁杰◎著

SPM 南方出版传媒

全国优秀出版社
全国百佳图书出版单位

广东教育出版社

·广州·

图书在版编目（CIP）数据

20世纪80–90年代基础教育语文教材语言研究／李焱，孟繁杰著. —广州：广东教育出版社，2016.12
（基础教育语文教材语言研究丛书／苏新春主编）
ISBN 978-7-5548-1457-4

Ⅰ. ①2… Ⅱ. ①李… ②孟… Ⅲ. ①基础教育—语文教材—语言—教学研究 Ⅳ. ①G633.302

中国版本图书馆CIP数据核字（2016）第307696号

责任编辑：黄 倩 唐娓娓 李 珊
责任技编：佟长缨 刘莉敏
责任美编：王 勇

20世纪80–90年代基础教育语文教材语言研究
20 SHIJI 80–90 NIANDAI JICHU JIAOYU YUWEN JIAOCAI YUYAN YANJIU

广 东 教 育 出 版 社 出 版
（广州市环市东路472号12–15楼）
邮政编码：510075
网址：http://www.gjs.cn
广东新华发行集团股份有限公司经销
佛山市浩文彩色印刷有限公司印刷
（佛山市南海区狮山科技工业园A区）
787毫米×1092毫米 16开本 17.5印张 464 000字
2016年12月第1版 2016年12月第1次印刷
ISBN 978-7-5548-1457-4
定价：45.00元
质量监督电话：020-87613102 邮箱：gjs-quality@gdpg.com.cn
购书咨询电话：020-87615809

目录

CONTENTS

总　序

苏新春

在“国家语言资源监测与研究教育教材中心”成立十周年，《中国语言生活状况报告》连续发行十年之际，我们这套“基础教育语文教材语言研究”丛书也出版了。这是一个值得纪念的日子。

2005年“国家语言资源监测与研究教育教材中心”成立伊始，就以教育教材语言为自己的专攻方向。在厦门大学与教育部语言文字信息管理司的共建书中这么写道：“教育教材中的语言状况是整个社会语言生活中一个重要内容，它对整个民族的母语教学、第二语言教学乃至所有的知识教育体系，都会产生极为重要的作用。”“国家语言资源监测与研究(教育教材)中心的成立，标志着可以对教育教材的语言现象进行实时的动态监测、分析和研究，可以最迅速、最广泛地了解语言现象的动态变化，为国家的语言政策、语言规划和语言教育等提供参考依据，从而更积极有效地促进和引导社会语言生活健康发展。”

在基础教育阶段，语文课从来都是所有课程的重中之重。它伴随着每一位孩童的成长，从小学一年级的启蒙学习开始，到初中，再到高中，就是进了大学，大一仍放不下语文课。语文课如此重要，到底是哪些因素在里面起着作用，对这些因素该做怎样的离析提取，是很值得探讨的。语言文字的学习掌握，核心在语言能力的获得。人们经常会说，语文课还承担着社会知识学习、人文情怀熏陶、道德价值观养成的任务。“文以载道”“器以盈气”，后者似乎显得更为重要。在语文课中，“文”与“道”、“器”与“气”是怎样的关系？谁起主要作用?如何梳理它们之间的关系?这种关系在基础教育阶段的语文学习与成人社会的作品学习是一样的吗?如不同它们该如何呈现?再细究下去，不同年级的语文课又有着怎样的不同?凡此种种，都使得中小学语文学习变得复杂无比，褒言之则是丰富无比。原因当然是人们太看重语言文字能力的获得，太期待语文学习的良好效果，当然，也浸透着长期以来对语文课的教学内容、教学效果混而不清、彰而不显的失望。

当我们希望从语文教材中把教材语言离析出来，加以科学化、层次化、序列化，让它变得可分解、可量化、可统计、可细析的时候，就会发现在“文”与道”、“器”与“气”中，前者才应是语文课最重要的内容，是语文课文最重要的载体。没有这个载体，也就无所谓载荷之物。而且，这个载体本身也有着“体”“用”之分。“体”就是语言文字知识，“用”就是语言文字功能。学习的关键就是如何将语言文字知识有效、迅速地转化为人的语言文字能力。当然，在学习、转化过程中，必定会受到社会政治、道德观念、文化习俗的影响，可这并不意味着后者会来得更重要。只要看一个事实就清楚了，就是语文学习古来有之，文字的“蒙求”，辞藻的“华达”，音韵的“抑扬顿挫”，文章的“起承转合”，从来里面都有恒定不变的东西。文道文气同样也是不可缺少的，可具体内容却代代有变，从君君臣臣到唯民为大，再到中华梦的实现。前之恒，恒的是其文其器，其本其体；后之异，异的是其道其气，其功其用。语文课追求的是人之所以为人的基本素质基本能力，政治课品德课思想课追求的是时异世异、适时适世的知世治世之观。如此看来，从庞杂无比的语文课中分离出那些语言文字的知识、本体、功能，直到人的语言能力的培养与获得，至关重要。

教育教材语言研究的最大目的就是要揭示它的性质、构成、分布及功能。所有的研究工作都建立在教材语言数据库的量化分析上。论述了教育教材语言具有的基础性与功能性、有限性与有序性、通用性与专业性，将对教育教材语言的探求概括为五个问题：“教什么不教什么”“先教什么后教什么”，“怎么教”“效果怎样”“如何评测”。在具体研究中，重点放在第一、二、四个问题上，研究成果主要刊于当年的《中国语言生活状况报告》，如《国内出版十二套对外汉语教材语言调查报告》（2006）、《基础教育新课标语文教材用字用词调查报告》（2007）、《基础教育新课标历史、地理教材用字用词调查报告》(2008)、《基础教育语文教材用字调查》（2009）、《海外汉语教材用字用词及语用调查》（2011）、《数理化新课标教材用字用词调查》（2012）、《大陆台湾中小学语文教材课文选文对比》(2013)、《民国时期小学语文教材与人教版教材的用字用词比较》（2014）等。这些专题涉及教育教材语言的方方面面，从使用到分布、字种到字序、频次到频率、词频到义频、文本到年级，对课文从文章体裁到内容题材、时代传承到语言风格、课文的自编到选编，都从不同角度不同层面用不同方法进行过探讨，得到了一批批准确的字表词表、频率表分布表：既可以依大纲俯察教材与教学，也可以从课文仰观大纲与教材厂，在研究材料上，以大陆教材为主体，参之台港地区，观其状，辨其变，对不同地区间白勺教材语言分布与处理有了更多认知。

现在我们终于有机会通过本丛书将对当前语文教材的研究往前作一延伸。对我国现代基础教育形成与发展百年间的语文教材语言做一通盘、纵向、流源式的考察，通流观变，其意义和结果都是令人兴奋而充满期待的。在我们的课题进行中得知人民教育出版社及兄弟单位分别承担了“20世纪语文课程研究”与“20世纪语文教材研究”的课题，得到国家社科等重要基金的支持。这让我有了“分兵合击”“互为犄角”的感觉。相信“合围”之下，对基础教育语文课能从大纲的设计与要求，到教材的编纂与实施，再到教材语言的分布与教学，看到其中更多互联互动的联系。

本丛书的作者主要为国家语言资源监测与研究教育教材中心的研究人员，他们的知识背景主要为语言学，本有专攻。郑泽芝教授专攻计算语言学，李焱副教授善于汉语史与台湾语文教材研究，赵怿怡副教授长于语义计算，罗树林博士倾力于应用语言学，他们都对教育教材语言领域观其宏、迷其奥，而决意投入这个崭新领域，分别承担了20世纪中某一时期的研究工作。作者中还有辽宁师范大学李娜博士，她从博士到博士后，一直浸润在民国时期语言演变中，现在又转人民国教材语言研究，对从定性到定量充满热情。还有天津的董兆杰先生，他对汉字教学有着长期思考，将思与辨、破与立做了有力结合。

本丛书的写作，我们遵循着“一个中心、两个参照点”的原则。这个中心就是教材语言。不管在哪个时期的教材研究中，都是以教材语言为中心。要全面详细反映出教材语言中两个基本要素——汉字与词汇的构成情况。要对其教材分布、年级分布、课文分布，对其字(词)量、字(词)种、字(词)序的构成，对其共现与独用、高频与低频、常用与偶用的种种使用状况都要有详尽统计分析。可能的话还会对部分语法、语用、篇章的使用情况有所涉及。这个中心是本丛书的最大立足点。所有分析都将立足于语料统计的基础上进行，要对所分析的语言问题有量的准确呈现。由于人力时间的限制，定量分析时只选取了一两种典型教材，只有民国时期选取的教材超过了十种。所有的教材语言分析都要从“教学”的角度加以思考。因为教材语言之所以不同于其他语料，就在于它有明显的教学功利。在基础性功能性上，有限性有序性是教材语言最为显著的特征。这当然跟教学目标、教学内容、学制安排、年级差异是密切相关的。包括教材中的精读课文、阅读课文、练习、测验、复习，都是为了实现这样的目的而存在的。其核心就是要呈现教育教材语言的构成与面貌，要体现教育教材语言的有限性与有序性，要解决教育教材语言在语言文字能力的培养与获得中所起的作用。

两个参照点中的第一个是将教材语言分析与教材内容课文内容紧密相连。所有教材语言问题的分析都要尽量跟课文内容相参照。如果做不到这点，则教材语言分析就成了纯形式的分析，跟一般的统计语言学别无二致了。另一个则是将教材语言分析与课程设计课程大纲紧密相连。具体教材总是为了体现教学大纲才存在的，教学大纲又是来源于课程的定位与设计。

作为具体问题出现的“教材语言”久已有之，作为独立研究领域出现的“教材语言”则为时尚新。这是一个尝试，它期望成功，而存在不足是必然的。另一个期待就是希望有更多同道一起在这个领域耕耘。

2016年12月7月于厦门大学

第一章　20世纪80—90年代语文教材概述

20世纪80—90年代，是新中国成立后的一个重要转折时期。

1977年8月，教育部召开了中小学教学计划座谈会，讨论制定了《全日制十年制中小学教学计划（试行草案）》，并于1978年1月公布试行。该文件统一了全国的学制，制定了统一的教学大纲，编纂了全国发行的教科书，这标志着中小学教育开始走上正规化的轨道。

1978年4月，全国教育工作会议召开，这是“文革”后第一次全国性的教育工作会议。邓小平在开幕式上作了重要讲话，发表了四点意见：“第一，提高教育质量，提高科学文化的教学水平，更好地为无产阶级政治服务。第二，学校要大力加强革命秩序和革命纪律，造就具有社会主义觉悟的一代新人，促进整个社会风气的革命化。第三，教育事业必须和国民经济发展的要求相适应。第四，尊重教师的劳动，提高教师的质量。”

1983年9月，邓小平为北京景山学校题词：“教育必须面向现代化，面向世界，面向未来”，这“三个面向”指示收录在1985年5月27日《中共中央关于教育体制改革的决定》中，成为新时期教育领域提出的战略方针和教育发展方向。

1986年4月，《中华人民共和国义务教育法》颁布，这标志着教育开始走向法制化的道路。不过，这一时期也存在着把语文教育的重点放在工具性和思想性上的倾向。

20世纪80年代末，一批年轻的语言学者开始了文化语言学的研究，用人文主义的观点诠释汉语的特点。1987年，申小龙在《汉语的人文性与中国文化语言学》中提出了汉语的人文性这一研究视角。1993年，王晓明发表的《文学和人文精神的危机》引发了文学界对人文精神的讨论。与语言学界和文学界的讨论遥相呼应，语文教育界也开始了对语文教育性质的讨论，如陈钟梁发表了《是人文主义，还是科学主义》（1987），于漪发表了《弘扬人文，改革弊端——关于语文教育性质观的反思》（1995），这些讨论的意义不仅仅限于90年代，对20世纪的语文教材的编写也具有深远的影响。

由此可见，20世纪80—90年代是新中国教育史上一个承前启后的重要时期，也是新中国语文教材编纂史上的一个重要时期。这个时期制定了很多重要的语文教学大纲，对语文教材编纂起到了指导作用，也根据形势的变化出版了多个版本的语文教材。我们将对二者的演变脉络进行梳理，并在此基础上提出研究的目标。

第一节 语文教学大纲的制定

语文教学大纲是国家教育部门制定的对语文教学活动的内容、方式进行指导的纲领性文件，它是编纂教科书、组织教学活动、评判教学效果的重要依据，具有规约性和权威性。

一、中国语文教学大纲的沿革

中国传统的语文教育是在家塾、党庠、书院中完成的，这些民间的教育机构往往会制定各自的教学规划。例如元代程端礼的《程氏家塾读书分年日程》详细规定了学生每日学习的方式："日止读一书，自幼至长皆然。此朱子苦口教人之语。随日力、性资，自一二百字，渐增至六七百字。日永年长，可近千字而已。每大段内，必分作细段，每细段，必看读百遍，倍读百遍，又通倍读二三十遍。后凡读经书仿此。自此说《小学书》，即严幼仪。大抵小儿终日读诵，不惟困其精神，且致其习为悠缓，以待日暮。法当才完遍数，即暂歇少时，复令入学。如此，可免二者之患。"对各阶段学习的内容也做了规划："前自八岁，约用六七年之功，则十五岁前，《小学书》《四书》诸经正文，可以尽毕。既每细段看读百遍，倍读百遍，又通倍大段，早倍温册首书，夜以序通倍温已读书，守此，绝无不熟之理。自十五志学之年，即当尚志。为学以道为志，为人以圣为志。自此依朱子法读《四书注》。或十五岁前用工失时失序者，止从此起，便读《大学章句》《或问》，仍兼补《小学书》。读《大学章句》《或问》……"这份《读书分年日程》制定得十分详细，甚至可以看作是语文教学大纲的一个雏形。

1902年，清政府管学大臣张百熙拟定了《钦定学堂章程》，包括《钦定蒙学堂章程》《钦定小学堂章程》《钦定中学堂章程》《钦定高等学堂章程》《钦定京师大学堂章程》及《考选入学章程》等6件，是中国近代由国家颁布的第一个规定学制系统的文件。该文件对学制课程、教学内容等作了规定："各省高等学堂为中学卒业之升途，又为入分科大学之预备。分政、艺两科。课程与大学预科同。三年卒业。高等学外，得附设农、工、商、医高等实业学堂，亦中学卒业生升入。教授用专科教员制，各任一门。中学堂，为高等小学卒业之升途，即为入高等学之豫备。课目：修身、读经、算学、词章、中外史、中外舆地、外国文、图画、博物、物理、化学、体操。四年卒业。中学外，得设中等农、工、商实业学堂，高小卒业生不原治普通学者入之。又附设师范学堂，课目同中学，惟酌减外国文，加教育学、教授法。得合两班或三班，以两三教员各任数科目，分教之。小学堂分高等、寻常二级。儿童自六岁起，受蒙学四年。十岁入寻常小学，修业三年。此七年定为义务教育。十三岁入高等小学，三年卒业。得附设简易农、工、商实业学堂，寻常小学卒业者入之。寻常小学课目：修身、读经、作文、习字、史学、舆地、算术、体操。高等小学课目，增读古文辞、理科、图画，余同寻常小学。教授采用级任制。正教习外，得置副教习。蒙学堂属义务教育，府、郡、州、县、城、镇、乡、集均应设立。凡义塾或家塾，应照蒙学课程，核实改办。课目同寻常小学，惟作文易以字课。蒙学宗旨，在于改良私塾，故章程规定，颇注重教授法之改善，于儿童身心之体察，三致意焉。至学生出身奖励，小学卒业，奖给附生；中学卒业，奖给贡生；高等学卒业，奖给举人；大学分科卒业，奖给进士。各省师范卒业，照大学师范馆例给奖。其大较也。钦定章程虽未臻完备，然已有系统之组织。”① 随后，张百熙又会同张之洞、荣庆等人，对《钦定学堂章程》进行了修订，制定了《奏定学堂章程》，并于1904年在全国公布施行。其中规定：中小学堂应设读经、讲经、中国文学三科，教学内容为经、史、子、集，语体为文言，每周授课时间为36学时。由此，语文开始独立设科。

中华人民共和国成立后，初期起临时宪法作用的《中国人民政治协商会议共同纲领》及以后正式颁行的国家宪法中，都明确规定公民有受教育的权利和义务。1985年5月27日制定的《中共中央关于教育体制改革的决定》指出，义务教育，即依法律规定适龄儿童和青少年都必须接受，国家、社会、家庭必须予以保证的国家教育，为现代生产发展和现代生活所必需，是现代文明的标志之一。1986年4月12日，第六届全国人大第四次会议通过的《中华人民共和国义务教育法》规定：国家实行九年制义务教育，要求省、自治区、直辖市根据本地区经济、文化发展状况，确定推行义务教育的步骤。该法于同年7月1日起施行。这是

① 《清史稿》志八十二。

新中国成立以来最重要的一部教育法，标志着中国已确立了义务教育制度。语文学科作为基础教育最重要的学科之一，一直是学习的重点。

1950年8月，中央人民政府教育部颁布了《中学暂行教学计划（草案）》。这是新中国成立之后的第一个中学教学计划。《中学暂行教学计划（草案）》规定，中学设政治、语文、数学、自然、生物、化学、物理、历史、地理、外语、体育、音乐、美术、制图14门课程。“语文”替代了之前的“国文”“国语”，作为一门课程的称谓正式登上历史舞台。

为了更好地指导语文学科的发展，规范这个学科的学习目标，国家颁布了多个针对中小学的语文教学大纲。我们把新中国成立以来历次的语文教学大纲分列如表1-1。

表1-1　新中国成立以来历次语文教学大纲对照表

小学大纲	初中大纲
1950年《小学语文课程暂行标准（草案）》	无
1955年《小学语文教学大纲草案（初稿）》	无
1956年《小学语文教学大纲（草案）》	1956年《初级中学汉语教学大纲（草案）》《初级中学文学教学大纲（草案）》
1963年《全日制小学语文教学大纲（草案）》	1963年《全日制中学语文教学大纲（草案）》
1978年《全日制十年制学校小学语文教学大纲（试行草案）》	1978年《全日制十年制学校中学语文教学大纲（试行草案）》
1980年《全日制十年制学校小学语文教学大纲（试行草案）》	1980年《全日制十年制学校中学语文教学大纲（试行草案）》
1986年《全日制小学语文教学大纲》	1986年《全日制中学语文教学大纲》
1988年《九年制义务教育全日制小学语文教学大纲（初审稿）》	1988年《九年制义务教育全日制初级中学语文教学大纲（初审稿）》
无	1990年《全日制中学语文教学大纲（修订本）》

（续表）

小学大纲	初中大纲
1992年《九年义务教育全日制小学语文教学大纲（试用）》	1992年《九年义务教育全日制初级中学语文教学大纲（试用）》
2000年《九年义务教育全日制小学语文教学大纲（试用修订版）》	2000年《九年义务教育全日制初级中学语文教学大纲（试用修订版）》
2001年《全日制义务教育语文课程标准（实验稿）》	
2011年《义务教育课程标准》	

张洁（2013）对中学阶段语文课程标准做了研究，认为可以把新中国成立以来的语文课程标准划分为五个阶段①：

①整顿时期。这个时期没有中学语文教学大纲，只有1950年出版的课本中附的《编辑大意》和1951年《人民日报》的社论《正确使用祖国的语言，为语言的纯洁和健康而斗争》与教学大纲作用类似。

②学科调整阶段。主要包括1956年、1963年两种大纲。

③探索发展时期。主要包括1978年、1980年、1986年、1990年四种大纲。

④改革发展时期。主要包括1992年、2000年两种大纲。②

⑤完善与修订阶段。主要包括2001年课程标准。

根据学制的不同，我们也可以把新中国成立以来历年的语文教学大纲简单划分为三个阶段：

（1）探索调整期。

这个时期包括1950年、1955年、1956年、1963年、1978年、1980年的大纲。从编纂体制上看，这个阶段正处于探索适合的大纲编写模式的过程中。例如，1950年的大纲是为五年制小学设计的，1955年的大纲是为六年制小学设计的，1956年、1963年、1978年、1980年的大纲又转为五年制小学设计的，这表现出大纲的模式没有定型。初中大纲的制定也是如此，1950年、1955年虽然有为小学设计的大纲，但是并没有颁布初中大纲，1956年初中语文大纲开始把文学和汉语分设两个大纲，而1963年、1978年、1980年的大纲又开始把语言和文学的内容合并

① 陈秀玲，张洁：《中学语文课程标准与教材分析》，科学出版社，2013，第30~39页。

② 原书把1992年写为1995年，但是1995年并没有大纲出版。这里本文改订为1992年。另外，原书还提到了这个阶段有1996年颁布的《全日制普通高级中学语文教学大纲（供试验用）》，这个版本的高中大纲，与本文研究无关，所以没有引用。

到一个大纲中，这同样表现出这一阶段的初中大纲也在摸索一种合适的编纂方式。

（2）完善定型期。

这个时期包括1986年、1988年、1990年、1992年、2000年。在这一时期，虽然仍有部分地区采取五四学制，但是通行面最广的，还是小学六年、初中三年的六三学制。这时期，整个学制的规划已经形成一个固定的模式。

（3）发展革新期。

这个时期包括2001年、2011年。这个阶段，教学大纲把小学和初中作为一个整体来规划。既注重语文教学的连贯性，又注意到了阶段性。这个时期的语文大纲根据九年义务教育的要求，把小学和初中分成了四个学段，其中1~2年级为第一个学段，3~4年级为第二个学段，5~6年级为第三个学段，7~9年级为第四个学段，形成了有分有合的框架安排。

由此可见，80—90年代的语文教学大纲处在承上启下的重要位置，是新中国成立以来语文教学大纲走向规范化的关键时期。

二、语文教学大纲教学理念和板块组成

这一部分，对80—90年代语文教学大纲的教学理念、板块组成对大纲作一分析。大纲的具体内容将在后续章节的对应部分进行单独分析。

1. 教学理念

教学理念是一部大纲的基本出发点，是对具体内容的纲领性指导。大纲的教学理念，与语文这门学科性质的认定是密不可分的。对于什么是语文，不同的人有不同的解释。

有的人认为语文就是指语言文字。例如朱光潜先生在《谈文学》中写道："如果它所写的思想或情境本身引人入胜，我便觉得它好，根本不会注意到它的语言文字如何，反正语文是过河的桥，过了河，桥的好坏就可不用管了。近年来我的习惯几已完全改过。一篇文学作品到了手，我第一步就留心它的语文。"① 还有学者对语言的内涵进一步细化，认为语言可分为口头语言和书面语言。张志公认为："语文就是语言的意思，包括口头语言与书面语言。在口头谓之语，在书面谓之文，合起来称为'语文'。"② 叶圣陶也持这种看法："什么是语文？

① 朱光潜：《朱光潜美学文集》第二卷，上海文艺出版社，1982，第308页。

② 张志公：《语文教学论集》，福建教育出版社，1981，第20页。

平常说的话叫口头语言，写在纸面上的叫书面语言。语就是口头语言，文就是书面语言。把口头语言和书面语言连在一起说，就是语文。”①

有的观点认为语文应是语言文学的意思。苏灵杨认为：“有人主张，语文就是语言文字，不是语言文学，我的意见是不好这样区分。语文既是语言与文字，也是语言与文学。”②

还有观点认为，语文还应该包括文化。李海林认为：“国文最重要的功用，在于人与人的心的沟通联络和文明文化的遗传。我们所以要学习国文的原因，也就为此。”③

另外，因为语文具有文以载道的功能，社会的价值观和政治理念也会在其中有所体现。新文化运动中，“若你要问语文是什么，那么一般回答有二：一是‘语文是白话文，且要倡导自由、民主、科学的资产阶级进步思想’；一是‘语文是文言文，且一定要弘扬传统的封建道德文化’。”④

由此可见，广义的语文，应该包括语言文字、文学、文化、思想政治这几部分内容。

基于这个框架，我们对80—90年代大纲中语文教学的理念进行分析。

（1）小学大纲。

1980年《小学大纲》⑤ 在语言方面，强调“小学语文教学的目的是培养学生识字、看书、作文的能力，初步培养准确、鲜明、生动的文风。小学语文教学的要求是使学生掌握常用汉字，初步打好阅读和写作的基础”；在思想政治方面，强调“小学语文教学必须重视从小培养学生的无产阶级世界观。这个指导思想，要体现在整个小学语文教学之中”；在学科定位上强调了两者关系的统一性：“语文这门学科，它的重要特点是思想教育和语文教学的辩证统一。”

1986年《小学大纲》在语言方面指出“小学是学习语文的基础阶段。在这个阶段，必须切实打好听说读写的基础……小学语文教学的目的是培养学生的识字、听话、说话、阅读、作文的能力和良好的学习习惯”；在思想政治方面，指出语文对于“培育有理想、有道德、有文化、有纪律的社会主义公民……建设社会主义物质文明和精神文明，有着重要意义”；在学科定位上也强调了两者关系

① 叶圣陶：《语文教育论集》，人民教育出版社，1980，第138页。

② 苏灵杨：《在中学语文教材改革座谈会上的发言》，《中学语文教学》1980年第12期。

③ 李海林：《语文本体与语文构成》，《语文学习》2004年第4期。

④ 段双全：《三种不同性质的语文界说》，《语文建设》2010年第11期。

⑤ 为1980年《全日制十年制学校小学语文教学大纲（试行草案）》的简称，下同。

的统一性："小学语文是基础教育中的一门重要学科，不仅具有工具性，而且有很强的思想性。"

1988年《小学大纲》在语言方面指出"小学是学习语文的基础阶段。在这个阶段，必须切实打好听说读写的基础……小学语文教学的目的，是指导学生正确地理解和运用祖国的语言文字，使学生具有初步的听说读写能力"；在思想政治方面，指出小学语文对"培育有理想、有道德、有文化、有纪律的社会主义公民"有重要意义，"在听说读写训练的过程中，进行思想品德教育"；在学科定位上也强调了两者关系的统一性："小学语文是义务教育中的一门重要学科，不仅具有工具性，而且有很强的思想性。"

1992年《小学大纲》① 基本上延续了1988年《小学大纲》的要求，只是个别字句做了微调。

在80—90年代的小学大纲中，对语言方面的要求，1980年大纲只强调了"识字、看书、作文的能力"。这些方面只是对学习书面语的要求，而在随后的1986年、1988年、1992年大纲中，要求学生掌握"听说读写"的能力，这既是对口头语言的要求，也是对书面语言的要求，这表现出了对语言学习有了全面的认识。在思想政治方面，1980年大纲还带有一定无产阶级专政的色彩，要"培养学生的无产阶级世界观"，而在1986年、1988年、1992年大纲中，这种表述已经转变为更具体、更符合时代发展特色的"培育有理想、有道德、有文化、有纪律的社会主义公民"的提法。在学科定位上，1980年大纲提出"语文这门学科，它的重要特点是思想教育和语文教学的辩证统一"。而在1986年、1988年、1992年大纲中，这种说法进一步明确，认为"小学语文……不仅具有工具性，而且有很强的思想性"。不过，在80—90年代的小学大纲中，并没有明确的对文学、文化方面的要求，这说明，当时还只是把语文学科当作一门应用型和思想教育型的学科，并没有全面认识到语文学科对提高学生文学修养和文化素质的重要性。当然，这两方面的要求是比较高的，在小学阶段学生心智还不够成熟的情况下，也不宜揠苗助长。

（2）初中大纲。

1980年《中学大纲》② 在语言方面指出"中学语文教学必须用马克思主义的观点指导学生学习课文和必要的语文知识，进行严格的读写训练，使学生能够正确地理解和运用祖国的语言文字，具有现代语文的阅读能力和写作能力，具有阅

① 为1992年《九年义务教育全日制小学语文教学大纲（试用）》的简称，下同。
② 为1980年《全日制十年制学校中学语文教学大纲（试行草案）》的简称，下同。

读浅易文言文的能力。初中阶段，学生能够阅读通俗的政治、科技读物和文艺读物，正确领会词句的含义，理解文章的内容；能写一般的记叙、说明、议论的文章，做到观点正确，内容具体，条理清楚，语句通顺，会使用标点符号，字写得正确整齐。学会使用一般的字典和词典”。在思想政治方面指出“要注意提高学生的社会主义觉悟，培养无产阶级的情操和共产主义的道德品质”。在两者的关系方面也提到了其中的辩证关系：“语文课在进行读写训练的同时，还必须进行思想政治教育。思想政治教育必须根据语文课的特点进行，必须在读写训练的过程中进行，读写训练也必须以正确的观点为指导，二者是相辅相成、互相促进的。”

1986年《中学大纲》在语言方面指出“教学生学好课文和必要的语文基础知识，进行严格的语文基本训练，使学生热爱祖国语言，能够正确理解和运用祖国的语言文字。具有现代语文的阅读能力、写作能力和听说能力，具有阅读浅易文言文的能力。初中阶段，在小学的基础上，继续培养听说读写的良好习惯，扩大识字量和词汇量，进一步提高运用现代语文的能力。能阅读一般政治、科技读物和文艺读物，正确领会词句的含义，理清文章的脉络、层次，把握文章的中心思想和写作特点，熟读、背诵现代文和文言文的一些篇或段。能写记叙、说明、议论的文章，做到中心明确，内容具体，条理清楚，语句通顺，书写清晰，不写错别字，正确地使用标点符号。会使用常用的字典和词典。能用较流利的普通话发言和交谈”。在思想政治方面指出“语文学科对于提高学生的思想道德素质和科学文化素质，培养有理想、有道德、有文化、有纪律的社会主义公民，具有重要的意义……中学语文教学必须以马克思主义为指导……培养学生的社会主义道德情操……爱国主义精神”，在文化方面要培养“健康高尚的审美观”。

1988年《初中大纲》在语言方面指出“初中语文教学，要指导学生正确理解和运用祖国的语言文字，进一步提高阅读、写作、听话、说话的基本能力，养成学习语文的良好习惯”。而且对涉及的“阅读能力”“写作能力”“听话能力”“说话能力”提出了具体的目标，并提出要“掌握一些必要的语法修辞知识……读写听说知识”。在思想政治方面指出“语文学科对于提高学生的思想道德素质和科学文化素质，培育有理想、有道德、有文化、有纪律的社会主义公民，具有重要的意义。语文学科必须以马克思主义为指导……为社会主义物质文明和精神文明建设服务……培养社会主义思想品质和爱国主义精神”。在文学方面要“掌握一些必要的文学文体知识”。在文化方面要“培养健康高尚的审美情趣”。

1992年《初中大纲》[①] 基本上延续了1988年《初中大纲》的要求，只是个别字句做了微调。

在80—90年代的初中大纲中，在语言方面，1980年大纲只强调了读写能力的培养，而1986年、1988年、1992年大纲则变为“听说读写”四种能力并举，1988年、1992年大纲还对这四种能力提出了明确的要求。在思想政治方面，1980年大纲主要是从阶级属性提出“要注意提高学生的社会主义觉悟，培养无产阶级的情操和共产主义的道德品质”，而1986年、1988年、1992年大纲则淡化了阶级的观念，增强了公民意识，提出了“以马克思主义为指导……培育有理想、有道德、有文化、有纪律的社会主义公民”，并且把培养“爱国主义精神”列入了思想政治教育的内容。这说明语文教育的思想一方面与时俱进，另一方面又开始回归传统。在文化方面，1980年大纲没有明确的表述，而1986年、1988年、1992年大纲，都把培养健康高尚的审美观、审美情趣作为语文学科的重点。在文学方面，1980年、1986年大纲都没有明确的表述，在1988年、1992年大纲中，提出了要掌握一些必要的文学文体知识。至此，广义的语文学科（语言、文学、文化、思想政治）的基本框架已经全部确立了。

综合80—90年代的小学、初中语文大纲，在语言、文学、文化、思想政治这四部分内容中，语言和思想政治的要求都被放在最重要的位置，而文学和文化则相对次要，而且要求并不是很具体。这反映了80—90年代对语文的要求只是工具性和思想性的统一，还没有发展到工具性和人文性统一的程度。当然，还需要指出的是，这种工具性和思想性统一的思想，并不是无源之水，而是语文作为一个学科在创立之初就埋下了伏笔。

1902年，清政府管学大臣张百熙拟定了《钦定学堂章程》，但是这份章程只是一份指导性的文件，并没有在全国正式施行。随后，张百熙又会同张之洞、荣庆等人，对《钦定学堂章程》进行了修订，制定了《奏定学堂章程》，并于1904年在全国公布施行。这份文件中规定，“初等小学堂之教授科目凡八：一、修身，二、读经讲经，三、中国文字，四、算术，五、历史，六、地理，七、格致，八、体操。”“高等小学堂之教授科目凡九：一、修身，二、读经讲经，三、中国文学，四、算术，五、中国历史……”“中学堂学科科目凡分十二：一、修身，二、读经讲经，三、中国文学，四、外国语，五、历史……”在这些科目中，与语文学科有关的是中国文字、中国文学、读经讲经这三部分，而且这

① 为1992年《九年义务教育全日制初级中学语文教学大纲（试用）》的简称，下同。

三部分有各自的学习重点。

中国文字只在初等小学堂有要求："其要义在使识日用常见之字，解日用浅近之文理，以为听讲能领悟、读书能自解之助，并当使之以俗语叙事，及日用简短书信，以开他日自己作文之先路，供谋生应世之要需。"

中国文学在高等小学堂和中学堂都有要求。其中高等小学堂"其要义在使通四民常用之文理，解四民常用之词句，以备应世达意之用。读古文每日字数不宜多，止可百余字，篇幅长者分数日读之，即教以作文之法（详见初级师范学堂章程），兼使学作日用浅近文字。篇幅宜短，总令学生胸中见解言语郁勃欲发，但以短篇不能尽意为憾，不以搜索枯窘为苦。蕴蓄日久，其颖敏者若遇不限以字数时，每一下笔必至数百言矣。并使习通行之官话，期于全国语言统一，民志因之团结"。中学堂"入中学堂者年已渐长，文理略已明通，作文自不可缓。凡学为文之次第：一曰文义，文者积字而成，用字必有来历（经史子集及近人文集皆可），下字必求的解，虽本乎古亦不骇乎今。此语似浅实深，自幼学以至名家皆为要事。二曰文法，文法备于古人之文，故求文法者必自讲读始，先使读经史子集中平易雅驯之文；《御选古文渊鉴》最为善本，可量学生之日力择读之，如乡曲无此书，可择较为大雅之本读之，并为讲解其义法。次则近代有关系之文亦可浏览，不必熟读。三曰作文，以清真雅正为主，一忌用僻怪字，二忌用涩口句，三忌发狂妄议论，四忌袭用报馆陈言，五忌以空言敷衍成篇。次讲中国古今文章流别、文风盛衰之要略，及文章于政事身世关系处。其作文之题目，当就各学科所授各项事理及日用必需各项事理出题，务取与各学科贯通发明，既可易于成篇，且能适于实用"。

读经讲经在初等小学堂"讲解经文宜从浅显，使儿童易解，令圣贤正理深入其心，以端儿童知识初开之本"。在高等小学堂"其要义亦宜少读浅解……十二岁以后，为知识渐开、外诱纷至之时，尤宜令圣贤之道时常浸灌于心，以免流于恶习，开离经叛道之渐"。在中学堂"学生年岁已长，故讲读《春秋左传》《周礼》两经，以备将来学成经世之用……讲《左传》宜解说其大事与今日世界情形相合者，讲《周礼》宜阐发先王制度之善，养民教民诸政之详备，与今日情形相类可效法者；但解说须简要"。

《奏定学堂章程》中，中国文字、中国文学的设立，其实是起到了语言学习的作用，只不过这种学习更强调书面语的学习，而读经讲经这部分，则是起到了思想教育的作用，只不过这里需要学习的是儒家的经典思想。

由此可见，80—90年代重视语文工具性和思想性的统一，其源头可以追溯到

1904年《奏定学堂章程》，只不过随着时代的发展，而对其中的具体内容做了相应的调整。

2. 板块组成

一部大纲，往往是由几个板块组成的。下面我们对80—90年代这个阶段语文教学大纲的构成板块分列如表1-2和表1-3，其中，大纲存在这个板块的，我们用“1”表示①。

表1-2 80—90年代小学语文教学大纲板块构成表

小学大纲	1980年	1986年	1988年	1992年
教学目的和要求	1	1	1	1
教材编排原则和方法	1	1		
拼音教学				1
识字、写字教学	1	1	1	1
听话、说话教学			1	1
阅读教学	1	1	1	1
作文教学	1	1	1	1
思想教育				1
基础训练	1	1		
各年级的具体教学要求	1	1	1	1
课外活动			1	1
教学中应该注意的几个主要问题	1	1	1	1

① 对于下面几种情况，我们认为属于大纲的板块设置一致：A. 板块设置完全一样，标题表述也基本一致。例如80—90年代小学大纲中都设置有“教学目的和要求”板块。B. 相同的板块，分列于不同的层级下。例如1980年、1986年小学大纲都单独设置有“识字、写字教学”板块，而1988年小学大纲，则把“识字、写字教学”放到了“教学内容和教学提示”这个标题之下。C. 板块表述差别较大，但实际内涵一致。例如1980年小学大纲中有“大力改进小学语文教学”这个板块，而1988年小学大纲中有“教学中应该注意的几个主要问题”这个板块，都是讨论教学方式的问题。

表1-3 80—90年代初中语文教学大纲板块构成表

初中大纲	1980年	1986年	1988年	1990年	1992年
教学目的和要求	1	1	1	1	1
教材的内容	1	1	1	1	1
教材的编排	1				
作文教学	1	1		1	
各年级的具体教学要求	1	1	1	1	
教学中应该注意的几个主要问题	1	1	1	1	1

从表1-2和表1-3我们可以看出，80—90年代大纲表现出如下特点：

（1）大纲框架主体表现稳定，单独设置的板块有特色。

80—90年代的小学大纲共有的板块为“教学目的和要求”“识字、写字教学”“阅读教学”“作文教学”“各年级的具体教学要求”“教学中应该注意的几个主要问题”，这表现出编纂的共性。“教学目的和要求”是为整个大纲定下基调的最高原则，一般位于整个大纲的最开始部分；在几个大纲中，都有“识字、写字教学”“阅读教学”“作文教学”这几个板块，这说明早期的大纲比较重视书面语的教学；“各年级的具体教学要求”是细化的教学计划，把对语言能力的培养分解成阶段性的目标；“教学中应该注意的几个主要问题”是有关教学方法的体现，教育学中有所谓教师、教材、教法这“三教”的说法，好的教材的编写理念，只有通过善于教学的老师用合适的方法才能贯彻下去。当然，共同具有这个板块，并不说明板块所包含的内容完全一致。“教材编排原则和方法”“拼音教学”“听话、说话教学”“思想教育”“课外活动”则只为部分大纲所有，这表现出了编纂理念的差异。“教材编排原则和方法”只是1980年、1986年大纲才有，其中，原则部分主要谈到了三个问题：要注意语文教学和思想教育的关系，要注意听说读写和字词句篇之间的联系，要根据儿童的特点循序渐进地安排学习计划；而方法部分实际是对教材各个板块的一个说明，提到了对生字的掌握有两种要求、课文分三种类型、基础训练的安排和生字表的用途，这部分虽然只在1980年大纲中才有，但是实际上可以把它看作是如何使用教材的一个总体说明，因此也是必不可少的。“拼音教学”只出现在1992年大纲中，拼音是汉字教学的一个辅助工具，也是小学一年级的重要学习部分，但是从地位上来说，无法与“听说读写”等量齐观，因此单列没有必要；“听话、说话教学”只有1988年、1992年大纲才有，语言能力也可以认为是一种听说读写能力的综合，而在80—90年代后期，开始强调听说表达能力的完善，这样，对语言能力的要求就形成了一个完整的体系，因此这个板块的设立还是很有必要的；“思想教育”这个板块在1992年大纲中单独设立，而在其他大纲中，都是放在“教学目的和要求”中，在这个板块中，分成了爱国、爱党、爱社会主义、培养高尚的道德情操四部分，对思想教育的内容更明确化，这表现出90年代对思想教育的重视；“课外活动”出现在1988年、1992年大纲中，这表现出语文教育课内外一体化的趋势，这也是将语文活动建设成一个开放式体系的尝试，通过与社会活动的互动，可以给学生更多的空间，扮演好学习积极参与者的角色。

（2）大纲板块内部逐渐调整细化。

具体到大纲各个板块的内部，在设置上，经过历年的修改完善，各板块的内容越来越完善。例如，“教学目的和要求”这个板块主要是对语言文字训练和政治道德教育、审美教育提出总的要求。就语言文字方面，历年大纲都强调了要培养学生拼音、识字、听说、阅读、作文的能力。当然，具体细节上有略微的不同，例如在识字方面，1980年大纲要求学会3000个汉字，1986年大纲则提出要认识3000个汉字，掌握2500个字左右，1988年大纲要求学会常用汉字2500个，1990年大纲要求学会常用汉字2500个左右。在政治道德教育和审美教育方面，历年大纲有较为明显的区别。1980年大纲强调“小学语文教学必须重视从小培养学生的无产阶级世界观”，但没有提出具体的内容；1986年大纲提出“使学生潜移默化地受到爱祖国、爱人民、爱劳动、爱科学、爱社会主义的教育”；1988年大纲提出“使学生受到辩证唯物主义的启蒙教育和社会主义道德品质的教育；逐步加深爱祖国、爱人民、爱劳动、爱科学、爱社会主义的思想感情”；1990年大纲提出“使学生受到辩证唯物主义的启蒙教育和社会主义道德品质的教育；逐步加深热爱祖国、热爱中国共产党、热爱社会主义的思想感情”。由此可见，在这个板块中，政治道德教育方面日益具体化。

第二节　教材的版本情况及选用教材介绍

80—90年代的语文大纲处在承上启下的重要位置，是新中国成立以来语文教学大纲走向规范化的关键时期。这一时期也是学制逐渐定型的一个转折时期，开始从十年制教育模式转向九年制义务教育模式，语文教材在编写上也开始适应学制的探索。在编纂的指导思想上，开始有从工具性、政治性转向人文性的趋势。

因此，研究这一时期的语文教材也就有了样本分析的意义。

80—90年代的语文教材出现了多个套别，我们需要对最有代表性的教材进行甄选。

一、语文教学大纲和教材的对应

教科书的编纂和修订，基本上是以教学大纲的修订和出版为依据的。

1980年公布了《全日制十年制学校小学语文教学大纲（试行草案）》和《全日制十年制学校中学语文教学大纲（试行草案）》。这两个大纲是在1978年公布的《全日制十年制学校小学语文教学大纲（试行草案）》和《全日制十年制学校中学语文教学大纲（试行草案）》的基础上稍加修订后发布的。1981年，中小学学制改为十二年制，形成了小学五年、初中三年和小学六年、初中三年这两种学制并存的情况。与小学五年制对应的教材是《五年制小学课本（第一版）》（1981年10月—1983年3月）；与小学六年制对应的教材是《六年制小学课本（试用本）（第一版）》（1983年11月—1985年1月）。两种学制的初中阶段使用的课本是统一的，都是《初级中学课本（第一版）》（1981年11月—1983年4月）。

1986年《全日制小学语文教学大纲》和《全日制中学语文教学大纲》公布。这个时期，小学有五年、六年两种学制，初中都为三年。其中与小学五年制对应的教材是《五年制小学课本（第二版）》（1987年10月—1988年4月）；与小学六年制对应的教材是《六年制小学课本（试用本）（第二版）》（1987年11月—1988年5月）。两种学制的初中阶段使用的课本是统一的，都是《初级中学课本（第二版）》（1987年11月—1988年6月）。这个时期的教材，都是在上一阶段教材的基础上加以修订而来，总的来说，属于微调，变化不大。

1988年《九年义务教育全日制小学语文教学大纲（初审稿）》和《九年义务教育全日制初级中学语文教学大纲（初审稿）》公布。这个时期，学制有小学五年、初中四年，小学六年、初中三年两种。其中与小学五年制对应的教材是《义务教育五年制小学教科书（实验本）》（1989年10月—1994年4月），与初中四年制对应的教材是《义务教育四年制初级中学教科书（实验本）（第一版）》（1990年10月—1993年4月）；与小学六年制对应的教材是《义务教育六年制小学教科书（实验本）》（1989年10月—1995年4月），而对应的初中三年制却没有新版教材出版，这一时期，仍旧使用的是上一阶段出版的《初级中学课本（第二版）》（1987年11月—1988年6月）这套教材。之所以没有对应的新版教材出版，可能是因为1988年新的教学大纲出台后，小学教材首先要依次按照新大纲编纂更新，新版初中教材可以稍后再编写。当然，新版的三年制初中教材最终也没有编纂出版，这可能与大纲随后在1992年重新制定有关。

1992年《九年义务教育全日制小学语文教学大纲（试用）》和《九年义务教育全日制初级中学语文教学大纲（试用）》公布。这个时期，学制有小学五年、初中四年，小学六年、初中三年两种。其中与小学五年制对应的教材是《九年义务教育五年制小学教科书（第一版）》（1992年10月—1997年4月），对应的初中四年制教材是《九年义务教育四年制初级中学教科书（第一版）》（1992年10月—1996年4月）；与小学六年制对应的教材是《九年义务教育六年制小学教科书（第一版）》（1992年10月—1998年4月），对应的初中三年制教材是《九年义务教育三年制初级中学教科书（第一版）》（1992年10月—1995年4月）。

1994年《九年义务教育全日制小学语文教学大纲（试用）的调整意见》和《九年义务教育全日制初级中学语文教学大纲（试用）的调整意见》公布。这个时期，学制有小学五年、初中四年，小学六年、初中三年两种。其中与小学五年制对应的教材是《九年义务教育五年制小学教科书（第二版）》（1995年10月—2001年4月），与小学六年制对应的教材是《九年义务教育六年制小学教科书（第二版）》（1995年10月—2001年4月）。这两种学制的初中都没有出版新的教材，延续使用的仍旧是上一阶段的初中四年制教材《九年义务教育四年制初级中学教科书（第一版）》（1992年10月—1996年4月）和初中三年制教材《九年义务教育三年制初级中学教科书（第一版）》（1992年10月—1995年4月）。这一方面是因为上一阶段的初中教材编纂直到1996年才结束，而这个时间实际已经延续到了1994年新大纲公布之后，所以编纂上可能已经根据1994年大纲做了一些调整；另一方面，1994年新大纲公布之后，小学教材首先需要依次按照新大纲编纂更新，而出版的小学教材一直延续到2010年4月，而在2010年，新的《九年义务教育全日制小学语文教学大纲（试用修订版）》和《九年义务教育全日制初级中学语文教学大纲（试用修订版）》又公布了，所以没有给依据1994年大纲编纂初中教材留出足够多的时间。

根据80—90年代各大纲以及学制的不同，我们可以把出版教材总结如表1–4。

表1-4　80—90年代基础教育阶段语文教学大纲、学制、教材对照表

小学大纲	学制	教材	初中大纲	学制	教材
1980年《全日制十年制学校小学语文教学大纲（试行草案）》	五年	《五年制小学课本（第一版）》（1981年10月—1983年3月）	1980年《全日制十年制学校中学语文教学大纲（试行草案）》	三年	《初级中学课本（第一版）》（1981年11月—1983年4月）
	六年	《六年制小学课本（试用本）》（第一版）（1983年11月—1985年1月）		三年	《初级中学课本（第一版）》（1981年11月—1983年4月）
1986年《全日制小学语文教学大纲》	五年	《五年制小学课本（第二版）》（1987年10月—1988年4月）	1986年《全日制中学语文教学大纲》	三年	《初级中学课本（第二版）》（1987年11月—1988年6月）
	六年	《六年制小学课本（试用本）（第二版）》（1987年11月—1988年5月）		三年	《初级中学课本（第二版）》（1987年11月—1988年6月）
1988年《九年义务教育全日制小学语文教学大纲（初审稿）》	五年	《义务教育五年制小学教科书（实验本）》（1989年10月—1994年4月）	1988年《九年义务教育全日制初级中学语文教学大纲（初审稿）》	四年	《义务教育四年制初级中学教科书（实验本）（第一版）》（1990年10月—1993年4月）
	六年	《义务教育六年制小学教科书（实验本）》（1989年10月—1995年4月）		三年	《初级中学课本（第二版）》（1987年11月—1988年6月）
1992年《九年义务教育全日制小学语文教学大纲（试用）》	五年	《九年义务教育五年制小学教科书（第一版）》（1992年10月—1997年4月）	1992年《九年义务教育全日制初级中学语文教学大纲（试用）》	四年	《九年义务教育四年制初级中学教科书（第一版）》（1992年10月—1996年4月）
	六年	《九年义务教育六年制小学教科书（第一版）》（1992年10月—1998年4月）		三年	《九年义务教育三年制初级中学教科书（第一版）》（1992年10月—1995年4月）

（续表）

<table>
<tr><th>小学大纲</th><th>学制</th><th>教材</th><th>初中大纲</th><th>学制</th><th>教材</th></tr>
<tr><td rowspan="2">1994年《九年义务教育全日制小学语文教学大纲（试用）的调整意见》</td><td>五年</td><td>《九年义务教育五年制小学教科书（第二版）》（1995年10月—2001年4月）</td><td rowspan="2">1994年《九年义务教育全日制初级中学语文教学大纲（试用）的调整意见》</td><td>四年</td><td>《九年义务教育四年制初级中学教科书（第一版）》（1992年10月—1996年4月）</td></tr>
<tr><td>六年</td><td>《九年义务教育六年制小学教科书（第二版）》（1995年10月—2001年4月）</td><td>三年</td><td>《九年义务教育三年制初级中学教科书（第一版）》（1992年10月—1995年4月）</td></tr>
</table>

二、教材的选择和简介

在选择可以作为研究对象的80年代和90年代的代表性教材时，我们首先需要考虑的是教材对应的学制是否有代表性。从上面的讨论我们可以看出，80—90年代小学和初中主要有“五三学制”“五四学制”“六三学制”三种。考虑到“五三学制”主要是延续了70年代的做法，“五四学制”只是在某些地区适用、普及面不广的因素，我们更倾向于选择“六三学制”的教材作为研究的对象。“六三学制”是贯穿80—90年代的主流学制，而且进入21世纪以后，“六三学制”仍旧保持了优势地位。选择80—90年代“六三学制”的教材，便于对教材做一个纵向的对比。

我们也发现，新的大纲往往是在已有大纲的基础上调整而来，这也反映在教材上。当大纲发生变化时，对应教材并不是完全重起炉灶，而是采取修订版的方式重新出版，所以教材会出现第一版、第二版的区别。从教材的编写来看，第一版往往体现了其最初的编写理念，而第二版只是第一版的微调，所以在版本选择上，我们倾向于选择第一版。

由于80—90年代大纲调整比较频繁，会出现小学教材出版了新教材，而初中教材却没有随之更新，而是沿用旧版教材的情况。这种情况是一种不得已而为之的权宜办法，但是也造成了某个时期中小学教材体系不完整的情况。因此，我们在选取研究对象的时候，尽可能选择中小学教材配套更新的版本。

依据这三个原则，我们选取了《六年制小学课本（试用本）（第一版）》（1983年11月—1985年1月）共12册、《初级中学课本（第一版）》（1981年11月—1983年4月）共6册作为80年代的代表性教材；《九年义务教育六年制小学教科书（第一版）》（1992年10月—1998年4月）共12册、《九年义务教育三年制初级中学教科书（第一版）》（1992年10月—1995年4月）共6册作为90年代的代表性教材，以下分别简称《80小学》《80初中》《90小学》《90初中》。

一套完整的教材是由各分册教材按照一定编排原则组成的，而各分册教材内部又是由几个不同的板块在形成教学单元后组成的。下面简单介绍这几套教材的编排情况。

《80小学》的板块构成有多种情况。《80小学》第一册由入学教育、汉语拼音、看图拼音识字、看图学词学句、课文、基础训练、生字表七个部分组成；第二册由看图学词学句、课文、基础训练、生字表四个部分组成；第三册、第四册由归类识字、课文、基础训练、生字表四个部分组成；第五册、第六册、第七册由课文、基础训练、生字表三个部分组成；第八册、第九册、第十册、第十一册、第十二册除了课文、基础训练、生字表之外，还多了读写例话部分，主要是介绍一些有关写作的常识和分析文章的方法。《90小学》的板块构成，除了第七册之外，都与《80小学》对应册数完全一致。第七册只是在课文、基础训练、生字表这三个部分之外，多了一个读写例话部分，在形式上与第八册至第十二册统一起来了。①

80—90年代的小学课本中，课文是所有的板块中最主要的部分。从课文的性质来看，《80小学》第一册、第二册分为教读课文和阅读课文两种；第三册至第十二册分为教读课文、阅读课文、独立阅读课文三种。《90小学》第一册、第二册、第五册至第十二册分为教读课文和阅读课文两种；第三册、第四册分为教读课文和自读课文两种。将课文分成正常课文、阅读课文、独立阅读课文/自读课文这几种形式，可以保证学生在满足学习要求的情况下，扩大阅读量，并通过学生自读、自练、自测的方式，来锻炼学生的自学能力。这种初衷是好的，但是也存在形式不清的情况，特别是阅读课文如何与独立阅读课文/自读课文区分，还是模糊不清的。从《80小学》单篇课文的结构看，主要由正文、注释和课后练习三部分组成。《90小学》第一册至第六册，单篇课文结构也是由正文、注释和课后练

① 在教材中，部分册的教材还有“看图学文”这一栏目，这种形式只是说明在教材最前面有跟课文相关的彩页。考虑到我们的研究只是以文本为研究对象，不涉及插图，我们把“看图学文”也归到普通形式的“课文”里。

习三部分组成；第七册至第十二册，又在课文前面加了一个“预习”模块，这个模块主要是介绍课文的背景，并对课文的学习提出要求。

教学单元是由基础训练对课文分隔而形成的，但是这些单元内部的课文之间并没有明显的逻辑联系，只是随机地编排在一起。

《80初中》的板块，主要由课文、知识系统、附录三个部分组成。其中，知识系统部分的内容十分丰富，是本阶段应该掌握的语言知识和写作知识的集中讲述。附录部分主要是国家对于语言文字使用相关的一些法规和标准以及一些语言知识。《90初中》的板块，主要由课文、语言系统、作文/听说训练、附录四个部分组成。语言系统主要是语言方面知识的系统分析，而作文/听说训练主要是对作文的方法、说话的技巧进行讲解，语言系统和作文/听说训练实际上是对《80初中》知识系统部分进一步细分的结果。

《80初中》的教学单元由知识系统部分对课文分隔而形成。从单元内部的课文来看，它们之间是有内在联系的。如第一册第三单元有《从百草园到三味书屋》《一面》《同志的信任》这三篇课文，其中第一篇是鲁迅先生的散文，第二、三篇是有关鲁迅的事迹回忆，把这三篇文章放在一起，使我们对鲁迅先生的为文和为人有了一个全面的了解。《90初中》的教学单元是由作文/听说训练部分对课文分隔而形成的。从单元内部的课文来看，它们之间也是有内在联系的。与《80初中》不同的是，每个单元的开头还有“单元提示”，介绍本单元课文的组织原则，以及需要掌握的知识要点。这种起到单元导语作用的“单元提示”，也是《80初中》所不具备的。

80—90年代的初中课本中，课文是所有的板块中最主要的部分。从课文的性质来看，《80初中》各册把课文分成教读课文、阅读课文两种。《90初中》第一册、第二册、第四册把课文分成教读课文、自读课文两种；第三册、第五册、第六册把课文分成教读课文、自读课文、课外自读课文三种。从《80初中》单篇课文的结构看，主要由正文、注释和课后练习三部分组成。《90初中》单篇课文的结构，除了正文、注释和课后练习三部分之外，还在课文前面增加了一个“预习提示/自读提示/阅读提示”模块，这个模块主要是介绍课文的背景，并对课文的学习提出要求；另外，在某些篇目前，还有一个“训练重点”模块，主要是对语言能力提出具体的要求。多数课文后面还会介绍一则与课文有关的、有趣味的小知识（或小资料、小言论、小趣闻等），以便拓宽学生视野，增加学习语文的兴趣。

值得注意的是，《90初中》还对各个年级编排的重点做了安排：“第一阶段

（第一学期）使学生认识学习语文与生活的关系，着重培养一般的语文能力。课文按反映的生活内容分类编排。第二阶段（第二、三、四学期）联系生活，着重培养记叙、说明、议论的能力，三种表达方式依次分作三个学期的训练重点，课文按表达方式编排。第三阶段（第五、六学期）着重培养在生活中实际运用语文的能力，并且培养文学欣赏的初步能力，课文按文体分类编排。”

由此可见，80—90年代的教材，在编纂理念和编排设计上，小学课本并没有多大的区别，但是在初中课本上，90年代编排更加系统，编排内容更加丰富，这表现出时代的进步性。

另外，两套教材在选文上也表现出了一定的传承关系。80年代教材一共收录课文565篇，90年代教材一共收录了469篇，从篇目上来看，90年代教材注重减少学生学习的负担，但是80年代教材的课文当中，仍旧有263篇被保留了下来，占90年代的教材课文总量的56%，这说明两套教材之间的渊源关系还是比较深厚的。

第二节 教材语言研究的目的与实施

“教育教材语言指的是通过学校教育来实现教学目的，以教材为载体的语言。”[①] 教材语言的研究，对于我们了解教材编写的规律、探索语言习得的规律是有帮助的。

一、研究教材编写的规律

现代的语文教科书和历史上文选类课本是不同的，兼有对听说读写能力的培养以及思想教育的功能，是对不同年龄的学习者分阶段培养的一个依据，这就决定了语文教材内部必须按照一定原则组织起来。教材从表面上看是一篇篇的选文，从内部看则是一个个语言点的贯穿，这是语文教材的一体两面。在新中国成立初期，我们虽然曾经做过把语文分成语言和文学两部分分别进行规划的努力，并制定了相应的大纲和部分教材，但并没有达到预期的效果。从传统的语文教育上来看，把语文教育分成语言和文学两种形式，并分阶段进行的教学模式由来已久，传统的语文教育基本上是在初始阶段以识字为主，多以《三字经》《百家姓》为教材，继之以文选类教材和读经类教材。而现代的语文教材，其学习目标

① 苏新春等：《教材语言的性质、特点及研究意义》，《语言文字应用》2007年第4期，第87页。

已经不仅仅局限于识文断字、读经明理这么狭窄的范围，传统的模式不太适合现代的需要，这要求我们探索出一条语文教材编纂的新路来。在教学大纲中，对教科书的编纂提出了指导性意见。

如1980年、1986年小学大纲：“（教材）编排原则：（1）要有利于完成小学语文教学的目的要求，正确反映思想教育和语文教学的辩证关系。（2）要符合小学语文学习的规律，注意听、说、读、写之间的内在联系和字词句篇之间的内在联系。入选课文的语言要合乎规范，体裁力求丰富多样。（3）要根据儿童的年龄特征和接受能力，做到由易到难，由浅到深，由具体到抽象，循序渐进，逐步提高。”

1980年初中大纲：“教材要按照读写训练的要求进行编排，由易到难，由浅入深，循序渐进。培养学生的读写能力在各年级要有一定的重点：初中一年级记叙，二年级记叙和说明，三年级记叙和议论；高中一年级比较复杂的记叙和说明，二年级比较复杂的记叙和议论。现代文的编排，根据各年级读写训练的要求，每册有计划地组织几个重点单元，其他单元同重点单元穿插编排。这样，可以使教材既重点突出，又灵活多样。古代作品编排在每册之末，不分单元，编排顺序兼顾文章深浅和时代先后。教学时根据实际需要可以适当集中，也可以同现代文穿插进行教学。”

在各个年级的教学目标上，也有更为具体的要求。这些要求，是组织教材编写的内在依据，但在教材的实际编写中，按照什么样的方式去完成这些要求，如何把知识元素链接起来，形成一条条有机的知识链，这是我们需要去研究的。

二、探索语言习得规律

儿童使用教材学习的过程，实际上是一个语言习得的过程。关于语言习得的理论，美国学者Glenn E. Tagatz进行了总结，认为目前国际上有三种看法：

（1）先天论。

语言发展的先天论者（Chomsky，McNiell，Lenneberg，Katz）强调人类天生具备习得语言的能力。他们假设儿童具备“主语”“谓语”“宾语”和“句子”这类语言普遍特征的知识，同样具备评价语言信息的先天能力。这些先天的因素使得正在成长的儿童形成对母语的一些假设，并通过跟环境的相互影响来评价这些假设。对先天论者来说，先天因素和环境因素对于语言发展的促成都是必要的，但先天因素更重要。

（2）规则—学习理论。

关于语言发展的规则—学习理论或规则—归纳论者（Brown，Fraser，Berko，Ervin）强调先天因素与环境因素这两者在语言习得中的作用。他们假设存在着一种帮助儿童理解母语结构的先天处理机制。儿童所处环境中的语言提供输入这个处理机制的语言素材。规则—学习理论的语言发展模式显示出先天因素跟环境因素之间的互补和互赖的作用。

（3）模仿—强化论。

语言发展的模仿—强化论者（Mowrer，Staats，Skinner）强调环境在语言习得中的作用。他们提出，人类没有先天的语言结构知识，也没有先天的处理机制。在他们看来，使得人类掌握语言的先天因素只是一些简单的学习能力，例如联想的能力。语言完全是通过经验学到的。儿童所处的环境提供了语言模式，也提供了语言发展所必需的经验。①

这些理论都认为语言的习得是先天能力和后天环境之间相互影响的结果，只不过在认识后天环境的重要性方面有所差异。对于这一点，李宇明进行了总结：

第一，儿童具有获得语言的先天能力，这一能力不一定是如乔姆斯基所说的那种机制。这种能力随着儿童后天大脑的逐渐发育和认知的不断深入而不断发展；第二，儿向言语在儿童的语言发展中起着不可忽视的引导作用，儿向言语的质量和输入方式直接关系到儿童习得语言的速度、质量和方式。没有儿向言语，儿童是不可能习得语言的，如在兽群中长大的孩子或仅靠录音、电视学话的孩子，是不能学会语言的；第三，儿童学习语言虽具有主动性和创造性，但也需要大量的语言输入，同时儿童学习语言也是一个非常艰难的过程，有些语言项目，特别是语用能力，几乎需要一生不断地学习和完善；第四，儿童学习语言虽然主要是通过习得的方式，但也有学得的成分，这是常常被忽视的。②

教材语言，是后天语言的一种。教材语言创造了一种规范、系统、高效的语言习得模板，对儿童的语言习得具有十分重要的作用。

根据我们前面对教材组成板块的分析，一套教材是由课文、知识系统、基础训练、附录等板块组成的，这些板块的语言，都可以作为语言研究的对象。其中，课文的语言是最值得研究的。需要说明的是，教材把课文分成讲读课文、阅读课文、自读课文等几种形式，这些课文都在我们研究范围之内。一篇课文可以

① Glenn E. Tagatz：《有关语言习得的三种主要理论》，肖苏亦译，《国外语言学》1985年第4期，第1~3页。

② 李宇明：《第一语言习得论》，《黄冈师专学报》1993年第1期，第71页。

分成导语、注释、正文、课后练习等几个组成部分，这几个组成部分的语言，也都可以成为语言研究的对象。在这几个部分当中，正文是语言习得的主要依据，是掌管语言输入的部分，导语和注释都是为了理解课文的内容服务的；而课后练习既是对语言习得的进一步集中加强，又是对获得语言能力的一种检验，兼有语言输出的功能。因此，正文和课后练习的语言又是重中之重。这也是本书所研究的主要对象。

第二章　教材选文分析

中国传统语文教材可以分成三个系统，一是以《三字经》《百家姓》为代表的集中识字教材，二是以“四书五经”为代表的儒家经典教材，三是以《古文观止》为代表的文选教材。这种文选教材不集中于某几部儒家经典，而是杂取百家，选其精华。文选教材的编排形式在中国始于南朝萧统所编《昭明文选》，这部著作以收录诗文辞赋类文学作品为主，入选的标准是“事出于沉思，义归乎翰藻”，即强调文质兼美，它的出现意味着语文教材逐渐从经、史、哲这类带有学术性的作品中分离出来。其后历代都有文选类作品问世，如宋代真德秀编《文章正宗》，清代吴楚材、吴调侯编《古文观止》等。而现代语文教材，实际上是历史上文选著作的一个延续和完善。

选文在语文教材中占有最重要的地位。从选文的作用看，主要有两种：

一是选文是语文训练的直接来源和模范。一篇优秀的课文，是遣词造句、谋篇布局的生动样本。理性的语文知识、文学常识依靠课文得到生动的感性体现。学生的语文能力不是凭空而来，这种能力离不开扎实的训练和语文知识的积累。教材中的选文，正是学生训练能力、培养语文素养的重要凭借。好的课文，文质兼美，用语规范，可以成为教师讲解的可靠依据，也是学生学习的经典样本。学生通过对课文的反复揣摩，识记诵背，可以形成良好的语感，并且获得举一反三的能力。因此，教材选文在学生获得语文能力的过程中起到了重要的桥梁作用。叶圣陶先生认为：“语文课文……有一项特殊使命：训练学生的语言文字能力和良好习惯（我不大愿意说‘知识’）。”“学生诵习教材，赖教师之指导，而领会其质与文。领会教材之质与文犹未已也，非最后之目的也。必于教学之际培养其自动性，终臻不待教师指导而自能领会之境，于是可以阅读书籍报刊而悉明其旨矣。此则阅读教学最后之目的也。”“所以语文教本不是个终点。”“语文教本好比一个钥匙，用这个钥匙可以开发无限的库藏——种种的书。”[①]

① 朱泳燚：《叶圣陶语文教材编写的实践与理论》，《课程·教材·教法》1988年第4期。

二是选文是学生开阔视野，培养文化素养的重要源泉。学生受客观条件所限，无法穿越时空，完全靠接触社会获得文化体验，而选文中丰富多彩的场景，各种各样的人物，层出不穷的事件，为他们观察社会、了解历史打开了一个窗口。中国历史上长期形成的家国情怀、道德规范以及世界上日新月异的变化都可以体现在一篇篇的选文中，这些选文可以对学生产生潜移默化的影响，帮助他们塑造世界观和人生观。这种影响是其他学科无法比拟的，语文在塑造人、培养人方面肩负着重任。

选文的这两种作用，也直接体现在大纲的要求中。

1980年《小学大纲》："小学语文课本入选课文的思想内容，应当有助于向学生进行热爱党、热爱社会主义祖国的教育；进行革命传统和党的优良作风的教育；进行革命理想和共产主义道德品质的教育；进行从小学科学、爱科学、用科学的教育；进行为革命而学习的教育；进行社会常识、自然常识、卫生保健的教育。"

1980年《中学大纲》在"教材的内容和编排"部分提道："课文要选取文质兼美的文章，必须思想内容好，语言文字好，适合教学。思想内容好在于：入选的现代作品，思想内容要有助于提高学生的社会主义觉悟，培养无产阶级的情操和共产主义的道德品质，树立无产阶级世界观。选取古代的作品，要根据批判继承的原则，首先检查它们对待人民的态度如何，在历史上有无进步意义，而分别采取不同态度，决定取舍，对入选的古代作品中某些消极因素，要作分析批判；在高年级，还可以选入少量有明显消极因素而艺术性强的传统名篇，指导学生认真鉴别和批判，学习正确地对待古代作品。入选的外国作品，要有进步的思想内容。语言文字好在于：入选的现代作品，语言要合乎规范，在用词、造句、布局、谋篇等方面具有典范性。入选的古代作品，在语言文字和写作方法上要足以作为学习的借鉴。入选的外国作品，译文要在保持原著风格的同时力求合乎现代汉语的规范。适合教学在于：课文要适合学生的年龄特征和接受能力，应该是在教师的指导下，经过一定的努力，学生能够理解和掌握的。课文的篇幅不宜过长，根据教学的需要，有些长文章可以节选，题材和体裁力求丰富多样。"

1992年《初中大纲》在"教学内容"部分指出："指导学生学习课文，是语文课堂教学的主要内容。传授语文知识，训练语文能力，进行思想教育，培养审美情趣，主要以课文作为凭借。课文要文质兼美，内容要有助于增强学生热爱祖国的思想感情，有助于培养学生艰苦奋斗、为社会主义现代化建设献身的精神，有助于学生树立辩证唯物主义和历史唯物主义观点。语言文字要合乎规范，在用词、造句、布局、谋篇等方面具有典范性。课文要难易适度，适合教学，应该是经过一定的努力教师能教好，学生学得了的。题材和体裁应该丰富多样，能激发学生的学习兴趣。”

从上述大纲对选文的要求看，宏观方面都强调了课文对思想教育的重要作用，其中80年代大纲强调的是爱党、爱国、培养社会主义和共产主义的品质，而90年代大纲则更加丰富，把审美情趣也纳入大纲的范围；从微观方面，都强调了作品对用词、造句、布局、谋篇的示范作用；80年代的《中学大纲》还从中观方面对古代作品、外国作品、现代作品的入选要求提出了针对性的意见。这就构成了一个较为全面的选文体系。

第一节　篇目的体裁

一、体裁的划分依据

从选文体裁分类的角度，我们可以将教材选文的体裁分为两个层次：实用体裁和文学体裁。其中，实用体裁可以分为记叙文、说明文、议论文、应用文等，文学体裁可以分为小说、诗歌、戏剧、散文等。

记叙文是多以记人、叙事、写景、状物为主，主要是记录人物或者事件在特定时间和特定场合发展变化的一种体裁形式。

说明文是以说明作为主要表达方式的文章体裁。科学性和条理性是这种体裁的两个重要特色。其写作目的是对事物构造、种类、来源、功能等进行介绍，使人们获得相关的知识。其语言一般是平实的科学语言。也有一种科普类的说明文，通过生动活泼的语言，用轻松的笔调来进行说明。

议论文是一种对某事发表看法、提出主张、阐明道理的文章体裁，一般由论点、论据和论证三部分组成。其写作要求有严密的逻辑性和强人的说服力。

应用文是人们在日常生活中，为了解决实际遇到的问题，传递交流信息而使用的一种文章体裁。其语言多平实简明，格式多固定规范。

诗歌是文学体裁的一种，用具有高度概括性的有节奏的语言，抒发个人感情，反映社会生活。因为其篇幅短小，朗朗上口，并且具有深刻凝练的思想内涵，所以非常适合作为选文进入教材。

散文是文学体裁的一种重要形式。根据《辞海》的定义，散文原来是指一种区别于韵文和骈文，一律不押韵、不重排偶的散体文章。在现当代，散文是一种语言优美、形式灵活、结构多样的文章体裁。这种体裁，可以写人记事，借景抒情，托物言志，具有形散神不散的特点。其内容可以贯穿古今中外，不受时空的限制，是一种非常灵活多变的样式。

小说是文学体裁的一种，情节、人物、环境是小说的三要素。其中，情节要求曲折完整，人物形象要求饱满典型，环境要求反映社会风貌，便于揭示人物关系。在教材中，还有故事这种文学形式，如果进行细分，可以分为民间故事、童话故事、寓言故事等等。故事是一种与小说非常相似的文学体裁，两者的区别在于故事的情节比较简单，篇幅比较短小，多内含一个道理，所以经常用于口头讲述。两者的联系在于都有较强的可读性和情节性。在这里我们不对两者做严格的区分，而是都归到小说类。

戏剧是包括舞蹈、音乐、美术、表演等形式的一种综合性舞台表演艺术，教材中的戏剧多指其文本形式，即剧本。戏剧也是文学体裁的一种，内容包括对白和唱词两部分，结构多固定，包括剧名、题记、前言、场幕标志、舞台说明等。戏剧往往通过矛盾的集中展示来刻画人物，反映社会现象。

除了以上这些体裁之外，教材的课文中，还有一些篇目是用简单的句子组成，这一般出现在小学阶段的一年级，例如80年代小学一年级第10课的课文“这是什么？这是蜻蜓。那是什么？那是飞机。飞机飞得又高又快。蜻蜓飞得又低又慢”。此类课文，不列入我们的研究范畴。

二、大纲对体裁的要求

在教学大纲中，也有与篇目的体裁相关的要求，摘要如下：

1980年《小学大纲》在“教学目的和要求”部分规定：“会写简短的记叙文和常用的应用文”；在“作文教学”部分规定：“小学以学写记叙文为主，也要会写常用的应用文”；在“各年级具体要求”指出：“二年级……能看图写一段话到写一件简单的事，能写申请书、留言条和简短的日记。三年级……能写板报稿、决心书和通知等。开始命题作文，学习写简短的记叙文。四年级……能写一般书信等应用文，继续练习写简短的记叙文。五年级……能记简单的读书笔记、会议记录等；能写简短的记叙文。”

1980年《中学大纲》在“教学目的和要求”部分规定：“能写一般的记叙、说明、议论的文章”；而且在“教材编排”部分特别指出：“培养学生的读写能力在各年级要有一定的重点：初中一年级记叙，二年级记叙和说明，三年级记叙和议论。”这一点在“各年级读写训练要求”部分作了进一步说明：“初中一年级……着重培养记叙能力，写记叙文力求中心明确，内容具体，条理清楚，前后一贯，首尾一致。初中二年级……继续培养记叙能力，着重培养说明能力，掌握说明事物的要点和方法，写一般说明的文章，力求比较准确清楚，有条有理。初中三年级……继续培养记叙能力，学习在记叙中运用议论和抒情的表达方法，着重培养议论能力，写一般议论的文章。”

1992年《小学大纲》在“教学目的和教学提示”部分规定：“能写简单的记叙文，做到有中心，有条理，内容具体，语句通顺，感情真实，思想健康；能写常用的应用文”；在“各年级具体要求”部分规定：“四年级……初步能有顺序、有重点地观察图画和周围的事物，培养留心观察周围事物的兴趣和习惯。学习写内容真实具体、条理比较清楚的简单记叙文。学写书信。五年级……能写有中心、有条理、有真情实感的简单记叙文。学写表扬稿。六年级……写出有中心、有条理、有真情实感的简单记叙文。学写会议记录和读书笔记。”

1992年《初中大纲》在“教学要求”部分提出：“能写记叙文，简单的说明文、议论文和一般应用文”；在“教学内容”部分提道：“要掌握文体知识：记叙文（要素、人称、顺序、中心、详略），说明文（对象特征、条理、方法）、议论文（论点、论据、论证），应用文（书信、电报、规则、计划、总结）等常识；文学知识：小说、散文、诗歌、戏剧的常识。”

从以上的规定看，大纲对实用体裁的要求是比较明确的，呈现出记叙文—应用文—说明文—议论文这样一个层级序列，而对文学体裁只是在初中部分作简单要求。

三、各种体裁的课文在教材中的分布

下面我们首先看一下80—90年代各种体裁在各个年级的分布情况，统计结果如表2-1。

表2-1　80—90年代各年级课文体裁统计表　　（单位：篇）

		总计	一年级	二年级	三年级	四年级	五年级	六年级	七年级	八年级	九年级
80年代	记叙文	126	6	14	22	19	19	10	21	4	11
	说明文	48	2	2	7	2	5	6	4	16	4
	议论文	28							5	6	17
	应用文	8						4		2	2
	小说（故事）	220	24	42	34	26	22	24	18	18	12
	诗歌	67	16	8	8	7	6	5	6	5	6
	散文	50		3	1	10	8	7	6	9	6
	戏剧	2									2
90年代	记叙文	91	4	7	22	12	17	9	14	1	5
	说明文	51	2		1	4	6	1	7	24	6
	议论文	33							6	19	8
	应用文	8					1	1	1		5
	小说（故事）	154	22	27	26	23	12	13	16	7	8
	诗歌	66	18	10	8	5	4	5	7	3	6
	散文	58		5	3	8	8	8	13	7	6
	戏剧	4						1			3

从总体情况看，80—90年代各种体裁的课文呈现出下面的特点：

（1）从总量上看，呈现出小说（故事）—记叙文—诗歌—散文—说明文—议论文—应用文—戏剧这样一个由多至少的序列。

（2）从各种体裁在9个年级的分布来看，80—90年代的教材中，小说、记叙文、诗歌、散文、说明文基本贯穿了9个年级，议论文、应用文、戏剧只是在较高的年级才开始出现。例如80年代和90年代七年级教材中都出现了吴晗的《谈骨气》，属于议论文；80年代六年级出现了冰心的《再寄小读者》，90年代五年级出现了鲁迅的《给颜黎民的信》，属于书信体的应用文；80年代九年级教材中出现了《龙须沟》（选场），90年代九年级教材中出现了《白毛女》（选场），都属于戏剧体裁的篇目。

80—90年代教材体裁的数量及分布状况，可以从各个体裁作品的重要性以及特点上得到解释。在文学体裁中，小说（故事）是最有可读性的一种体裁。教材的小说包括了中国近代传统小说，如节选自《三国演义》的《赤壁之战》；也包括了外国作品，如《伊索寓言》；还包括了民间故事，如《彩霞姑娘》；现当代创作的优秀作品，如节选自《暴风骤雨》的《分马》也包括在内。实用体裁中，记叙文是最基本的一种体裁，如《我的伯父鲁迅先生》《一次科技活动》等，或者以记人为主，或者以记事为主。在所有的课文中，小说、记叙文体裁的文章排在前两位是顺理成章的。诗歌包括儿歌，如《植物妈妈有办法》；古代诗歌，如《静夜思》；现代诗，如《周总理，你在哪里》等，这些诗歌朗朗上口，适合儿童学习的入门阶段，并对传承中国优秀文化方面具有重要作用，因此其数量排在第三位也是很合理的。散文因其内容的广泛性，以及在培养学生审美能力中的重要作用，如《醉翁亭记》《荔枝蜜》都是耳熟能详的名篇，因此也排在较为靠前的位置。说明文中，有相当大一部分是科普性的文章，例如80年代四年级《新型玻璃》介绍了科技发展给玻璃生产带来的各种变化，90年代五年级《蛇与庄稼》介绍了生态环境中各成员的相互作用，这些文章对扩大学生的知识面具有很强的作用，所以排在议论文的前面也是很合理的。议论文因为要求学生有较强的思辨能力，在小学和初中阶段，这是一个较高的要求，所以其出现的数量不是很多。应用文原本是实用体裁中最有实用性的一种体裁，但在教材的选文中位列实用体裁的最后一位，这与学生在日常生活较为简单有关系。因为学生生活接触面较小，多局限在家庭、学校这两个圈子，所以，实际用到应用文的场合并不多，因此类应用文体裁的篇目较少也是合情合理的。不过，应用文体裁的课文仍旧还有一些问题需要讨论。80—90年代教材中，与应用文有关的课文情况如下表2-2。

表2-2　80—90年代各年级应用文篇目统计表

年代	年级	课文号	课文名称
80	六	第5课	《给颜黎民的信》
80	六	第6课	《再寄小读者》
80	六	第3课	《为人民服务》
80	六		《读书笔记一则》
80	八	第17课	《新闻两篇》

（续表）

年代	年级	课文号	课文名称
80	八	第16课	《最后一次讲演》
80	九	第26课	《答司马谏议书》
80	九	第25课	《出师表》
90	五	第18课	《给颜黎民的信》
90	六	第16课	《为人民服务》
90	七	第4课	《刘胡兰慷慨就义》
90	九	第1课	《人民解放军百万大军横渡长江》
90	九	第2课	《美“挑战者”号航天飞机升空后爆炸》
90	九	第7课	《最后一次讲演》
90	九	第11课	《农村调查·序言》
90	九	第20课	《出师表》

表2-2这些应用文中，如果进行细分，包括书信、新闻报道、通讯、序言、演讲等。这些应用文比较复杂，所以在整个教材中出现得比较晚。而那些与学生生活密切相关的，有实际作用的应用文，如请假条、留言、通知、启事等都没有列入其中，造成了应用文应用性不强的特点。因此，可以考虑进一步扩充应用文的范围，把适合中小学学生学习和应用的选文列入课文，而且应用文出现的年级还可以更早一些，其学习和实用效果会更好。戏剧列文学体裁的最后一位也是合情合理的。戏剧是一种主要通过人物对话来塑造人物、展现冲突的一种文学体裁，其矛盾的冲突、情节的展开都是快速而集中的，这对学生而言，是一种较高的要求，所以不宜出现过多。

另外，我们对照一下80—90年代的教学大纲，也会发现，除了应用文出现得略晚之外，实用文体的记叙文、说明文、议论文在教材中的编排确实与大纲要求基本一致，呈现出记叙文—说明文—议论文这样一个序列，不过需要略有改进的是，大纲把说明文的学习放在了初中阶段，而实际上，两套教材在小学阶段都出现了数量较多的说明文，例如80年代和90年代一年级教材中都出现了《庄稼的好朋友》这类科普性的说明文，比大纲的要求略有超前。

第二节 篇目的语体

关于什么是语体，有多种定义和认识。李熙宗对各种关于语体的说法进行了概括，认为语体可以分为“语言特点体系（综合）”说、“语言风格类型”说、“功能变体”说、“词语类别”说、“语文体式”说、“言语行为类型”说六种。[①] 从教材使用语言的角度看，可以分为白话文和文言文两种，我们这里所指的语体仅限于教材课文使用的是白话文还是文言文这个角度。

一、文言文和白话文入选教材的历史渊源

在中国的整个封建社会时期，书面语以文言文的形式出现，和口语基本是脱节的。士大夫阶层通过对书面语的掌握，成为统治阶层，而广大人民群众被排除在知识阶层之外。这一状况阻碍了民智的演进。晚清末期，一部分进步的知识分子开始试图打破文言文和口语之间的藩篱，如陈子褒认为“开民智莫如改革文言。不改革文言，则四万九千九百分之人，居于黑暗世界之中，是谓陆沉。若改文言，则四万九千九百分之人，日嬉于琉璃世界中，是谓不夜”[②]。裘廷梁认为“有文字为智国，无文字为愚国；识字为志民，不识字为愚民；地球之国同也。独吾中国有文字而不得为智国，民识字而不得为智民，何哉？裘廷梁曰：此文言之为害也”[③]。随着洋务运动以及维新变法的深入发展，1901年9月，清政府在要求继续办好各类洋务学堂的同时，颁布了“兴学诏书”，承认“近日士学，或空疏无用，或浮薄不实，如欲革除此弊，自非敬教劝学”。对如何来敬教劝学，诏书规定：“除京师已设大学堂，应切实整顿外，着各省所有书院，于省城均改设大学堂，各府及直隶州均改设中学堂，各州县均改设小学堂，并多设蒙学堂。”这种新式学堂的设立，使官办学堂成为教育的主流。但是从学堂内部的教学内容看，特别是就语文的学习来说，还没有根本性的变化。例如1902年《钦定蒙学堂章程》规定：“第一年学科阶级：字课（实字，凡天地人物诸类实字皆绘图加注

① 李熙宗：《关于语体的定义问题》，《复旦学报》（社会科学版）2005年第3期。

② 陈子褒：《陈子褒教育遗议》，转引自李杏保，顾黄初：《中国现代语文教育史》，四川教育出版社，2000，第45页。

③ 裘廷梁：《论白话为维新之本》，转引自郭绍虞：《中国古代文论选》，上海古籍出版社，1991，第399页。

指示之）；习字（用所授字课教以写法）；读经（《孝经》《论语》）；第二年学科阶级：字课（静字，动字，兼教以动静字加于实字之上之方法）；习字（同上教法）；读经（《论语》《孟子》）；第三年学科阶级：字课（虚字）；习字（同上教法）；读经（《孟子》）；第四年学科阶级：字课（积字成句法）；习字（同上教法）；读经（《大学》《中庸》）。”1902年《钦定小学堂章程》规定：“寻常小学堂课程分年表：第一年学科阶级：读经（《诗经》）；作文（教以口语四五句使联属之）；习字（今体楷书）；第二年学科阶级：读经（《诗经》《礼记》）；作文（授以口语七八句使联属之）；习字（同上学年）；第三年学科阶级：读经（《礼记》）；作文（作记事文七八句）；习字（同上学年，兼习行书）”，“高等小学堂课程分年表：第一年学科阶级：读经（《尔雅》《春秋》《左传》）；读古文词（记事之文）；作文（作记事文短篇）；习字（楷书兼习行书）；第二年学科阶级：读经（《春秋》《左传》）；读古文词（说理之文）；作文（作日记、浅短书札）；习字（楷书、行书，兼习小篆）；第三年学科阶级：读经（《春秋》《左传》《公羊传》《谷梁传》）；读古文词（词赋诗歌）；作文（作说理文短篇）；习字（同上学年）”。以国家法规形式规定学校学习白话文是在中华民国成立的当年。1912年《小学校教则及课程表》规定：“国文要旨，在使儿童学习普通语言文字，养成发表思想之能力，兼以启发其智德。初等小学校，首宜正其发音，使知简单文字之读法、书法、作法，渐授以日用文章，并使练习语言。高等小学校，首宜依前项教授渐及普通文之读法、书法、作法，并使练习语言。读本文章，宜取平易切用可为模范者，其材料就修身、历史、地理、理科及其他生活必需事项择其富有趣味者用之。”1923年吴研因起草的《新学制课程标准纲要小学国语课程纲要》也明确提出：“练习运用通常的语言文字，引起读书趣味，养成发表能力，并涵养性情，启发想象力及思想力。”今天，白话文是语文教育的主体已经成为人们的共识，但是文言文因为历史上长期作为书面语使用，也成为保存中国传统文化的一个载体，因此，从传承中华文明的角度看，适当学习文言文也是必不可少的。

二、大纲的要求和教材课文的语体

在80—90年代的大纲中，小学部分基本上没有对课文使用语言提出要求，只在初中部分略微提到。例如1980年《中学大纲》中规定，“初中一年级……开始培养阅读文言文的能力，了解一些常见的文言词和简单的文言句式”，“初中二年级……继续了解一些文言虚词和句式，掌握一些文言词汇，初步理解古今词义的变化”，“初中三年级……继续理解古今词义的变化和掌握一些文言词汇，初步掌握文言句式的一些特点，学习使用工具书了解一些文言词义”。1986年《全日制中学语文教学大纲》的“教学目的”部分提道：“具有现代语文的阅读能力、写作能力和听说能力，具有阅读浅易文言文的能力”，“初中阶段……熟读、背诵现代文和文言文的一些篇或段”，“初中三年级……掌握一些常见文言实词和虚词的含义，了解一些文言句式”。1988年《九年制义务教育全日制初级中学语文教学大纲（初审稿）》的“教学要求”部分提到“读文言课文，能顺畅地朗读，能背诵一些基本课文”。我们可以看出，这些要求还是较为模糊的，缺乏一个可操作性的量的指标。

下面我们对80—90年代教材白话文和文言文的情况进行统计，如下图2-1。

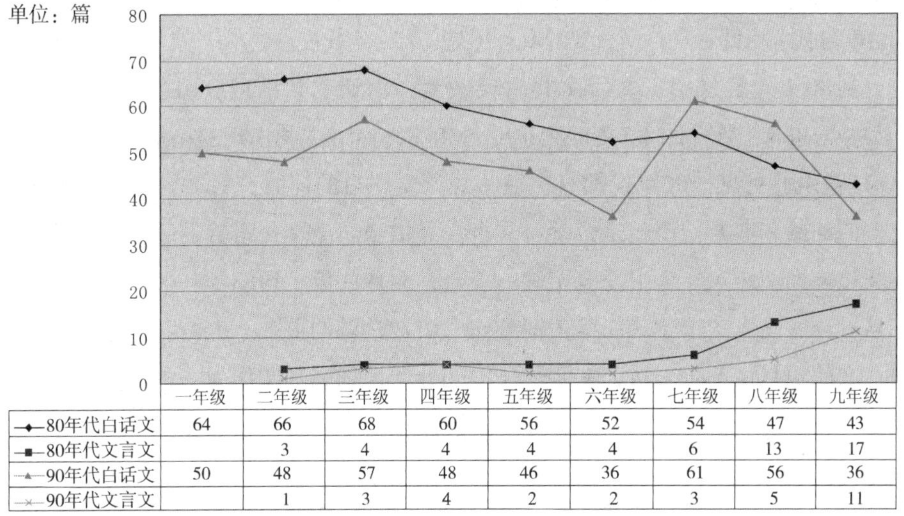

	一年级	二年级	三年级	四年级	五年级	六年级	七年级	八年级	九年级
80年代白话文	64	66	68	60	56	52	54	47	43
80年代文言文		3	4	4	4	4	6	13	17
90年代白话文	50	48	57	48	46	36	61	56	36
90年代文言文		1	3	4	2	2	3	5	11

图2-1　80—90年代各年级白话文、文言文篇目趋势图

从图2-1我们可以发现如下特点：

（1）80—90年代的教材在各个年级都是白话文占优势，不过这种优势随着年级的增加而逐渐降低。

（2）文言文总体上维持一个低位逐增的态势，在八、九年级增长幅度较大。

（3）80年代教材，一至三年级白话文逐渐增多，而四至六年级逐渐减少，七年级比六年级略有增长之后，又呈现一个递减的态势，这种走势正好跟文言文的走势是相反的，表现出教材编写者良好的总体规划。而90年代教材波动幅度较为混乱。

从各个大纲上看，一至六年级对文言文并没有要求，但是两套教材中都出现了少量文言文，这些文言文大多是唐宋时期的诗歌。八至九年级，文言文的形式要广泛得多，除了仍旧有一定数量的唐宋时期的诗歌外，古体乐府诗歌如《陌上桑》也出现了。另外，作为与唐宋诗歌并肩的艺术形式，宋词（如范仲淹《渔家傲》）、元曲（如张养浩《山坡羊·潼关怀古》）、明清小说（如《三国演义》《红楼梦》《西游记》《水浒传》）都出现在这一阶段。另外，还出现了大量的其他体裁的文言文，例如"说"（《黄生借书说》《捕蛇者说》）、"表"（《出师表》）、"记"（《满井游记》《小石潭记》）、"书"（《答司马谏议书》）、"传"（《童区寄传》《芋老人传》）。从作品所代表的历史时间看，有先秦的《〈论语〉六则》《孟子》《曹刿论战》、两汉的《陈涉世家》、三国的《出师表》、两晋的《桃花源记》、南北朝的《周处》、唐代的《捕蛇者说》、宋代的《岳阳楼记》、元代的《山坡羊·潼关怀古》、明代的《满井游记》、清代的《观巴黎油画记》，基本覆盖了中国历史上的各朝各代。由此可见，文言文的取舍还是具有一定代表性的。

在80年代教材中，文言文共出现52篇，白话文共出现380篇，文白比约为1∶7；在90年代教材中，文言文共出现30篇，白话文共出现340篇，文白比约为1∶11。由此可见，90年代教材在缩减总课文篇目的同时，对文言文的数量做了更多的缩减。需要指出的是，学习文言文是增强学生文化素养的一种重要手段。在文化方面，1980年大纲没有明确的表述，而1986年、1988年、1992年大纲，都把培养健康高尚的审美观、审美情趣作为语文学科的重点。但是我们从文言文和白话文的篇目增删上来看，90年代还没充分认识到文言文作为一种文化载体的重要性，这对传承中国优秀传统文化是不利的。

第二节　篇目的国别

语文教材属于一种母语教材，除了承担着对本国语言文字的任务教学外，也同时担负着扩大学生知识面，增加学生对世界了解的任务，因此，现代语文教材也注重选取有国外要素的课文。

一、国外作品入选教材的历史渊源

晚清末期至"五四"时期，是多种文化思潮风起云涌的一个重要时期，一批先进的知识分子开始睁开眼睛看世界，我国也选派一批批学生留洋学习，中外的交往进入了一个崭新的时期。从中外文化译介史上来看，这是自两汉至唐宋的译经时期、明末清初的科技翻译时期以来，第三次对外国文化大规模转译的高潮时期。与前两个时期专门化的文化导入不同，这次的文化导入是全方位多领域的。在文学领域，以林琴南为代表的翻译家，翻译了《巴黎茶花女遗事》（*La Dameaux Camelias*）、《黑奴吁天录》（*Uncle Tom's Cabin*）、《块肉余生述》（*David Copperfield*）、《王子复仇记》（*Hamlet*）等160多部欧美文学经典，梁实秋翻译了《莎士比亚剧本》，鲁迅翻译了苏联文学作品《死魂灵》《毁灭》等；在社会学领域，严复翻译了《天演论》（*Evolution and Ethics and Other Essays*）、《原富》（*Inquiry into the Nature and Cause of the Wealth of Nations*）、《法意》（*L'esprit Des Lois*）、《社会通诠》（*A History of Politics*）、《群学肄言》（*Study of Sociology*）和《群己权界论》（*On Liberty*）等一批著作。这些作品多以白话文为翻译语言，正好与当时以白话文取代文言文的社会运动遥相呼应。因此，一批译文很快进入到新式的白话文教材中。据刘洪涛的研究，“1912年民国政府教育部颁布的《中学校令施行细则》第三条涉及学习国文的要旨，有‘涵养文学之兴趣’一说。章程虽然没有单独给予外国文学什么地位，但在确定选文标准和来源时，却为其预留了进入的空间，如‘实用文’一项，列举了《布鲁达斯演说词》（选自莎士比亚历史剧《尤利斯·恺撒》）等演说词”。“外国文学作品最早出现在由洪北平、何仲英编纂，商务印书馆1920年出版的中国第一套中学白话文教材《白话文范》（四册）中，共有四篇：胡适译法国作家都德的小说《最后一课》，刘半农译英国诗人虎特的诗《缝衣曲》，耿济之译屠格涅夫的小说《航海》、托尔斯泰的小说《三问题》。”[①] 这些都为外国作品被选入语文课本，扩展我国中小学国文课本选文的来源提供了素材。

从这些国外作品的编排方式来看，主要有两种。一种是穿插式，如“《朱氏初中国文》（世界书局1933年出版）中开列了各册作品时代分配表：周秦7篇，汉魏11篇，晋元唐宋32篇，元明清90篇，现代创作（包括译作与创作）196篇，其中外国文学译作单独有24篇，分配到六册中，每册平均四篇”[②]。还有一种是集中式，如孙俍工等编选的《初级中学国语文读本》共六册，第一、二册注重记叙文，第三、四册注重议论文，第五、六册则全为外国小说名作的翻译。

---

① 刘洪涛：《现代中学语文中的外国文学作品形态分析》，《中国现代文学研究丛刊》2003年第3期，第63~64页。

② 同上，第65页。

二、教材课文的国别分析

在80—90年代的大纲中，只有80年代《初中大纲》对入选的翻译作品提出了要求：“入选的外国作品，要有进步的思想内容……入选的外国作品，译文要在保持原著风格的同时力求合乎现代汉语的规范。”

翻译作品的国别因素，是需要考虑的一个重要方面。除了翻译作品之外，还有介绍外国人物以及外国风物的文章，也与国别因素有关，在这里我们一并讨论。

在80—90年代的教材中，都出现了很多和外国人物有关的作品，或者是选译自外国作家的作品。这些作品的入选，对学生开阔视野，增加国际眼光，具有积极的意义。

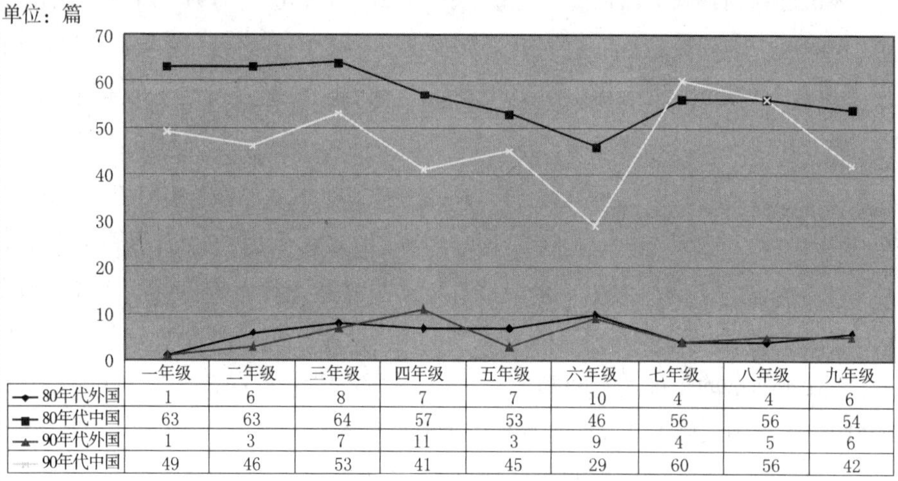

	一年级	二年级	三年级	四年级	五年级	六年级	七年级	八年级	九年级
80年代外国	1	6	8	7	7	10	4	4	6
80年代中国	63	63	64	57	53	46	56	56	54
90年代外国	1	3	7	11	3	9	4	5	6
90年代中国	49	46	53	41	45	29	60	56	42

图2-2　80—90年代各年级中外篇目数趋势图

从图2-2我们可以发现如下特点：

（1）80—90年代的教材的各个年级中，跟中国有关的课文数量占优势。其中80年代的教材整体态势比较明显，可以划分成三个阶段，一至三年级为第一阶段，是数量最多的一个阶段，三个年级整体数量变化不大；四至六年级是第二阶段，呈现出逐级递减的态势；七至九年级为第三阶段，这个阶段的三个年级数量变化不大。而90年代教材则呈现出无明显规律的数量起伏。这说明在教材的编写上，80年代整体把握要比90年代好得多。

（2）跟外国有关的课文维持在一个低位的状态。两套教材都可以分为三个阶段，一至三年级为第一阶段，表现为数量在增加；四至六年级为第二阶段，80年代在四年级略有下降之后，整个阶段仍旧是在递增，而90年代则呈现出马鞍形；七至九年级为第三阶段，整体上略有上升。我们可以进一步细化这些课文的国别，统计结果如表2–3。

表2–3　80—90年代各年级与各国篇目有关统计表

年代	地域	国家	数量	80/90年代例文
80/90	欧洲	苏俄（今俄罗斯）	22/15	《绿色的办公室》/《绿色的办公室》
		德国	5/3	《琥珀》/《琥珀》
		意大利	5/5	《画鸡蛋》/《画鸡蛋》
		英国	3/4	《小珊迪》/《达尔文和小松鼠》
		波兰	2/0	《哥白尼》/
		丹麦	2/2	《卖火柴的小女孩》/《卖火柴的小女孩》
		法国	2/6	《我的叔叔于勒》/《我的叔叔于勒》
		保加利亚	1/0	《幸福是什么》/
		捷克	1/0	《二六七号牢房》/
		奥地利	0/2	/《小狮子爱尔莎》
		希腊	0/1	/《寓言三则》
	美洲	美国	5/8	《爱迪生》/《爱迪生》
		加拿大	1/1	《手术台就是阵地》/《手术台就是阵地》
	亚洲	日本	1/1	《藤野先生》/《藤野先生》
		阿拉伯	1/0	《渔夫的故事》/
		泰国	1/1	《曼谷的小象》/《曼谷的小象》
		以色列+巴勒斯坦+约旦	1/0	《死海不死》/

从表2–3我们可以发现：

80—90年代教材中，只有与欧洲、美洲、亚洲相关的课文。其中与欧洲有关的最多，美洲次之，亚洲居第三位。欧洲和美洲的美国、加拿大，都是西方国家的代表，大量与外国有关的课文都出自这一类国家，实际上反映了欧美作为西方文化参照系的重要作用。但是我们也看到，对于西方文化的涉猎，有偏向现代西方文化，而忽视古代西方文化的倾向。西方文化有两个重要来源，一个是古希腊文化，另一个是古罗马文化，但是与之相关的只有90年代课本中的《寓言三则》，是选自古希腊传统经典《伊索寓言》。从教材选文的东方视角看，80—90年代教材中共同出现的东方国家只有日本和泰国，两篇文章都是以一个中国人的视角去描绘日本人的形象或者记录与泰国特色有关的事件，80年代教材中选取了世界民间文学宝贵财富《天方夜谭》中的一个故事《渔夫的故事》，《死海不死》选取了位于以色列、巴勒斯坦、约旦之间的一个特殊地貌“死海”进行描写，但是这两篇在90年代教材中都被删除了。80—90年代教材的编写者强调了中华文化在东方文化中的代表地位，而忽视了东方文化存在的多样性。例如对于同为世界文明古国的印度没有一篇课文进行介绍，作为我们重要邻邦的朝鲜也没有涉及。从人类发展史的角度看，每个国家、民族的文化可以说是人类共同的遗产与宝藏。课文是学生了解世界的窗口，打开的窗口越多，学生越会发现世界五彩斑斓的壮美之处，更全面地了解和反思其他国家民族的多元文化，才能成为视野开阔、胸襟博大的人。从这一点上看，限于当时的条件以及认识水平，选文的广阔性还有不足。

另外，社会意识形态的不同在课文的选择中起着重要作用。我们可以看到，80—90年代中出现最多的作品都是苏俄的作品，这些作品涵盖了苏俄社会生活的多个方面，其中介绍苏俄革命领袖列宁的篇目最多，如80—90年代的教材都选择了《绿色的办公室》《登山》《列宁和卫兵》，80年代教材中还有《列宁小时候》《列宁在理发室》，也有节选苏俄重要作家如列夫·托尔斯泰的《跳水》、奥斯特洛夫斯基的《筑路》、契诃夫的《麻雀》、高尔基的《海燕》《诚实的孩子》，还有苏俄艺术家列宾的《伏尔加河上的纤夫》，甚至也有介绍普通人生活的《女邮递员的信》《科利亚的木匣》等。在80年代作品中，同为社会主义国家的如保加利亚、波兰、捷克也出现在选文中。这说明，教材的编写者在编写与外国有关的篇目时，有意识地把同一意识形态的社会主义国家的作品放在了很重要的位置上。当然，这种偏向社会主义国家的情况在80—90年代也略有不同，90年代的作品在均衡性上得到进一步加强。我们可以看到，与80年代的教材相比，90年代的教材反映苏俄的篇目减少了，与原为社会主义国家的保加利亚、捷克、波兰相关的篇目也删除了，与美国相关的篇目则有所增加，从80年代的5篇增加到了8篇。“文学是人文学”，外国作品的入选，其目的之一是提供一个多样文化相互碰撞的环境，体现的是一种与中国传统文化不同的文化背景和思维模式，这对学生树立完整的世界观、人生观、价值观和健全人格等都有着不可忽视的作用。从80—90年代教材的选文看，意识形态的选择在选文中起着非常重要的作用，这实际上也是当时国际和社会环境的一个反映，但教材的选文在反映文化多样性上还有所欠缺。

第四节 篇目的典型人物

塑造典型人物是很多文章写作的重要方式，除了大多数说明文、应用文、议论文的写作不以人物为中心外，其他各种体裁的课文中，都出现了很多令人印象深刻的人物。例如记叙文《一件珍贵的衬衫》记录了一位普通市民和周恩来总理之间发生的故事，塑造出周恩来总理平易近人的亲民形象；散文《赶花》则塑造了一群养蜂人的勤劳形象；诗歌《西里西亚的纺织工人》则塑造了一群带有阶级觉醒意识的纺织工形象。小说中的人物更是展开故事的主要承担者。例如《梁生宝买稻种》中的梁生宝，他认真负责、集体利益至上的精神令人感动；《王二小》中的小英雄王二小为胜利勇于牺牲自己的形象令人敬佩；戏剧《奴隶英雄》中也塑造了勇敢顽强、勇于反抗的斯巴达克思的形象。这些栩栩如生的人物形象，一方面是社会现实中的人物在教材中的一个投影，另一方面也在潜移默化地影响着学生世界观的形成。

一、提取篇目典型人物的原则和方法

需要指出的是，一篇课文中出现的人物可能会很多，但主要塑造的人物才能反映其典型意义。刘弘、孔梦苏提出提取典型人物的三个原则：①

（1）信息完整性。即通过出场人物介绍的形式或者在人物对话中能够体现人物的性别（国别），且这些背景信息在整套教材中始终保持一致。

（2）稳定性。即人物出场次数频率较高，在课文中不随意出现或消失，有充分的语料可供分析。有些人物，如售货员、司机、服务员、路人等，只是偶尔出现，也没有什么个性化的语言，不列入研究范围。

① 刘弘，孔梦苏：《对外汉语教材中虚拟人物的刻板印象研究》，《语言教学与研究》2014年第1期，第51页。

（3）鲜明性。即人物具有突出的性格特征，通过其语言、行为能够体现出来，且人物性格基本符合其年龄（职业）的特点。

当然，这三条原则对于处理某些情况也是不够的，我们还需要针对具体情况对是否作为典型人物进行取舍。例如90年代二年级课文《刻舟求剑》中刻画了楚国一个办事刻板、不懂随情势变化而调整的人物形象。虽然这篇课文中的人物形象基本满足了三个原则，但是如果我们分析的是其职业，那么这篇课文所提供的信息也是不完整的。我们应该对信息完整性的原则进行扩充，不仅仅局限在性别（国别）这个信息上。

另外，还需要补充的是，一篇课文中出现的人物很多，但是对人物的分析应该集中在其主要人物上，而对其中的次要人物不作分析。例如《小珊迪》这篇课文是作者以第一人称的视角来记录发生的一件事情，作者作为课文中的一个人物，虽然满足典型人物的三个原则，但只是起到了穿针引线的配角作用，其中的典型人物是小珊迪，所以我们只对小珊迪进行分析。这种只关注主要人物的分析方法虽然是粗线条的，但是容易突出表现典型人物的特征。

语文教材的人物选择有自己的特点：其一，语文教材是面向儿童的，所以里面会有大量的儿童形象出现；其二，语文教材是儿童和社会接触的一个媒介，一些社会上的典型成人形象也会出现在教材中。另外，人是有多重属性的，在不同的环境中扮演不同的角色。因此，对教材的人物分析也有不同的维度。在人的各种属性中，社会属性是其最重要的属性之一，这主要体现在其身份特征上。因此，我们在进行人物分析时，首先要将其分为儿童和成人两大类，然后从个体身份等几方面分别分析其社会特点。

二、儿童形象和成人形象的分布

我们对80—90年代教材中的人物进行了统计，统计结果趋势如图2-3和图2-4。

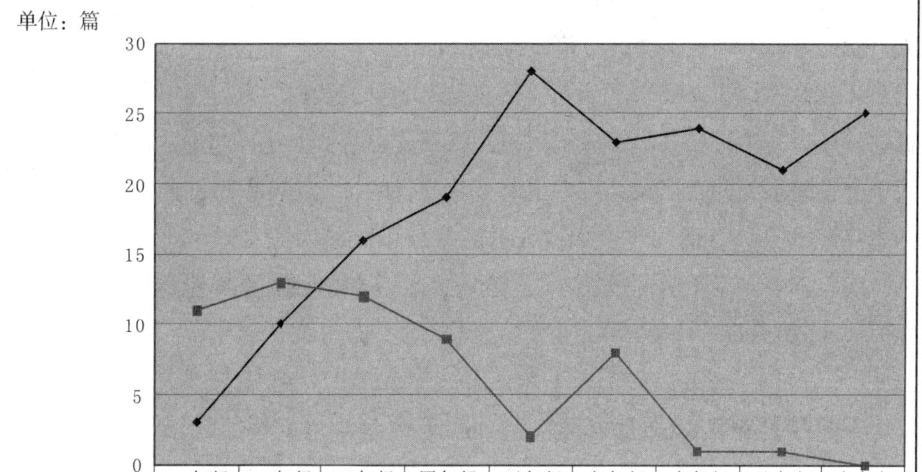

	一年级	二年级	三年级	四年级	五年级	六年级	七年级	八年级	九年级
80年代成人	3	10	16	19	28	23	24	21	25
80年代儿童	11	13	12	9	2	8	1	1	0

图2-3 80年代教材各年级儿童、成人篇目数趋势图

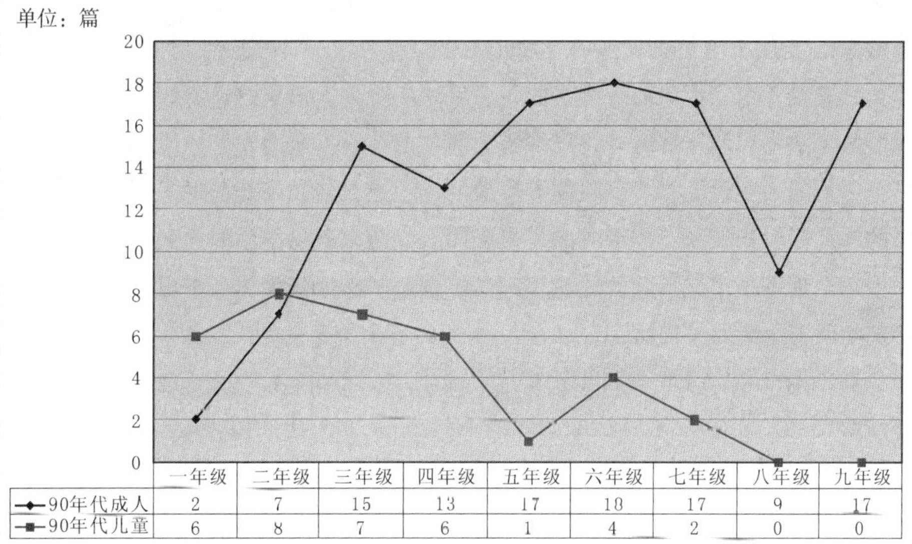

	一年级	二年级	三年级	四年级	五年级	六年级	七年级	八年级	九年级
90年代成人	2	7	15	13	17	18	17	9	17
90年代儿童	6	8	7	6	1	4	2	0	0

图2-4 90年代教材各年级儿童、成人篇目数趋势图

从儿童形象的分布来看，两套教材都是分成两个阶段，一至四年级为第一个阶段，五至九年级为第二个阶段。第一个阶段中，儿童形象出现的数量较多，第二个阶段儿童形象出现的数量较少。

从成人形象的分布来看，80年代教材趋势较为有规律，基本上呈现出随年级递增的趋势，而90年代教材中，成人形象在一至三年级和四至六年级都是递增的，而七至九年级则呈现出马鞍形的起伏。

不过从整体上来看，儿童形象的总数是少于成人的。只是在一、二年级这个低幼阶段，儿童形象要多于成人形象。这种安排基本上是合理的，在小学的低年级中安排较多的儿童形象，可以更贴近学习者的日常生活，增加内容的亲切感。随着年级的升高，而逐步增加成人的形象，可以起到扩大学生社会接触面的作用，而且随着学生年龄的增长和心智的成熟，学生对成人世界也有了一定的理解能力。

三、教材中的成人形象

成人形象，我们主要是从其身份角度进行分析。两套教材中，有很多类别的形象是共同出现的，例如反映革命领袖形象的《周总理的睡衣》、反映解放军（红军、革命者）形象的《董存瑞舍身炸暗堡》、反映工人形象的《在烈日和暴雨下》、反映农民形象的《农民》、反映老师形象的《最后一课》、反映知识分子形象的《孔乙己》、反映科学家形象的《詹天佑》、反映医生形象的《李时珍》、反映艺术家形象的《月光曲》、反映历史名人形象的《将相和》、反映渔民形象（水手）的《穷人》、反映猎人形象的《猎人海力布》、反映公务员（官员）形象的《变色龙》、反映商人形象的《芋老人传》《傻二哥》，反映亲属形象的《背影》、反映英雄形象的《景阳冈》。两套教材的不同之处在于80年代教材中还出现了小市民形象的《龙须沟》（选场），90年代作品中出现了反映华侨形象的爱国之情的《苦柚》。

我们对80—90年代教材中出现的各个成人形象进行了统计，结果如表2–4和表2–5。

表2–4　80年代教材各年级成人身份统计表

身份	总计	一年级	二年级	三年级	四年级	五年级	六年级	七年级	八年级	九年级
革命领袖	34	2	7	9	2	5	3	4	1	1
解放军（红军、革命者）	29	1		3	4	7	6	3	2	3
工人	16		1		1	3	3	2	5	1
历史名人	15				2	3	2	1	1	6

（续表）

身份	总计	一年级	二年级	三年级	四年级	五年级	六年级	七年级	八年级	九年级
农民	12				1	4	1	3	1	2
科学家	9			1	2		2	1		3
老师	8		1		1		2	2	1	1
知识分子	8				1	1	1	2	1	2
公务员（官员）	6								4	2
医生	5			2	1			2		
渔民（水手）	5					3	1	1		
亲属	5				1		1		1	2
商人	3				1				1	1
猎人	3			1	1	1				
艺术家	3		1				1	1		
英雄	3						1	1	1	
市民	1									1

表2-5　90年代教材各年级成人形象统计表

身份	总计	一年级	二年级	三年级	四年级	五年级	六年级	七年级	八年级	九年级
解放军（红军、革命者）	22	1		2	3	8	4	2	1	1
革命领袖	22		5	8	2	1	4	1		1
历史名人	10				1	3	2	1	1	2
工人	8			1	2	1	1	1	1	1
老师	6			1		1		3		1
知识分子	6					1	1	2		2
科学家	6	1		1	2		1	1		
公务员（官员）	5								3	2

（续表）

身份	总计	一年级	二年级	三年级	四年级	五年级	六年级	七年级	八年级	九年级
亲属	5			1		1		1		2
艺术家	4				1		1	1	1	
医生	3			2				1		
英雄	4						2			2
农民	3							1	1	1
渔民（水手）	3					2	1			
华侨	2				1		1			
猎人	1				1					
商人	2							1		1

从数量统计上来看，80—90年代教材的成人形象数量的层级关系如下：

80年代教材：革命领袖＞解放军（红军、革命者）＞工人＞历史名人＞农民＞科学家＞老师＝知识分子＞公务员（官员）＝医生＝渔民（水手）＝亲属＞商人＝猎人＝艺术家＝英雄＞市民

90年代教材：革命领袖＝解放军（红军、革命者）＞历史名人＞工人＞老师＝知识分子＝科学家＞公务员（官员）＝亲属＞艺术家＝英雄＞医生＝农民＝渔民（水手）＞华侨＞商人＝猎人

如果我们把这两套教材综合统计，则呈现出如下的层级关系：

革命领袖（56）＞解放军（红军、革命者）（51）＞历史名人（25）＞工人（24）＞农民（15）＝科学家（15）＞老师（14）＝知识分子（14）＞公务员（官员）（11）＞亲属（10）＞医生（8）＝渔民（水手）（8）＞艺术家（7）＞英雄（7）＞商人（5）＞猎人（4）＞华侨（2）＞市民（1）

在这两套教材中，革命领袖、解放军（红军、革命者）这两类人群出现得最多，与其他类人群相比，占到了绝对优势。

课文中的革命领袖人物主要有毛泽东、周恩来、朱德、彭德怀、陈毅、任弼时、刘伯承、邓小平、李大钊、宋庆龄、王若飞、方志敏、列宁、马克思、恩

格斯等。在所有的领袖里面，出现最多的是毛泽东和周恩来，在两套教材中共计出现了9次和21次。其中，毛泽东的形象多以革命战争时期为叙事背景，一共有7篇，时间涵盖了国内革命时期（如《八角楼上》），直到解放战争时期（如《挥手之间》）；反映新中国成立后的有2篇：《回韶山》《补丁》。反映周恩来的多以新中国成立后为主，一共有18篇，如《一件珍贵的衬衫》等；反映新中国成立前的只有2篇，如《一个降落伞》。外国领袖中，出现最多的是列宁，在两套教材中出现了7次，如《绿色的办公室》；马克思、恩格斯一共出现了2次，都是出现在《伟大的友谊》这一篇中。这说明，课文在选择领袖形象的时候，也是突出了领袖核心。课文在刻画领袖形象的时候，一般不通过宏大叙事的方式，而是通过一件件小事来突出领袖人物作为一个平凡人身上的宝贵品质。

解放军（红军、革命者）主要以中国革命战士为主，包括了国内革命时期，如《金色的鱼钩》；抗日战争时期，如《狼牙山五壮士》；解放战争时期，如《董存瑞舍身炸暗堡》；抗美援朝时期，如《罗盛教》；新中国成立后，如《普通劳动者》。外国的只有一篇，选自捷克作家伏契克《绞刑架下的报告》的课文《二六七号牢房》。从人物塑造的角度看，最多的是表现人物对革命的牺牲精神，如《黄继光》等都是其中耳熟能详的典范；有的表现革命者的互助协作精神，如《三人行》；有的表现革命者的乐观精神以及对革命必胜的信心，如《狱中联欢》；还有的是表现与人民群众的鱼水深情，如《红军鞋》；也有的是表现扎根边防的精神，如《彩色的翅膀》。

历史名人出现的数量也一直位于前三。这是与传承中国传统文化有关的类型，所以数量非常多是很正常的。这些名人包括：

先秦：《曹刿论战》里的曹刿，《触龙说赵太后》里的触龙，《公输》里的墨子、公输班，《将相和》里的廉颇、蔺相如，《唐雎不辱使命》里的唐雎，《田忌赛马》里的田忌，《西门豹》里的西门豹，《晏子使楚》里的晏子。

秦代：《陈涉世家》里的陈胜、吴广。

三国时期：《草船借箭》《隆中对》里的诸葛亮，《赤壁之战》里的周瑜、黄盖、曹操。

南北朝：《木兰诗》里的花木兰，《周处》里的周处。

唐代：《李愬雪夜入蔡州》里的李愬。

明代：《李闯王渡黄河》里的李自成。

美国：《哨子》里的富兰克林。

从以上列举可见，这些名人主要是以中国先秦时期为主，各朝各代分布并不平衡，唐代之后几乎没有，国外的历史名人只有富兰克林一人。

工人形象主要以刻画他们的勤苦劳动为主，例如《在烈日和暴雨下》《挑山工》、《伏尔加河上的纤夫》；另一方面，也反映了他们在旧社会或资本主义世界中受到的剥削，例如《捕蛇者说》《西里西亚的纺织工人》。这种背景下，工人的形象往往处于一种绝境之下，只有鲁迅的《一件小事》反映了人力车夫勇于负责、善心救苦的宝贵品质，以及给作者的精神冲击。在新社会下，工人的勤劳品质仍旧得到了反映，如《挑山工》里的挑山工，《香山红叶》中的老向导，《女邮递员的来信》中的女邮递员，这种勤劳以一种乐观向上的形象出现，反映了一种崭新的精神面貌。

在教材中，塑造老师的形象也是很重要的一个方面。学生日常生活中，老师是除了父母之外交往最多的一类成年人，也是教育的主要承担者，因此，老师的言行举动都会对学生形成潜移默化的影响。教材中的老师，作为从生活中提炼出来的教师典型，更是具有重要的示范意义，其形象塑造会影响学生自身形象的培养。老师的形象可以分为内在形象与外在形象。邱卫东认为："外在形象是教师通过与外界的交往，在个体身上表现出来的，别人可以感知并且有一定反应的一系列因素与状态。主要包括教师的语言、习惯、情绪、仪表、人际状态等方面。诸如言谈举止、待人接物、步态手势、面部表情、衣着仪容、人际交往水平等。"内在形象是"通过长期的努力逐步形成的、较为稳定的、直接对外在状态产生决定性作用的一系列潜隐因素"。[①]简单而言，外在形象主要表现为个人的风度，内在形象主要表现为个人道德和才识。在教材中，教师的形象主要集中在对内在形象的塑造上。以外在形象的刻画为主的课文只有一篇，即《穆老师的眼睛》。该文描写了穆老师有一双会说话的眼睛，这双眼睛可以发现学生的优缺点，并鼓励学生好好学习。内在形象的塑造侧重教师的个人道德，这种道德主要表现在爱生如子上，如《我的老师》中蔡芸芝老师对小时候魏巍的爱护；《家访》中唐老师为因为照顾生病的妈妈而休学在家的田芳补课；《第二次考试》表现了苏林教授认真负责的精神；《画杨桃》体现了老师坚持真理的精神；《难忘的一课》以抗日战争胜利为背景，通过台湾一位教国语的老师的言行，表现了老师的爱国主义精神。如果说，对中国老师的形象刻画突出了外在形象和内在形象的统一，那么对外国老师的刻画，则出现了一定程度的背反。如《藤野先生》中对藤野先生外在形象的描述是"这藤野先生，据说是穿衣服太模胡了，有时竟会

① 邱卫东：《现代教师形象的设计策略》，《教育评论》2003年第3期，第38~40页。

忘记带领结；冬天是一件旧外套，寒颤颤的，有一回上火车去，致使管车的疑心他是扒手，叫车里的客人都小心些”。而《最后一课》中韩麦尔先生平日“踱来踱去，胳膊底下夹着那怕人的铁戒尺”，而且日常教学也“我不是常常让你们丢下功课替我浇花吗？我去钓鱼的时候，不是干脆就放你们一天假吗”。但是这些外国老师最重要的内在形象，仍旧是高尚的。如藤野先生在鲁迅心目中留下的印象仍旧是“他的对于我的热心的希望，不倦的教诲”，而韩麦尔先生则闪耀着爱国主义的光辉。

周晓静认为，教师既是承担教书育人的角色人，又是一个基于生物性而存在的自然人。[①]其内在形象，集中体现了作为教师这一角色的突出特点，而外在形象，则与普通自然人的特点形成了交集。教材中突出其内在形象，而忽视其外在形象，表现了教材中的教师作为道德标杆的示范作用。

农民的形象主要限于中国农民，可以按时代背景分成三类。一类是旧社会的农民，主要是为了突出他们所受到的剥削和压榨，例如《白毛女》（选场）、《多收了三五斗》《粜米》。还有一类是土改时期的农民，突出了经过土地改革，他们翻身做了主人的喜悦心情，例如《分马》《果树园》。这一时期也有反映农民逐渐摆脱愚昧的，如《求雨》。第三类是新中国成立后的农民，更多的是反映农民建设新生活的崭新场景，如《梁生宝买稻种》《饲养员赵大叔》《抢险》等，也出现了掌握知识文化的新农民形象，如《避雨》。需要注意的是，在两套教材中，有关农民的篇目也是变动最大的，在80年代教材中，有关农民的篇目有12篇，居于第5位；而在90年代教材中，有关农民的篇目只有3篇，居于第13位。

科学家是专门从事科学研究的人，是利用科学方法和手段对自然、社会、生命、宇宙等未知领域进行研究、识别、判断的群体。从广义上来说，包括自然科学家和社会科学家两种。狭义的科学家只包括自然科学家。在这里，按狭义的概念对课文中的科学家进行分析。入选课文的科学家既有中国的，也有外国的。中国的科学家涵盖古今，如古代的祖冲之（《祖冲之》）、毕升（《毕升》），《捞铁牛》里的怀丙，近代的詹天佑（《詹天佑》），现当代的《卓越的科学家竺可桢》里的竺可桢，《地质之光》里的李四光。这些科学家都是在历史上确有其人的，只有《老科学家下乡》这篇文章是塑造了一个虚拟人物。外国的科学家则以近代为主，例如达尔文（《达尔文和小松鼠》），哥白尼（《哥白尼》），《两个铁球同时着地》里的伽利略，《试航》里的富尔顿。从表现的内容上来

① 周晓静：《教师：穿行在角色人与自然人之间》，《教育研究与实验》2006年第3期，第44~45页。

看，这些科学家追求真理的精神一直是课文重点表现的。例如：《祖冲之》里面祖冲之为坚持真理，与戴法兴的争论。竺可桢“1974年2月6日，是竺可桢临终的前一天。在病危时，他还不忘作科学研究的记录”。伽利略敢于挑战权威，对人人信奉的哲学家亚里士多德所谓的真理进行质疑。在刻画中国科学家追求真理精神的同时，爱国主义精神也是非常重要的一个方面。祖冲之计算出了圆周率，要比世界领先将近一千年。毕升发明了活字印刷术，“为世界文化的发展做出了贡献”。詹天佑“京张铁路不满四年就全线竣工了，比原计划提早了两年。这件事给了藐视中国的帝国主义者一个有力的回击”。竺可桢“写成了《中国近五千年来气候变迁的初步研究》。这部著作受到国内外学术界的推崇。它的价值在于充分掌握历史上气候变迁的情况，古为今用，对气候的长期预报很有好处。竺可桢在83岁高龄，取得科学上新的成就，为祖国博得新的荣誉”。李四光冲破西方学者的“中国贫油论”，为中国找到了大量石油资源。

知识分子是一类受过专门训练，掌握专门知识，以知识为谋生手段，以脑力劳动为职业，具有强烈的社会责任感的群体。从广义的角度来讲，知识分子可以定义为脑力劳动者、专业技术劳动者。教师、医生、工程师和科学家都是知识分子。而狭义的角度，则仅限于读书人、学者或者思想家。我们在这里取狭义的角度分析教材中的知识分子。教材中的知识分子形象主要分为三类：第一类是愚昧的知识分子，如《东郭先生和狼》中的东郭先生，《范进中举》中的范进，《孔乙己》中的孔乙己。这些课文中的知识分子都是作为一种负面形象出现的，或者是嘲笑了他们的迂腐，或者是抨击了科举制度对他们的摧残，或者是揭示了旧社会底层知识分子无以谋生的悲惨命运。第二类是革命的或者进步的知识分子，这一类知识分子以鲁迅为代表，《书的故事》《一面》《我的伯父鲁迅先生》《同志的信任》这四篇课文都与鲁迅有关，表现了鲁迅对革命事业和革命同志的无限忠诚。《闻一多先生的说和做》则描写了闻一多从一个两耳不闻窗外事的知识分子转变为一个为国家民族献出生命的爱国知识分子的过程。第三类是专业化的知识分子，这种类型是最少的，如《那片绿绿的爬山虎》中的叶圣陶，通过一个小学生的视角，反映了叶圣陶先生对写作精益求精的态度。

与公务员（官员）有关的课文，有《变色龙》《葫芦僧判断葫芦案》《竞选州长》《老杨同志》《杨修之死》《制台见洋人》。这些课文，除了《制台见洋人》之外，其余的篇目在两套教材中都出现了。这些公务员（官员）虽然不是很多，但是包括了古今中外。古代的官员，如《葫芦僧判断葫芦案》中徇私枉法的贾雨村，或如《制台见洋人》中对外屈膝、对内蛮横的制台，或如《杨修之死》

中聪明反被聪明误的杨修。外国的官员，如《变色龙》中见风使舵的奥楚蔑洛夫，或如《竞选州长》中被竞选对手浑身抹黑的“我”。这些人物总的来说都是负面人物，暴露了官场以及社会的黑暗。教材中唯一出现的正面官员人物形象是《老杨同志》中的农会主席老杨，他身为党的干部，与群众打成一片，体现了党的群众路线，反映了新时期老百姓翻身做主人的新场景。

与亲属形象有关的课文主要有《背影》《落花生》《回忆我的母亲》《我的叔叔于勒》。这几篇在两套教材当中都出现了。朱自清的《背影》和许地山的《落花生》都是写父亲的名作，在历次的教材变动中都被保留下来，显示了其极强的生命力，这种生命力的来源在于其极强的感染力。父亲在传统的社会秩序中，代表着威严，代表着体制。这一点在《落花生》中表现得十分明显。落花生是母亲带领孩子们“买种、翻地、播种、浇水”，经过几个月辛勤劳动才收获的成果。而父亲是在落花生收获之后前来品尝才出场的。“那晚上天色不大好。可是父亲也来了，实在很难得。”父亲到来之后，通过落花生给孩子灌输做人的道理，从而树立了一个家长的道德权威形象。而《背影》则塑造了一个虽略有潦倒，但是仍旧保留了对儿子的爱的形象。在这里，父亲强势的一面被淡化了，而这种淡化，反而突出了一个凡人之爱的伟大性。在这两篇课文中，作为另一方的孩子的态度，也形成了鲜明的对比，《背影》中的儿子，经历了从开始“我心里暗笑他的迂”到最后“唉！我不知何时再能与他相见”的怀念，而《落花生》中的孩子则对父亲的教育“我们都说是”“父亲的话深深地印在我的心上”。《回忆我的母亲》是朱德的一篇文章，文章回忆了母亲勤劳的一生，这个母亲形象也是当时社会广大农民女性的一个缩影。这篇文章没有正面反映母亲对孩子的感情，而是从母亲的日常生活入手来谈母亲的影响，这一点也是当时女性家庭地位的一个反映。《我的叔叔于勒》是法国著名小说家莫泊桑的短篇小说，虽然名为“我的叔叔于勒”，但是于勒实际是一个虚拟的背景，菲利普夫妇则是小说的主角，通过他们对梦想中的富于勒和现实中的穷于勒的不同表现和心理，表现了资本主义社会中的金钱关系已经超过了血缘关系。

四、教材中的儿童形象

1971年，美国心理学家阿尔伯特·班杜拉（Albert Bandura）提出了社会学习理论。这种理论，重视人的行为与环境的互动，认为人的行为有先天遗传的因素，同时也受后天环境的影响。在后天学习的模式上，班杜拉认为行为习得有两种不同的过程：一种是通过直接方式亲身体验获得学习效果，而另一种则是通过观察模仿这种间接方式获得学习效果。在教材中，虽然出现了众多的人物，但是与儿童关系最密切，距离其生活最近，最容易形成榜样效应的，是教材中的儿童形象。

我们首先看一下两套教材中各个年级出现的儿童形象的数量分布，做趋势图如图2–5。

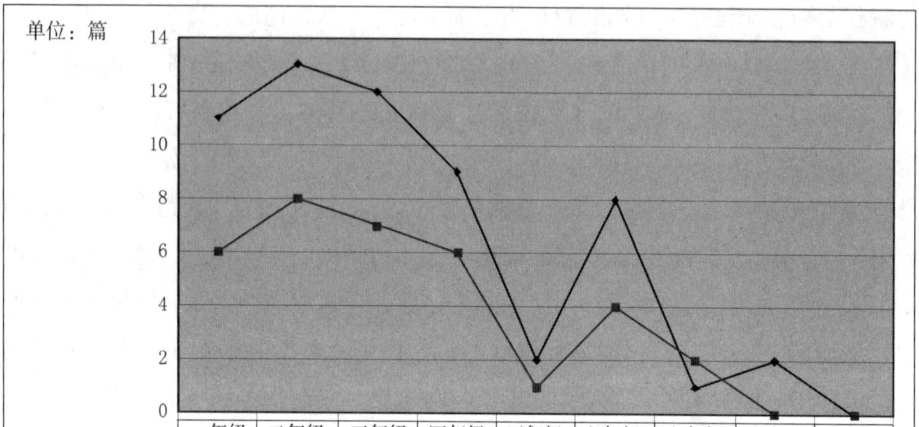

	一年级	二年级	三年级	四年级	五年级	六年级	七年级	八年级	九年级
80年代	11	13	12	9	2	8	1	2	0
90年代	6	8	7	6	1	4	2	0	0

图2–5　80—90年代教材各年级儿童形象篇目数趋势图

从两套教材的儿童形象的分布看，一至九年级基本上呈现一个递减的趋势。这与随着年级的增加，学生的心智也在增加有关。因此儿童形象可以逐渐减少。两套教材中的儿童形象在二年级达到最高峰，在五年级的时候都出现了一个大幅度的下降，然后在六年级又开始大幅度升高，这与整套教材整体下降的趋势不相吻合，说明教材中的课文仍旧有进一步调整完善的空间。

儿童作为一个个体，具有多重属性。从身份属性上来看，出现在教材中的儿童有的是小知识分子形象，如《高尔基的童年》中的少年高尔基；小英雄形象，如《冯婉贞》中的率众反抗外国侵略者的冯婉贞；小艺术家形象，如《画鸡蛋》中的达·芬奇；小摄影师形象，如《小摄影师》中的无名小摄影师；小商人形象，如《小珊迪》中的卖火柴的小男孩小珊迪；小农民形象，如《少年闰土》中的见多识广的少年闰土；小名人形象，如《孔融让梨》中的尊重兄长的少年孔融；小领袖形象，如《为中华崛起而读书》中的少年周恩来；小科学家形象，如《做风车的故事》中的牛顿；小解放军（红军、革命者）形象，如《小英雄雨来》中的机智勇敢的雨来；小学生形象，如《丁丁和小飞机》中的丁丁；小工人形象，如《凡卡》中的小学徒工凡卡。在这些儿童形象中，小学生形象是他们自身的写照，而其他形象无论从时间还是从空间看，都与他们有一定的距离。从弗洛伊德（1923年）的人格的三重性来看，一个完整的人格是由“本我”（完全潜意识）代表欲望、“自我”（大部分有意识）负责处理现实世界的事情、“超我”（部分有意识）是良知或内在的道德判断三部分组成。而教材中出现的小学生的形象，实际上大部分是以自我的形象出现，而其他形象则是超我的形象，起着塑造小学生精神世界的主要作用。

为了理清教材引导学生所塑造的世界观，表2-6对各个人物形象身份的出现情况进行了统计。

表2-6　80—90年代教材各年级儿童身份数统计表

年代	人物形象	总计	一年级	二年级	三年级	四年级	五年级	六年级	七年级	八年级	九年级
80	小学生	19	4	3	4	5		2	1		
	小解放军（红军、革命者）	14	2	4	4	1	2	1			
	小艺术家	5	1	1	1	1		1			
	小科学家	5		2	3						
	小领袖	4	2	2							
	小名人	3	2	1							
	小农民	2				1		1			
	小商人	2				1		1			
	小英雄	2								2	
	小工人	1						1			
	小知识分子	1					1				
90	小学生	9	2	1	1	4	1				
	小解放军（红军、革命者）	8	2	1	1	1		2	1		
	小科学家	5		1	4						
	小领袖	4		3					1		
	小商人	2				1		1			
	小名人	2	1	1							
	小艺术家	2	1	1							
	小摄影师	1			1						
	小工人	1						1			

从表2–6我们可以看出，80年代教材中人物形象可以呈现这样一个序列：

小学生 > 小解放军（红军、革命者）> 小艺术家 = 小科学家 > 小领袖 > 小名人 > 小农民 = 小商人 = 小英雄 > 小工人 = 小知识分子

而90年代教材中人物形象可以呈现这样一个序列：

小学生 > 小解放军（红军、革命者）> 小科学家 > 小领袖 > 小商人 = 小名人 = 小艺术家 > 小摄影师 = 小工人

我们可以发现在80—90年代的教材中，除了小学生这个形象外，小解放军（红军、革命者）、小科学家、小领袖这几种形象比较集中地出现在前几名的位置。小解放军（红军、革命者）、小领袖对于学生进行革命传统教育具有重要作用，而小科学家在培养学生求知精神上具有重要的示范作用。这说明，教材中的儿童形象重在塑造学生“爱国求真”的世界观。

在教材中，中外儿童的形象都各自有不同程度的体现。其中中国儿童形象有66篇，外国儿童形象有26篇。各种儿童形象的分布如表2–7。

表2–7　80—90年代教材各年级中外儿童身份数统计表

国别	小学生	小解放军（红军、革命者）	小领袖	小科学家	小名人	小艺术家	小农民	小英雄	小商人	小摄影师	小工人	小知识分子
中	23	20	5	5	5	2	2	2				
外	7	2	3	5		3			4	1	2	1

据此，我们以出现5次为分界点，根据出现的多少，可以分成三类：

第一类是在中外都出现较多的儿童形象。在所有的课文中，无论中外，出现最多的都是普通小孩子的形象，例如《丁丁和小飞机》中的丁丁，《科利亚的木匣》中的科利亚。另外，小科学家的形象也是出现比较多的，讲述的都是科学家小时候的故事，例如《茅以升立志造桥》中的茅以升。外国科学家小时候的故事，主要以英美国家为主。例如《做风车的故事》中的小牛顿，《爱迪生》中的小爱迪生，《爱因斯坦小时候》中的小爱因斯坦。我们可以看出，共同出现较多的儿童形象除了普通小孩之外，就是小科学家了，这说明课文的选材注重智力因素的培养，而外国小科学家的出现，也在这方面起到了补充作用。

第二类是中国出现较多，而国外很少的，这一类主要是小解放军（红军、革命者），例如《小英雄雨来》《王二小》《我的弟弟“小萝卜头”》等。而外国

国的只有苏联《夜莺之歌》中被称作“夜莺”的孩子，模仿鸟叫声给游击队报信，全歼了一支德国军队。还有就是小名人形象，如《司马光》中砸缸救人的司马光，《孔融让梨》中的孔融，《称象》中的曹植。小领袖的形象也是如此，外国的只有列宁，如《诚实的孩子》《列宁小时候》。中国人物多一些，有《不懂就要问》中的孙中山，《吃墨水》中的陈毅，《为中华之崛起而读书》中的周恩来，《收稻谷》《这个办法真好》中的毛泽东。这一类以爱国主义培养为主要目的，因此中国居多、国外居少的现象也是合情合理的。

第三类是中外都比较少的，例如小艺术家形象、小农民形象、小英雄形象、小商人形象、小摄影师形象、小工人形象、小知识分子形象。需要指出的是，在第一、二类中，儿童都是以健康向上的正面形象出现的，而第三类出现了一些景况悲惨的儿童形象，多以外国儿童居多。例如以小艺术家形象出现在《小音乐家扬科》中的扬科因为偷偷练习乐器而被毒打至死，以小商人形象出现在《卖火柴的小女孩》中的小女孩在圣诞夜被冻死，《小珊迪》中相依为命的哥弟二人孤苦伶仃，以小学徒工形象出现在《凡卡》中的主人公凡卡受尽了种种折磨。这种安排并不是把这些主人公作为儿童模仿学习的一个样本，而是作为反映旧社会和黑暗制度的一面镜子，起到忆苦思甜的作用。

如果我们把成人和儿童的形象综合起来看，我们就会发现课文中出现最多的是革命领袖和解放军（红军、革命者）这两类人群，产生这种现象的原因，与80年代、90年代教学大纲的要求紧密相关。

1980年《小学大纲》指出“小学语文课本入选课文的思想内容，应当有助于向学生进行热爱党、热爱社会主义祖国的教育；进行革命传统和党的优良作风的教育；进行革命理想和共产主义道德品质的教育……进行为革命而学习的教育”，“小学语文教学必须重视从小培养学生的无产阶级世界观。这个指导思想，要体现在整个小学语文教学之中”。对应的1980年《中学大纲》则指出“语文课在进行读写训练的同时，还必须进行思想政治教育”，“中学语文教学必须用马克思主义的观点指导学生学习课文和必要的语文知识……在读写训练的过程中，要注意提高学生的社会主义觉悟，培养无产阶级的情操和共产主义的道德品质”，在“教材的内容和编排”部分特别指出“课文要选取文质兼美的文章，必须思想内容好，语言文字好，适合教学。入选的现代作品，思想内容要有助于提高学生的社会主义觉悟，培养无产阶级的情操和共产主义的道德品质，树立无产阶级世界观”。

1992年《小学大纲》要求“在语文教学过程中，使学生受到辩证唯物主义的启蒙教育和社会主义道德品质的教育；逐步加深热爱祖国、热爱中国共产党、热爱社会主义的思想感情”，“思想教育的主要内容是：使学生了解革命领袖、千千万万共产党人和广大人民群众在革命和建设事业中做出的杰出贡献，培养学生热爱中国共产党的思想感情”。1992年《初中大纲》指出“教学目的在于培养社会主义思想品质和爱国主义精神”，“课文要文质兼美。内容要有助于增强学生热爱祖国的思想感情”。

由此可见，80—90年代大纲中都要求语文教材担负传承革命传统的使命。这种隐藏在课文人物形象中的爱国主义教育，同时也是我们历史长期形成的文以载道的传统在现今社会中的一个投影。语文课程与传统的政治课不同，不是简单的思想宣教，而是要通过学习一个个鲜活人物的经历潜移默化地完成，所以在80—90年代的教材中出现这么多的革命领袖和解放军（红军、革命者）的人物形象也不足为怪了。

第三章　教材用字分析

按照通常的认识，语文教材兼有工具性和人文性，其工具性主要体现在对口头语言能力和书面语言能力的培养。在书面语言学习的过程中，汉字的学习处在最基础的位置。只有学会汉字，才能扩展到词语，才能组词成句，才能组句成篇。只有学会汉字，才能扩大阅读量，才能把口语的内容用书面的方式转化成更典范的材料。因此，汉字掌握的好坏，关系到汉语学习的质量和水平。然而，汉字与世界上现有的大多数的拼音文字不同，具有自己鲜明的特色。拼音文字多与实际的发音有密切的联系，属于一种“我手写我口”的文字系统，而汉字多与意义紧密相关，是一种“我手写我心”的文字系统，这就决定了汉字在学习上具有自己的特点。汉字是一个层层积累的过程，经过历朝历代的创新，汉字的数量不断增加，如汉代许慎《说文解字》中收入9000多字，唐代《玉篇》有20 000多字，宋代《类篇》30 000多字，清代《康熙字典》就有47 000多字。选择多少常用汉字纳入基础教育是我们首先需要考虑的问题。虽然我们有了3500个常用汉字作为重要的参考依据，但是如何在各个年级对这些汉字进行分配，也是我们需要进一步考虑的问题。这种编排，并不是简单的平均分配，而是要结合汉字的机理，使我们的教材成为一个更有效学习汉字的依据。汉字系统虽然在造字之初，多有理据可循，但是经汉隶之后，实际上出现了许多符号字，如果不溯源就无法寻找汉字的理据，而如果把对汉字理据的探寻放到基础教育阶段，会增加学生的学习难度。所以汉字的初学者觉得汉字难认、难读、难写、难记。如果不加以引导，就会使学生书面语能力的发展落后于口语的发展，成为语文学习的瓶颈。因此，好的教材要善于利用汉字的规律和汉字研究的成果，帮助学生找到学习汉字的好方法，帮助教师很好地解决汉字教学的问题。

从教材用字来看，有课文用字、练习用字、注释用字、导语用字等。本章的教材用字基于课文正文用字进行研究。

第一节 汉字的字量

小学语文教学的一个重要任务是认识汉字。历史上留下了很多发蒙之作，如《三字经》、《百家姓》、《千字文》等。这些教本采取了韵文等形式，以简短的篇幅来进行汉字的教学。学习者多采取“书读百遍，其义自见”的方式，通过反复的识记来达到掌握汉字的目的。这种教材，虽然是把汉字放在篇章中，但是由于体裁和内容的限制，距离真正的语言使用还有一定距离，实际上采取的是一种“语文分离”的方法。更接近集中识字法。另外，在选用汉字上，也缺乏一定科学性，没有明确的指导和编排方针，其识字量是否够用也没有足够的理论做支撑。据郑国民（2003年）统计，《三字经》用字1140个，《百家姓》用字568个，《千字文》用字1000个，三种教材的识字量相差还是比较大的。所以虽然传统教材在历史上发挥了重要的作用，但是汉字难以掌握的问题一直存在着。而现当代的大多数通行语文教材，则大多采用“语文并进”的方式，实际上是贯彻了“随文识字”的教学方法，强调把汉字放到真实的语言环境中，按照一定的编排原则来达到学习汉字的目的。应该学习多少个汉字，按照什么样的方式把这些汉字分散到各个年级中，是所有教材和大纲所要解决的首要问题。

一、大纲对识字的要求

新中国成立前，1922年，陈鹤琴在分析儿童用书、报纸杂志、儿童作品、古今小说、杂类资料共554 478字的基础上，根据汉字出现频率，编成了《语体文应用字汇》，在中国开字频研究为教材编写服务之先河。1930年，王文新以小学生作文和国语教科书为材料进行研究，出版了《小学分级字汇研究》，定小学用字为3799个，并把这些汉字分布到小学的六个年级。其后关于汉字字量的研究还有杜佐周与蒋成塑关于儿童与成人常用字的调查与比较，艾伟与周祖训对初小国语字量的整理和研究，徐锡龄对五种千字课教材识字量的比较研究，洪深、舒新城和吴廉铭对1100个基本汉字的尝试，辛安亭的《群众急需字分类表》，黄觉民的《常用字研究的总检讨》，陈人哲的《大众实用字汇研究》，刘德文的《市民常用字汇》，傅葆琛的《农民常用字汇》《民众识字教育与民众基本字》，庄泽宣的《基本字汇》，黄贵祥的《文盲字汇研究》，张耀翔的《店号常用字汇》等。①

① 刘旭：《常用汉字字量、字种研究》，河北大学硕士学位论文，2011。

新中国成立后，1950年，教育部社会教育司开始对常用字进行研究，并于1952年公布了收录1500个字的《常用字表》。由于“在检验材料中不能念出的部分，总字数的百分比虽然不大，包含生字的个数却不少，代表百分之十的生字约有1100个，代表百分之五的约有500个。这一点又证明了光认识1000多字，还不能达到完全读懂通俗书报的目的”[①]。所以由中国文字改革研究委员会增补了500字，共计2000字。这是新中国成立之后第一次由政府主导发布的汉字识字文件。在此之后，政府又于1988年发布了《现代汉语常用字表》，共收字3500个，其中常用字2500个，次常用字1000个。2013年发布了《通用规范汉字表》，收字8105个，其中一级字为3500个，主要满足基础教育和文化普及之用。在这些字表当中，制定于1988年的《现代汉语常用字表》具有承前启后的作用，也为80—90年代语文教材大纲的制定提供了依据。

1980年《小学大纲》要求“在小学阶段要使学生学会常用字3000个左右。一、二年级以识字为重点。前三年学会2500个左右，为四、五年级较快地提高读写能力打下基础”。对于各个年级，也提出了具体的指标。例如一年级“识字700个左右”，二年级“识字1000个左右”，三年级“识字800个左右”，四年级“识字300个左右”，五年级“识字200个左右”。需要说明的是，1980年的大纲是为五年制小学制定的，但是实际上，在同时期也有六年制的小学，并且六年制小学语文的教科书实际上是在五年制教科书的基础上改编而来，这一点在六年制小学语文教科书的“说明”部分有具体说明：“六年制小学语文课本，是在五年制小学语文课本的基础上新编的。跟五年制小学语文课本相比，教学要求和编排体系基本相同。”

1980年《初中大纲》“初中一年级在小学的基础上，进一步扩大识字量”，这里只是笼统说要扩大识字量，但是具体的扩大范围并没有给出具体的指标，而且对初中二、三年级也没有提出具体要求。

1992年《小学大纲》要求“在小学阶段，要使学生学会常用汉字2500个左右”，“前三年完成大部分识字任务”，对于各个年级的识字，也提出了具体的指标。例如一年级“学会常用汉字400个左右”，二年级“学会常用汉字750个左右”，三年级“学会常用汉字550个左右”，四年级“学会常用汉字400个左右”，五年级“学会常用汉字250个左右”，六年级“学会常用汉字150个左右”。

1992年《初中大纲》提出“在小学的基础上扩大识字量，达到3500个字”。

---

① 中央人民政府教育部：《常用字表·常用字表说明》，人民教育出版社，1952。

与1980年大纲相比，这个扩大的识字量有了具体范围，要达到3500个字，并且没有把这个识字量的扩展局限到初中一年级。

二、教材字量统计

对于字量[①]，我们从四个角度进行分析：字符量、字种量、新增字种量、生字量。字符量指的是语料中字符的个数。字种量指的是语料中不同字符的个数。新增字种量指的是新增语料中，出现的新字种的个数。生字量指的是新增语料中，出现的新字符的个数。

我们首先看一下各个年级的字符量。统计结果如下，在此基础上画出图3-1。

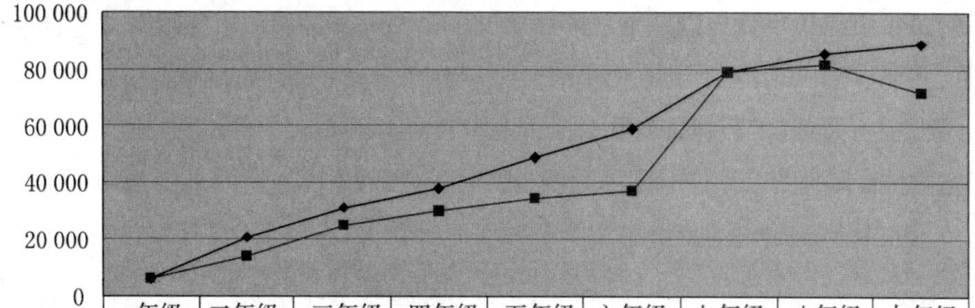

	一年级	二年级	三年级	四年级	五年级	六年级	七年级	八年级	九年级
80年代	6004	20 307	31 029	37 544	48 998	59 092	78 944	85 796	88 628
90年代	5879	14 148	25 186	30 240	34 438	37 443	78 784	81 766	71 740

图3-1　80—90年代各年级字符量趋势图

从图3-1我们可以看出，80年代教材各个年级的字符基本上是均匀增加的，而90年代教材按小学和初中分为两个阶段，小学阶段也是逐渐增加，但是维持在4万字符以下的规模，而初中以后，字符猛增到7万以上，而且字符的数量不是一直增加，在九年级这个阶段反而出现了减少。

各个年级出现的字种数，我们也进行了统计，在此基础上，我们画出字种数趋势图3-2。

① 与字符数量有关的统计，只是对课文正文用字的分析，导语、注释、课后练习等用字不在统计范围内。

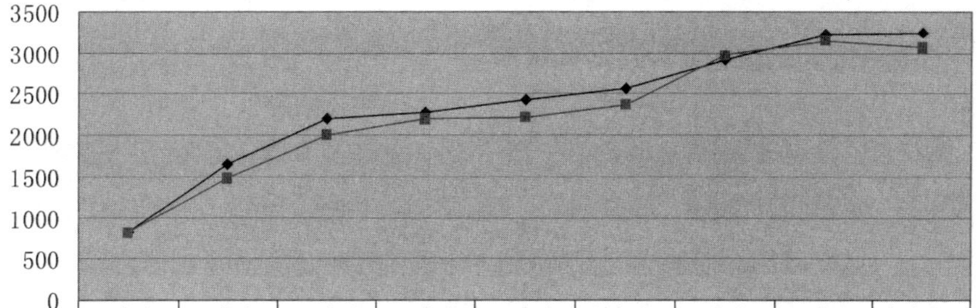

	一年级	二年级	三年级	四年级	五年级	六年级	七年级	八年级	九年级
80年代	815	1646	2193	2282	2429	2571	2918	3226	3255
90年代	814	1476	1994	2197	2211	2364	2978	3146	3081

图3-2 80—90年代各年级字种数趋势图

从图3-2我们可以看出，80—90年代各个年级出现的字种数基本是相似的，从发展态势上看，基本上可以分成三个阶段，小学一至三年级是第一阶段，这个阶段字种数的增长是比较快的。小学四至六年级是第二阶段，这个阶段字种数缓慢增加。初中七至九年级是第三阶段，两套教材都是在七年级字种数大幅度上升，并在八年级又有所提升，但是在九年级，80年代教材继续攀升，而90年代教材则在高位略有下降，但是仍旧维持在3000个高位上。

这种字种数的趋势，跟大纲的要求是基本一致的。如1980年《小学大纲》要求“在小学阶段要使学生学会常用字3000个左右。一、二年级以识字为重点。前三年学会2500个左右，为四、五年级较快地提高读写能力打下基础”。1992年《小学大纲》要求“在小学阶段，要使学生学会常用汉字2500个左右”，“前三年完成大部分识字任务”。因此，在第一阶段，字种数的增长速度比较快，可以帮助学生掌握更多的汉字，而初中七至九年级，在高位上缓慢增加，说明这一阶段的主要目的不在于学习新字种，而是对字种进行巩固，起到复习作用。

各个年级学习具体字种数的一个重要指标，就是各个年级的新增字种量，新增字种数指的是不同于前面各个年级已经出现的新字种的数量，这也是一个年级要学习的新汉字的数量。该大纲是根据五年制小学制定的，各个年级的识字目标也以此为基础，六年制小学语文教材是以这个大纲为基础编写的，但各个年级的识字目标并没有相应的说明。90年代的语文大纲则对各个年级需要学习的汉字进行了详细说明。我们对80—90年代各个年级的新增字种数做了统计，并与90年代大纲的对应指标进行了比较，在此基础上画出图3-3。

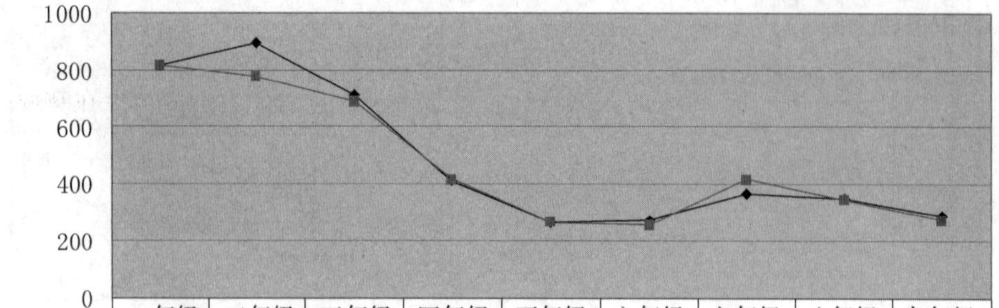

	一年级	二年级	三年级	四年级	五年级	六年级	七年级	八年级	九年级
80年代	815	896	710	412	266	271	366	351	291
90年代	814	777	687	417	266	253	415	344	273

图3-3　80—90年代各年级新增字种数趋势图

从图3-3我们可以看出，80年代教材和90年代教材这两条曲线基本上是吻合的，只有在二年级处有所差异。80年代教材的二年级是学习新字种最多的一个时期，而90年代教材学习新字种最多的一个时期是一年级。考虑到一年级是小学生刚刚接触汉字的第一个时期，其智力发展水平和认字能力并不是最佳时期，因此把识字最多的一个时期安排在二年级，应该是比较科学的。90年代大纲中，也把出现最多字种的时期放在了二年级。

1992年《小学大纲》要求“在小学阶段，要使学生学会常用汉字2500个左右”，从教材的实际情况来看，小学阶段实际出现的字种数有3214个，远远超出了规定的范围；“前三年完成大部分识字任务”，80年代教材前3个年级出现的字种数有2278个，而9个年级出现的字种数有4276个，前3个年级需要学习的字种数只是刚超过全部字种数的一半。但是，这并不是说前3个年级学习的字种数太少了，而恰恰相反，前3个年级实际学习的字种，远远超过了大纲规定的范围。大纲要求一年级“学会常用汉字400个左右”，90年代教材实际学习的字种是814个；大纲要求二年级“学会常用汉字750个左右”，90年代教材实际学习字种770个；大纲要求三年级“学会常用汉字550个左右”，90年代教材实际学习字种687个。四、五年级的学习情况与大纲的要求比较吻合：大纲要求四年级“学会常用汉字400个左右”，90年代教材实际学习字种417个；大纲要求五年级“学会常用汉字250个左右”，90年代教材实际学习字种266个。六年级则又超出了大纲的要求，大纲要求“学会常用汉字150个左右”，90年代教材实际学习字种253个。90年代的大纲提出初中阶段的汉字学习“在小学的基础上扩大识字量，达到3500个字”，这说明初中阶段应该掌握1000个左右的汉字，对照一下90年代教材的实际情况，共应掌握汉字1032个，略微超出了要求。

综上可知，如果把9年的教材划分成一至三年级、四至六年级、七至九年级三个阶段的话，一至三年级的教材实际上是偏难了，这可能会造成学生在掌握汉字上的难度过大。

第二节 汉字的常用度

小学和初中的语文教育是一种基础教育，其学科有学以致用的性质，就汉字学习而言，其汉字的掌握范围应该是与日常生活有关的、经常出现的汉字。关于学习汉字的性质，历年的语文大纲提出了自己的要求。例如：

1980年《小学大纲》要求“在小学阶段要使学生学会常用字3000个左右”。

1980年《初中大纲》提出“初中一年级在小学的基础上，进一步扩大识字量”。

1992年《小学大纲》要求“在小学阶段，要使学生学会常用汉字2500个左右”，对于各个年级的识字，也提出了具体的指标。例如一年级“学会常用汉字400个左右”，二年级“学会常用汉字750个左右”，三年级“学会常用汉字550个左右”，四年级“学会常用汉字400个左右”，五年级“学会常用汉字250个左右”，六年级“学会常用汉字150个左右”。

1992年《初中大纲》提出“在小学的基础上扩大识字量，达到3500个字”。

这些大纲中都把小学和初中学习的汉字界定为“常用”汉字的范围。在我国传统的蒙学中，汉字的学习材料层出不穷，流传较广的有《三字经》《百家姓》《千字文》等，这些材料都没有编写大纲，取材各有不同。其中有些或限于篇幅，或限于体裁，或限于内容，并没有囊括全部常用的汉字，也没有明确提出把“常用”汉字作为学习的对象。1928年，由陈鹤琴编写的《语体文应用字汇》通过字频统计，共收录了4261字，作为汉字教育的基础。这本书的编写也为汉字学习范围的制定指出了一条新路。1988年国家语委召集各单位专家，通过分析1928—1986年以来的各种语料，制定出《现代汉语常用字表》，这个字表也成为语文教学的重要参考。这个表分为两个部分，第一部分是“常用字”，共2500字，第二部分是“次常用字”，共1000字。这也就是90年代大纲中“在小学阶段，要使学生学会常用汉字2500个左右”，初中“在小学的基础上扩大识字量，达到3500个字”这个指标的依据。以《现代汉语常用字表》为基础，我们可以把教材的用字分为使用“常用字”“次常用字”“超纲字”（用字没有出现在《现代汉语常用字表》）三种情况，并进而可以估算出80—90年代各个年级教材用字的常用度。与用字的常用度有关的，主要有三个指标：字符的常用度、字种的常用度、新增字种的常用度。

一、字符的常用度

字符的常用度是与各个年级教材所有字符的常用性有关的一个指标。我们首先把各个年级所用的字符与3500个常用字进行比较，得出各个年级使用字符的情况，在此基础上分别画出80—90年代各个年级使用常用字、次常用字、超纲字的曲线图，如图3-4、图3-5和图3-6。

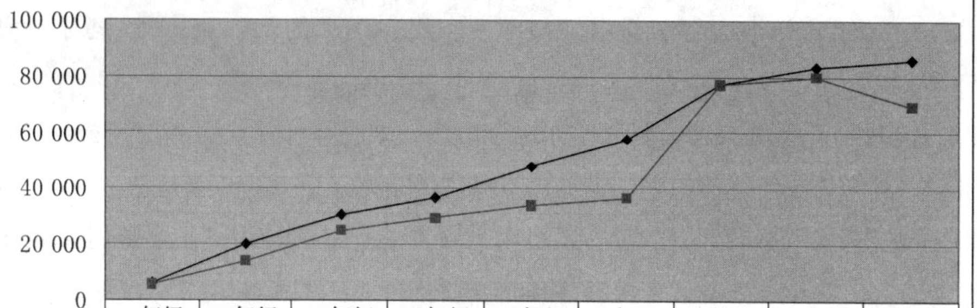

	一年级	二年级	三年级	四年级	五年级	六年级	七年级	八年级	九年级
80年代	5956	19 991	30 418	36 750	47 997	57 925	77 356	83 394	86 087
90年代	5791	13 877	24 728	29 495	33 767	36 562	77 077	79 833	69 565

图3-4　80—90年代各年级常用字符数趋势图

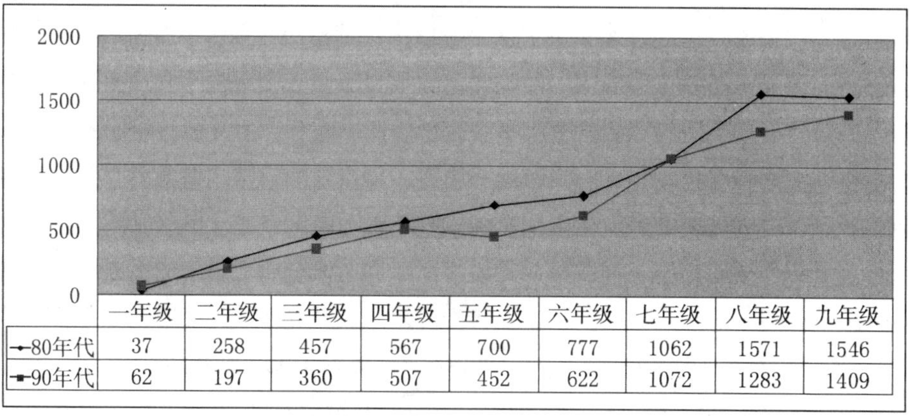

	一年级	二年级	三年级	四年级	五年级	六年级	七年级	八年级	九年级
80年代	37	258	457	567	700	777	1062	1571	1546
90年代	62	197	360	507	452	622	1072	1283	1409

图3-5　80—90年代各年级次常用字符数趋势图

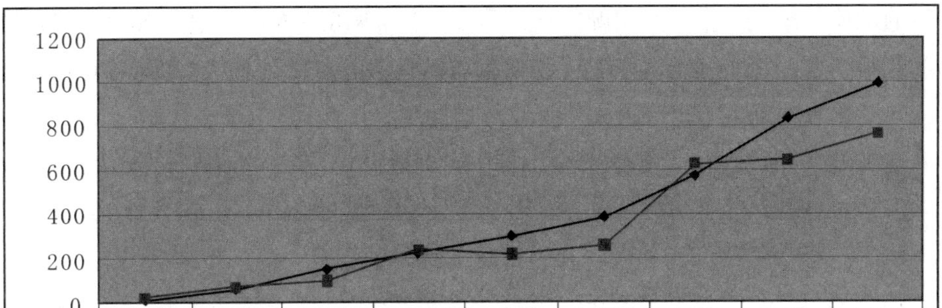

	一年级	二年级	三年级	四年级	五年级	六年级	七年级	八年级	九年级
80年代	11	58	154	227	301	390	576	831	995
90年代	26	74	98	238	219	259	628	650	766

图3-6　80—90年代各年级超纲字符数趋势图

从图3-4、图3-5和图3-6我们可以看到，无论是常用字、次常用字还是超纲字，都表现出相同的特点：从总趋势上来看，80—90年代随着年级的增加，各个不同常用度的字符总数量都在增加，表现出递增的趋势。但是从细节上来看，80—90年代的用字的常用度又有不同。

80年代教材的常用字一直是以一个非常平稳的态势在增加，而次常用字和超纲字则在初中阶段以一种更陡峭的曲线上升，这说明在初中阶段就要开始有意识地加强非常用字的学习。这一点与大纲所说的“初中一年级在小学的基础上，进一步扩大识字量”有共同点，也有不同点。共同点是都从初中一年级开始加强非常用字的学习；不同点在于，从初中一年级到初中三年级，次常用字和超纲字的曲线一直是一种上升态势，说明这种进一步扩大识字量的非常用字的学习是贯穿整个初中阶段的。

90年代教材的常用字则分成了两个阶段，小学是第一个阶段，初中是第二个阶段。小学阶段基本上是比较平缓的，这说明各个年级的字符常用度变化并不明显。而到了初中阶段，曲线则有一个显著的提升，说明各种常用度的字符的学习都达到了更高的层级。

将各个年级出现的字符归属到“常用字”“次常用字”“超纲字”，并进行数量统计，在一定程度上可以反映各个年级所用字符的常用程度。但是由于各个年级出现的字符数是有差异的，所以简单列举数字，不能完全反映各个年级真实的用字差异，因此字符的常用度的计算是必不可少的。《现代汉语常用字表》只是分成了“常用字”和“次常用字”两个部分，并且是根据各个字的笔画数的多少，按部首归类排列，没有提供各个字符的真正的使用频度，这不能不说是一个缺憾。为了计算字符的常用度，我们只能对“常用字”“次常用字”和“超纲字”进行大概的赋值，规定“常用字”的常用度是3，“次常用字”的常用度是2，“超纲字”的常用度是1，在此基础上，每个年级字符的常用度按照如下公式进行计算：

每个年级的字符常用度=（3×最常用字符数+2×次常用字符数+1×超纲字符数）/总字符数

根据这个公式，我们可以计算出各个年级字符的常用度，在此基础上画出曲线图，如图3–7。

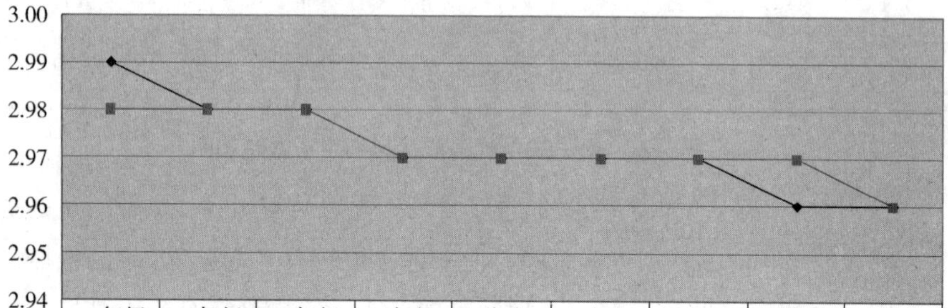

	一年级	二年级	三年级	四年级	五年级	六年级	七年级	八年级	九年级
◆80年代	2.99	2.98	2.98	2.97	2.97	2.97	2.97	2.96	2.96
■90年代	2.98	2.98	2.98	2.97	2.97	2.97	2.97	2.97	2.96

图3–7　80—90年代各年级字符常用度趋势图

从图3–7我们可以看出如下几个特点：

（1）80—90年代的字符，每个年级字符的常用度都在2.96以上，非常接近“3”这个代表“常用字”常用度的数值，这说明各个年级的用字都是以“常用字”作为主体的。

（2）80—90年代字符的常用度，总的来说，随着年级的增加呈现递减趋势，这说明随着年级的增加，用字的频率也开始下降。

（3）80—90年代字符的常用度，基本可以分成三个阶段，其中小学一至三年级都属于“常用字”且占绝对优势，小学四至六年级，甚至延续到初中七、八年级的常用度略微降低，而初中九年级则最低。

二、字种的常用度

字符的常用度是不考虑用字差异的一个参数，相同的字符多次出现，仍旧会重复计算其常用度，并把这个常用度带到总的常用度的计算中。但是，学生在各个年级的汉字学习中，其基础是各个年级出现的字种，因此，考虑字种的常用度，也是很有必要的。字种的常用度是与各个年级教材所用字种的常用性有关的一个指标。我们首先根据《现代汉语常用字表》，对各个年级的字种进行归类统计，并在此基础上画出各个年级使用常用字字种、次常用字字种、超纲字字种的趋势图，如图3-8、图3-9和图3-10。

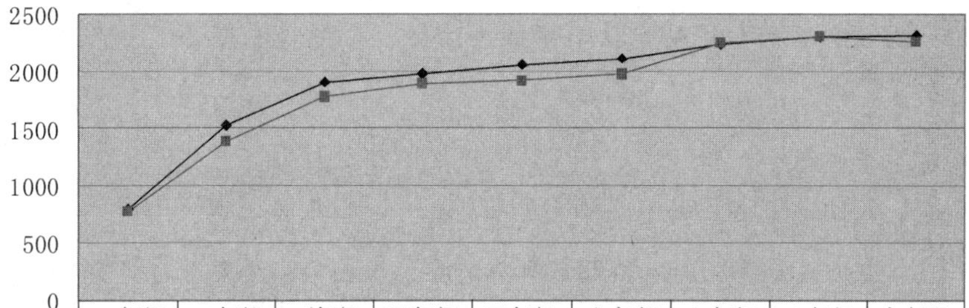

	一年级	二年级	三年级	四年级	五年级	六年级	七年级	八年级	九年级
80年代	797	1529	1908	1967	2052	2107	2240	2312	2319
90年代	783	1382	1777	1889	1910	1978	2256	2312	2270

图3-8　80—90年代各年级常用字字种数趋势图

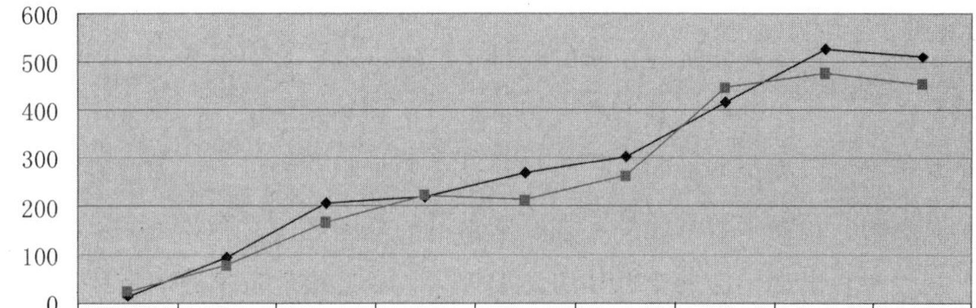

	一年级	二年级	三年级	四年级	五年级	六年级	七年级	八年级	九年级
80年代	15	92	207	219	271	303	418	526	511
90年代	23	76	166	222	215	263	446	476	454

图3-9　80—90年代各年级次常用字字种数趋势图

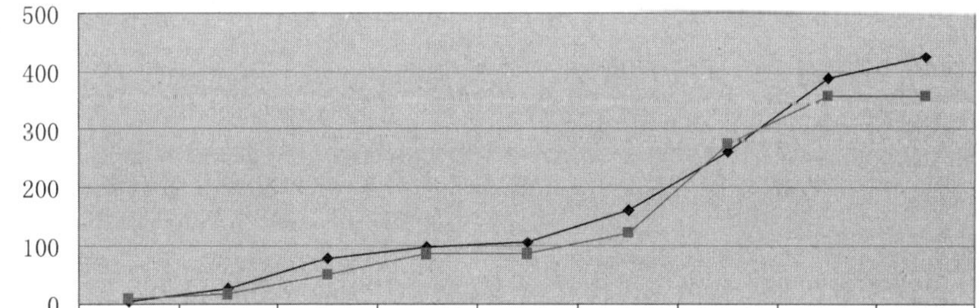

	一年级	二年级	三年级	四年级	五年级	六年级	七年级	八年级	九年级
80年代	3	25	78	96	106	161	260	388	425
90年代	8	18	51	86	86	123	276	358	357

图3-10　80—90年代各年级超纲字字种数趋势图

从图3-8、图3-9和图3-10我们可以看到，从字种的角度看，80—90年代的教材，无论是常用字种、次常用字种还是超纲字种，都是随着年级的增加而逐渐增加的，而且其变化趋势是极其相似的。不过，从常用字种、次常用字种和超纲字种这三条曲线的变化形式来看，可以分成两种情况。

一是常用字种的曲线可以分成两个阶段，一至三年级为一个阶段，上升坡度比较大，而四至九年级上升坡度比较平缓，这说明小学一至三年级是学习常用字的一个重点时期。这与80—90年代大纲的要求：1980年《小学大纲》要求“在小学阶段要使学生学会常用字3000个左右。一、二年级以识字为重点。前三年学会2500个左右，为四、五年级较快地提高读写能力打下基础”，1992年《小学大纲》要求“在小学阶段，要使学生学会常用汉字2500个左右”，“前三年完成大部分识字任务”是吻合的。

二是次常用字种、超纲字种的曲线则分为三个阶段。一至三年级是第一个阶段，表现为在低位上坡度增加明显，四至六年级是第二个阶段，表现为增加坡度平缓，七至九年级是第三个阶段，表现为在高位上坡度增加明显。1980年《初中大纲》提出“初中一年级在小学的基础上，进一步扩大识字量”，1992年《初中大纲》提出“在小学的基础上扩大识字量，达到3500个字”，次常用字种曲线在七至九年级阶段高位增加明显，也是与这个要求吻合的。不过需要说明的是，在两个大纲中，超纲字的掌握都不在要求学习的范围之内，而80—90年代的教材，超纲字种一直出现，在七至九年级还出现了大幅度增加，这说明教材在扩大识字量的同时，没有很好地监测超纲字种这一指标，造成了学生学习难度的增加。

将各个年级出现的字种归并为“常用字”“次常用字”“超纲字”，并进行数量统计，还不能完全反映各个年级真实的用字常用度的差异，因此字种的常用度的计算是必不可少的。我们仍旧对“常用字种”“次常用字种”和“超纲字种”进行大概的赋值，规定“常用字种”的常用度是3，“次常用字种”的常用度是2，“超纲字种”的常用度是1，在此基础上，每个年级字种的常用度按照如下公式进行计算：

每个年级的字种常用度=（3×最常用字种数+2×次常用字种数+1×超纲字种数）/总字种数

根据这个公式，我们可以计算出各个年级字种的常用度情况，据此我们可以画出80—90年代的曲线图，如图3-11。

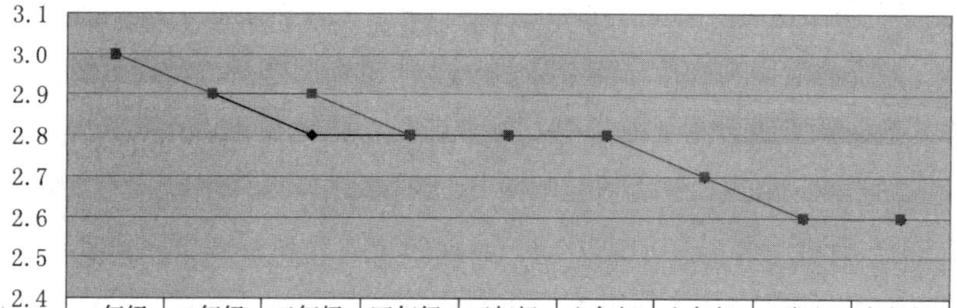

	一年级	二年级	三年级	四年级	五年级	六年级	七年级	八年级	九年级
80年代	3	2.9	2.8	2.8	2.8	2.8	2.7	2.6	2.6
90年代	3	2.9	2.9	2.8	2.8	2.8	2.7	2.6	2.6

图3-11　80—90年代各年级字种常用度趋势图

从图3-11我们可以看出，80年代和90年代的字种常用度的变化曲线是高度吻合的，只是在三年级略有参差，曲线也表现为三个阶段，一至三年级是从3下降为2.8，其中值为2.9，四至五年级保持平稳，其值为2.8，七至九年级又开始下降，在八、九年级达到了最低点2.6，其中值为2.6。“2.6”这个数值是非常接近代表常用字常用度“3”和次常用字常用度“2”平均数“2.5”的一个值，如果比较前面计算出来的七至九年级字符常用度的中值“2.96”，我们可以看出，实际上，在七至九年级，这种字种常用度的下降幅度还是很大的，说明其用字偏难。

三、新增字种的常用度

字符的常用度是从用字的角度来看其常用度的一个指标，字种的常用度是从认字的角度看常用度的一个指标，而新增字种的常用度是从学字的角度看其常用度的一个指标。我们首先根据《现代汉语常用字表》，对各个年级的新增字种进行归类统计，并在此基础上画出各个年级新增常用字字种、新增次常用字字种、新增超纲字字种的曲线图，如图3-12、图3 13和图3-14。

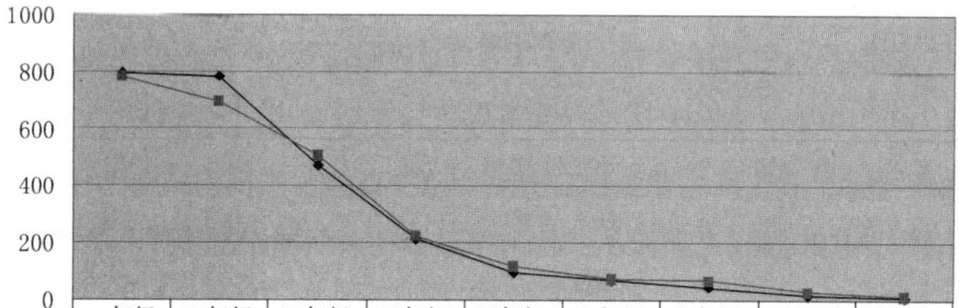

	一年级	二年级	三年级	四年级	五年级	六年级	七年级	八年级	九年级
80年代	797	784	475	211	97	68	43	15	5
90年代	783	692	508	221	114	71	64	27	10

图3-12　80—90年代各年级新增常用字字种数趋势图

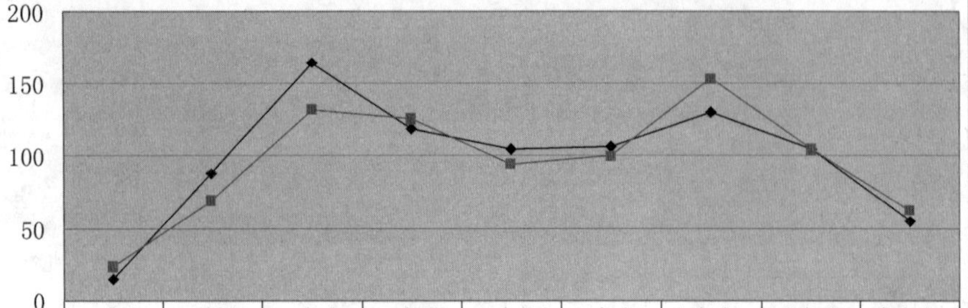

	一年级	二年级	三年级	四年级	五年级	六年级	七年级	八年级	九年级
80年代	15	88	165	119	104	107	130	105	55
90年代	23	69	132	126	94	100	153	105	62

图3-13　80—90年代各年级新增次常用字字种数趋势图

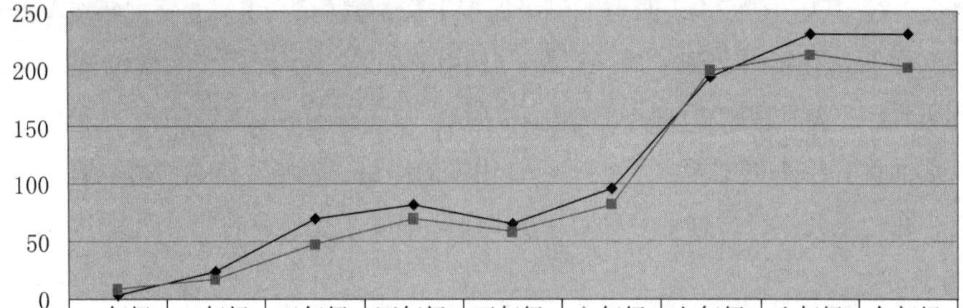

	一年级	二年级	三年级	四年级	五年级	六年级	七年级	八年级	九年级
80年代	3	24	70	82	65	96	193	231	231
90年代	8	16	47	70	58	82	198	212	202

图3-14　80—90年代各年级新增超纲字字种数趋势图

从图3-12、图3-13和图3-14可以看出，80—90年代的教材曲线是高度吻合的，表现出一致的发展趋势。不过，从新增常用字字种、新增次常用字字种、新增超纲字字种这三条曲线看，表现出不同的发展趋势。

新增常用字字种曲线基本是递减曲线，可以分成两个阶段，一至三年级是高位缓减阶段，四至九年级是从高位到低位的锐减阶段。这一发展趋势，是与1980年《小学大纲》“在小学阶段要使学生学会常用字3000个左右。一、二年级以识字为重点。前三年学会2500个左右”；1980年《初中大纲》提出“初中一年级在小学的基础上，进一步扩大识字量”；1992年《小学大纲》要求“在小学阶段，要使学生学会常用汉字2500个左右”，“前三年完成大部分识字任务”；1992年《初中大纲》提出“在小学的基础上扩大识字量，达到3500个字”的要求吻合。根据大纲的要求，我们可以对照一下教材的实际情况。80年代教材小学阶段一共出现了2432个字种，距离“小学阶段要使学生学会常用字3000个左右”的目标还有568个字种的差距，前3个年级一共出现了2056个字种，距离大纲要求的“前三年学会2500个左右”的目标也有444个字种的差距，如果把9个年级当作一个整体，那么教材共出现了2495个常用字种，其中“馅、姻、疫、删、丸”这5个没有出现在教材中。90年代教材小学阶段一共出现了2389个字种，距离“在小学阶段，要使学生学会常用汉字2500个左右”的目标还有111个字种的差距，前3个年级一共出现了1983个字种，距离大纲要求的“前三年完成大部分识字任务”的目标有不少的差距，如果把9个年级当作一个整体，那么90年代教材共出现了2490个常用字种，其中“菠、档、辜、涝、刃、捎、蒜、剃、孝、疫”这10个常用字种没有出现在教材中。

新增次常用字字种曲线则是一个中间凹陷的马鞍形曲线，可以分成三个阶段，一至三年级是递增阶段，在三年级达到了这一阶段的顶点。四至六年级是从高位下降又略有回升的阶段，其最低点出现在五年级。七至九年级则是递减的阶段，在七年级拉到高点之后，又开始大幅度下降。这种马鞍形的发展趋势，实际上与大纲的要求是不符的。按照大纲的要求，次常用字的学习应该主要集中在初中，即七至九年级完成的，而一至三年级中，次常用字却大幅度拉升，造成了识字偏难，也影响了对常用字的学习。四至六年级中，次常用字种虽然呈现震荡的趋势，但还是在一个较高的位置震荡，这也会影响到对常用字的学习。按照大纲的要求，七至九年级是扩大识字量的阶段，而我们看到，这一阶段次常用字种却是呈现递减的趋势。如果我们将七至九年级的新增次常用字合并计算，那么80年代教材中，这3个年级一共出现了290个次常用字种，90年代教材中这3个年级一共出现了320个次常用字种，这远远达不到大纲的要求。而如果我们把9个年级当作一个整体来计算，那么80年代教材一共出现了888个次常用字，90年代一共出现了864个次常用字，具中，80年代教材没有出现的次常用字种共有112个，如下：

氨、澳、捌、蚌、焙、泵、荸、匕、痹、濒、舶、衩、豺、阐、缔、痘、囤、遏、鳄、贰、矾、樊、镐、蛤、耿、汞、垢、硅、刽、憨、涵、捍、夯、沪、痪、蝗、蟥、蛔、辑、妓、枷、柬、剿、酵、芥、兢、灸、玖、揩、潦、莉、痢、撩、瞭、琳、赁、躏、菱、瘤、颅、铝、啰、逻、铆、檬、锰、娩、缅、茉、柠、疟、柒、啾、脐、痊、溶、冗、蹂、叁、杉、膳、赡、笙、嗜、曙、涮、讼、祟、汰、瘫、瞳、捅、坞、铣、涎、淆、蝎、锌、匈、酗、癣、鸯、掖、肄、鸳、粤、陨、赃、疹、狰、盅、谆

90年代教材没有出现的次常用字种共有136个，如下：

陨、韭、铆、蚌、砰、孳、捌、秫、姚、赁、恤、涎、柒、娄、狰、菱、捍、紊、匕、掂、娩、祟、谆、悯、氨、涣、泵、疹、脓、脐、胰、颁、豺、涤、纫、蛊、灸、鸠、肛、卤、芥、卦、玖、茉、讼、匈、芍、矢、夯、刁、坞、沽、柬、枷、荞、垢、贰、叁、妓、怔、酗、炬、疟、瓮、刽、侈、矾、衩、蔫、辐、蝎、樟、蕊、嫡、谭、瘪、兢、瘤、赘、剿、肄、腺、锰、掖、喊、缰、糯、癣、鳄、儡、赡、嚎、蝗、檩、楔、濒、膳、篡、黔、蹂、蟥、曙、笙、蛹、裆、涮、焊、痊、猖、堰、傀、壹、秽、铣、铸、蛆、晤、硅、舶、氮、靶、缔、缅、焙、痪、痢、婉、粤、躏、锌、锉、赎、蛔、遏、榔、痘

新增超纲字字种曲线是一条基本趋势为递增的曲线。这条曲线可以分为两个阶段，一至六年级是在低位上递增的阶段，七至九年级是在高位上递增的阶段。在小学6年、初中3年的学习过程当中，学生不但要学习现代白话文的内容，还学习一定量的文言内容，从这个意义上讲，出现一定量的超纲字种可以作为《现代汉语常用字表》之外用字的一个必要补充，但是，我们也需要看到，如果我们统计一下9个年级超纲字种的数量，80年代教材一共出现了995个超纲字种，如下：

捱、嗳、暧、桉、谙、黯、坳、敖、嗷、廒、媪、呗、坂、镑、趵、邶、鞴、畚、嘣、甭、迸、毖、陛、婢、敝、弼、裨、篦、髀、笾、徧、杓、镖、裱、俵、斌、槟、摈、殡、膑、钵、帛、钹、鹁、箔、踣、哺、嚓、蔡、璨、嘈、岑、涔、噌、搽、猹、诧、姹、谗、禅、潺、谄、羼、怅、掣、郴、碜、龀、丞、哧、笞、踟、呎、叱、饬、炽、敕、舂、憧、惆、踌、瞅、搊、刍、滁、躇、蹰、俶、啜、踹、椽、怆、辍、茨、鹚、枞、淙、腠、徂、殂、蹙、撺、蹿、璀、啐、瘁、村、忖、吋、蹉、厝、哒、耷、嗒、褡、妲、跶、傣、岱、迨、殆、黛、眈、殚、箪、担、啖、惮、淡、噔、磴、狄、迪、荻、靮、诋、坻、砥、谛、滇、巅、踮、貂、迭、喋、仃、腚、咚、窦、嘟、椟、笃、蠹、惇、沌、炖、遁、咄、铎、掇、剁、娥、峨、婀、厄、鄂、萼、腭、摁、迩、藩、蕃、燔、枋、舫、妃、绯、扉、霏、翡、烽、俸、缶、弗、孚、怫、匐、腑、阜、鲋、馥、伽、嘎、噶、赣、皋、缟、鬲、嗝、胳、亘、庚、赓、哽、龚、觥、篝、彀、鸪、汩、鹄、瞽、崮、鸹、呱、剐、倌、掼、鹳、洸、圭、庋、刿、鳜、磙、聒、蝈、蜾、嗨、嗐、鼾、晗、颔、瀚、嗥、郝、皓、颢、灏、诃、嗬、盍、涸、颌、壑、亨、弘、泓、齁、唿、惚、囫、斛、瑚、浒、琥、笏、獾、桓、寰、鬟、浣、篁、磺、篑、晖、麾、隳、洄、回、卉、荟、恚、彗、馄、镬、乩、芨、姬、屐、畜、羁、汲、亟、楫、瘠、掎、麂、

蓟、稷、髻、骥、蛱、胛、犍、缄、鞯、囝、睑、谏、毽、槛、豇、绛、弶、
茭、蛟、跤、佼、挢、皎、嗟、孑、诘、拮、睫、碣、藉、矜、槿、瑾、烬、
祲、缙、噤、旌、猄、腈、憬、迳、迥、炯、啾、咎、桕、鹫、趄、雎、桔、
咀、踞、遽、瞿、镌、噘、撅、厥、橛、蹶、矍、镢、郡、喀、恺、铠、龛、
嵁、阚、亢、尻、柯、珂、颏、稞、窠、瞌、恪、骒、嗑、铿、叩、咵、诓、
哐、馗、睽、匮、焜、剌、徕、籁、婪、阑、谰、襕、斓、啷、佬、羸、磊、
塄、骊、鹂、蠡、娌、枥、疬、栎、郦、莅、笠、蛎、篥、涟、裢、鬑、殓、
踉、撂、冽、洌、趔、粼、嶙、霖、廪、蔺、拎、棂、绫、羚、聆、浏、镏、
鎏、绺、蹓、咯、茏、珑、昽、陇、垅、偻、喽、蒌、瘘、镂、噜、泸、鸬、
鲈、橹、禄、漉、戮、璐、簏、鹭、麓、闾、褛、孪、挛、栾、鸾、銮、囵、
纶、捋、羸、珞、嘛、谩、墁、熳、牤、蟒、牦、蝥、卯、峁、莓、寐、扪、
虻、蒙、蜢、猕、縻、麋、沔、缈、咩、篾、抿、泯、愍、冥、暝、瞑、殁、
蓦、哞、苜、氖、鼐、喃、楠、囔、曩、呶、铙、瑙、嗯、妮、睨、拈、鲇、
粘、辇、廿、袅、涅、啮、蹑、咛、妞、侬、哝、驽、弩、钕、喏、噢、哦、
沤、啪、杷、琶、盘、蹒、蟠、庖、狍、呸、辔、怦、丕、枇、琵、骈、胼、
楩、剽、缥、瞟、嫖、瞥、嫔、榀、叵、笸、珀、噗、匍、蒱、溥、沏、萋、
蹊、岐、耆、颀、祺、蕲、杞、绮、讫、葺、憩、阡、搴、褰、虔、倩、堑、
羌、戕、戗、跄、锵、蔷、樯、缲、谯、诮、峭、鞘、妾、挈、锲、衾、噙、
沁、罄、穹、丘、鳅、虬、酋、裘、诎、蛐、衢、觑、蜷、踡、颧、畎、阒、
阙、逡、髯、冉、荛、娆、壬、仞、饪、恁、戎、茹、襦、汝、蚋、箬、箬、
卅、糁、搡、莎、痧、跚、汕、骟、缮、筲、艄、韶、椹、升、渑、埘、仕、
轼、噬、螫、姝、倏、孰、塾、戍、唰、孀、舜、朔、铄、咝、厮、锶、澌、
兕、祀、俟、嗣、怂、竦、嗖、馊、飕、叟、擞、夙、愬、蔌、簌、荽、睢、
绥、隋、邃、隼、娑、挲、蓑、挞、沓、榻、忐、趟、傥、弢、绦、忑、忒、
滕、倜、阗、腆、迢、髫、眺、粜、汀、僮、潼、恸、荼、湍、饨、豚、讬、
陀、柁、跎、鼍、柝、哇、蜿、绾、皖、罔、惘、圩、帷、惟、潍、猥、渭、
汶、蓊、倭、喔、毋、吾、唔、妩、庑、牾、兀、戊、鹜、兮、唏、奚、淅、
翕、晰、嘻、熹、曦、玺、禧、蟢、郄、郤、呷、狎、瑕、黠、罅、跹、娴、
冼、跣、藓、苋、霰、缃、襄、绡、逍、潇、霄、洨、偕、亵、榭、歆、馨、
硎、溴、戌、胥、嘘、墟、栩、煦、蓿、揎、暄、泫、绚、眩、渲、楦、曛、
醺、峋、恂、徇、丫、琊、氩、揠、恹、胭、焉、嫣、芫、筵、俨、偃、罨、
彦、晏、炀、佯、怏、恙、尧、瑶、杳、噎、耶、曳、邺、晔、烨、祎、咿、

洢、噫、怡、咦、贻、颐、佁、矣、弋、呓、诣、驿、弈、浥、翊、熠、翳、懿、荫、垠、鄞、蟫、霪、尹、慭、嘤、萦、瀛、郢、颍、媵、唷、雍、慵、甬、恿、攸、呦、柚、铀、黝、佑、釉、纡、渝、欤、盂、臾、俞、竽、舁、萸、腴、瑜、虞、觎、伛、禹、圉、妪、饫、峪、谕、矞、鹬、鬻、垣、爰、鼋、圜、曰、钺、樾、纭、芸、恽、愠、熨、匝、臜、哉、崽、簪、錾、酂、臧、啧、箦、仄、谮、罾、咤、咋、揸、札、蚱、翟、詹、辗、湛、漳、獐、璋、嶂、幛、钊、诏、笊、蜇、辄、谪、赭、褶、柘、鹧、桢、祯、甄、帧、祇、胝、芷、枳、炙、郅、峙、陟、铚、鸷、痣、雉、踵、妯、胄、诛、茱、竺、渚、伫、杼、炷、箸、拽、篆、惴、斫、濯、孜、兹、淄、嗞、龇、髭、梓、恣、渍、鬃、诹、攥、佐、柞、揸、嘬

90年代教材中一共出现了893个超纲字种，如下：

暧、霭、桉、黯、坳、敖、嗷、遨、翱、螯、鳌、鏖、坂、镑、趵、悖、畚、嘣、甭、迸、陛、婢、敝、裨、禆、髀、褊、镖、裱、斌、殡、膑、摈、钵、饽、帛、钹、鹁、僰、箔、踣、礴、檗、蔡、粲、璨、漕、岑、噌、猹、诧、姹、婵、谗、孱、禅、潺、蟾、谄、骣、忏、羼、徜、怅、掣、嗔、龀、丞、塍、骋、哧、笞、踟、叱、炽、敕、啻、憧、踌、瞅、滁、躇、蹰、俶、啜、踹、椽、陲、辍、茨、鹚、枞、淙、腠、殂、蹙、撺、蹿、漼、璀、啐、萃、瘁、邨、皴、吋、蹉、厝、耷、嗒、跶、呔、傣、岱、殆、玳、黛、眈、殚、啖、惮、澹、噔、磴、狄、迪、荻、砥、谛、踮、貂、迭、仃、咚、窦、嘟、椴、惇、趸、沌、咄、铎、掇、剁、娥、峨、婀、鄂、腭、摁、藩、钒、蕃、燔、枋、彷、舫、妃、绯、扉、蜚、霏、翡、烽、俸、缶、弗、孚、匐、桴、拊、腑、阜、旮、伽、嘎、噶、尬、尴、擀、赣、鬲、嗝、庚、赓、哽、龚、觥、珙、篝、彀、鸪、汩、牯、鹄、鸹、呱、剐、枴、倌、掼、鹳、圭、庋、刿、鳜、聒、哈、鼾、晗、颔、瀚、嗥、郝、皓、灏、诃、嗬、曷、涸、壑、亨、弘、齁、唿、惚、囫、斛、瑚、浒、琥、獾、桓、鬟、奂、徨、潢、磺、诙、晖、麾、隳、卉、荟、恚、靧、馄、诨、夥、乩、屐、犄、缉、跻、汲、楫、瘠、麂、蓟、霁、稷、髻、骥、迦、浃、胛、笺、缄、鞯、睑、蹇、谏、毽、腱、槛、弶、茭、蛟、跤、皎、嗟、孑、诘、拮、桀、颉、睫、碣、藉、矜、烬、噤、旌、憬、迳、迥、炯、啾、咎、柏、趄、桔、咀、榉、飓、踞、瞿、娟、噘、撅、崛、厥、镢、蹶、矍、攫、郡、浚、咔、喀、恺、铠、龛、瞰、亢、尻、柯、珂、稞、骒、嗑、铿、叩、诓、哐、诳、奎、睽、匮、喟、馈、鲲、旯、剌、婪、阑、谰、褴、啷、羸、罍、愣、骊、鹂、蜊、罹、

黧、娌、枥、疠、栎、莅、笠、蛎、涟、鬑、踉、撂、冽、洌、捩、趔、鬣、粼、嶙、霖、蔺、拎、棂、绫、羚、聆、浏、遛、镏、鎏、绺、蹓、咯、茏、珑、眬、陇、偻、蒌、蝼、瘘、镂、噜、撸、泸、鸬、鲈、橹、渌、漉、戮、簏、鹭、闾、膂、褛、挛、鸾、銮、囵、纶、捋、嘛、熳、牤、蟒、牦、蝥、蟊、袤、莓、寐、魅、扪、矇、蜢、猕、弭、谧、腼、缈、咩、篾、岷、抿、泯、茗、冥、溟、暝、瞑、殁、蓦、牟、眸、苜、喃、楠、赧、囔、囊、呶、铙、猱、瑙、讷、嗯、妮、倪、拈、鲇、廿、袅、涅、啮、嗫、咛、哝、驽、弩、喏、搦、噢、哦、啪、琶、磐、蹒、蟠、庖、狍、呸、裴、辔、霈、怦、抨、丕、噼、琵、癖、媲、骈、缥、瞟、瞥、嫔、颦、榀、叵、笸、珀、噗、匍、曝、沏、蹊、祁、岐、颀、祺、蕲、杞、绮、讫、葺、憩、阡、虔、倩、堑、羌、戗、跄、锵、蔷、樯、谯、诮、鞘、妾、挈、惬、衾、噙、沁、揿、磬、穹、邱、楸、鳅、虬、裘、诎、蛐、觑、诠、蜷、颧、畎、阕、阙、髯、冉、娆、壬、仞、饪、恁、戎、茹、嚅、襦、汝、阮、偌、箬、篛、卅、糁、搡、瘙、啬、莎、痧、鲨、姗、舢、跚、潸、讪、骟、艄、韶、哂、椹、蜃、渑、埘、仕、轼、適、姝、孰、塾、戍、唰、孀、舜、朔、铄、厮、锶、祀、俟、嗣、凇、淞、竦、嗖、馊、飕、叟、擞、夙、愫、蔌、簌、睢、隋、娑、挲、蓑、溻、闼、怹、忐、蹚、傥、弢、绦、韬、忑、忒、滕、倜、腆、迢、髫、眺、汀、霆、潼、恸、荼、湍、饨、豚、陀、坨、沱、跎、柝、哇、剜、蜿、莞、绾、皖、豌、罔、惘、逶、帷、猥、渭、倭、莴、喔、渥、毋、吾、唔、妩、庑、兀、戊、骛、奚、淅、晳、翕、皙、嘻、熹、曦、禧、呷、瑕、黠、罅、娴、冼、藓、苋、缃、襄、绡、潇、霄、洨、偕、亵、揳、榭、昕、馨、馐、溴、戌、嘘、魆、墟、栩、煦、蓿、绚、眩、渲、楦、醺、峋、恂、徇、丫、琊、娅、揠、恹、胭、焉、嫣、妍、俨、偃、彦、晏、泱、炀、佯、徉、怏、恙、瑶、杳、噎、耶、揶、曳、邺、祎、咿、洢、噫、怡、迤、咦、贻、颐、矣、弋、呓、诣、驿、弈、轶、浥、翊、翌、裔、翳、懿、荫、垠、鄞、蟫、霪、瑛、嘤、膺、楹、唷、雍、慵、攸、柚、黝、渝、盂、萸、揄、瑜、虞、伛、禹、妪、峪、谕、煜、鹬、垣、圜、曰、樾、芸、恽、愠、熨、匝、咂、臜、哉、崽、簪、酂、臧、啧、仄、谮、罾、咋、揸、楂、札、咤、蚱、詹、辗、湛、漳、獐、嶂、幛、瘴、钊、诏、笊、棹、蜇、辄、蛰、谪、褶、柘、鹧、桢、甄、箴、臻、芷、枳、炙、郅、峙、陟、铚、痣、踵、妯、诛、茱、竺、渚、杼、箸、拽、篆、惴、濯、鷟、孜、兹、淄、嗞、龇、髭、梓、訾、恣、渍、鬃、邹、诹、纂、攥、佐教材中超纲字种的数量，几乎是大纲所要求的次常用字种的级别。而且我们还可以看到，在七至九年级，超纲字种的数量甚至超过了次常用字种的数量。而这一阶段，学习的重点本来应该放到对次常用字的掌握上。这说明，超纲字种的过多出现，冲击了对次常用字种的学习。另外，从超纲字的分布来看，这些超纲字遍布教材的各个年级，例如在80年代一年级就出现了“蛐、咩、愣”三个字，在90年代一年级就出现了“蛐、咚、哇、丫、捋、莴”六个字。这些字，在日常生活当中也经常用，这反映了《现代汉语常用字表》的收字也有粗疏之处。当然，在各个年级的分布上，也呈现出了教材超纲字随着年级增长而增多的现象。

为了从整体上对各个年级新增字种进行把握，我们还需计算出每个年级的新增字种常用度，计算公式如下：

新增字种常用度=（3×新增字种最常用字数+2×新增字种次常用字数+1×新增字种超纲字数）/总新增字种数

据此，我们可以计算出各个年级的新增字种常用度，并在此基础上画出新增字种常用度曲线图，如图3-15。

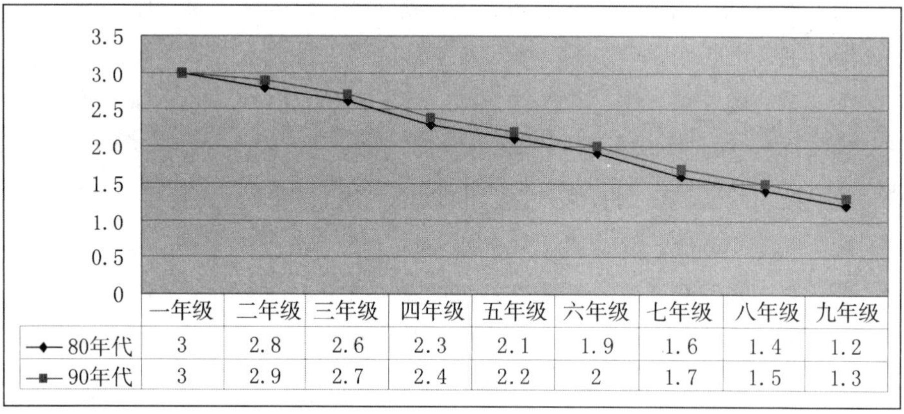

	一年级	二年级	三年级	四年级	五年级	六年级	七年级	八年级	九年级
80年代	3	2.8	2.6	2.3	2.1	1.9	1.6	1.4	1.2
90年代	3	2.9	2.7	2.4	2.2	2	1.7	1.5	1.3

图3-15　80—90年代各年级新增字种常用度趋势图

从图3-15我们可以看出，80—90年代新增字种常用度的曲线是递减的，这是符合大纲的要求。但是需要说明的是，一至三年级新增字种常用度的区间是2.6～3，这个取值是更接近于3这个代表常用字的常用度，这说明，这一阶段的常用度基本合理；四到六年级新增字种常用度的区间是1.9～2.4，这个取值是更接近于2这个代表次常用字的常用度，这说明本来应该放在七至九年级完成的任务，大大提前到小学阶段进行。七至九年级新增字种常用度的区间是1.2～1.7，这个取值是已经低于2这个代表次常用字的常用度，1.2甚至已经非常接近1这个代表超纲字常用度的取值，这说明七至九年级的识字重点已经超出了大纲所规定的区间，造成了教材用字常用度的下降。我们以80年代九年级新增字种为例，80年代九年级共有新增字种291个，其中超纲字种共有231个，占到了79.38%。超纲字之所以多，考其原因，主要有四种情况。

（1）有很大部分是出现在文言篇目当中。如：

子墨子解带为城，以【牒】为械。（《公输》）

太后不肯，大臣强【谏】。（《触龙说赵太后》）

永州之野产异蛇，黑质而白章；触草木，尽死；以【啮】人，无御之者。（《捕蛇者说》）

（2）有一部分是人名、地名、动植物名称或者专业术语。如：

整个上午，郑【瑾】低声地教给她们唱一首囚歌。（《坚强的战士》）

剑外忽传收【蓟】北，初闻涕泪满衣裳。（《古诗两首》）

木本的有蔷薇，木【槿】。（《菜园小记》）

每岁孟夏，【蛱】蝶千百万会飞此山。（《澜沧江边的蝴蝶会》）

你会给我们找到油和【铀】的……（《地质之光》）

（3）有一部分出现在一些书面词语中。如：

我母亲对我们的【拮】据生活感到非常痛苦。（《我的叔叔于勒》）

它没有婆【娑】的姿态，没有屈曲盘旋的虬枝。（《白杨礼赞》）

（4）还有一部分出现在一些方言词语中。如：

能【诓】就【诓】。（《〈白毛女〉选场》）

那个穿浅蓝布衫的黑【妮】，正挂在一棵大树上，像个啄木鸟似地在往下边点头呢。（《果树园》）

这四种情况占了超纲字的绝大多数。当然，也有少部分常用词语，如：

还用你嘱咐，前三天我就预备好【喽】！（《龙须沟》选场）

【沏】茶喝，甜又香。（《龙须沟》选场）

针对这些情况，我们在编纂教材上需要注意，选择文言篇目的时候，在同等情况下，尽量选择用字比较常见的篇目，而非疑难怪字多的篇目，出现大量超纲字，会加大阅读的难度，降低学生学习的兴趣。对方言词语和一些过于书面的词语，我们应该尽可能地找一些通用词语替换，人名、地名、动植物名称、专业术语无法完全避免使用的话，应该有意识地教会学生一些分析汉字的方法，来帮助学生学习这些汉字。

第三节 汉字的复现

知识是一种经过多次反复学习后才能掌握的能力。德国心理学家赫尔曼·艾宾浩斯（H. Ebbinghaus）研究发现，遗忘在学习之后立即开始，而且遗忘的进程并不是均匀的。最初遗忘速度很快，以后逐渐变缓。他认为“保持和遗忘是时间的函数”，他用无意义音节（由若干音节字母组成、能够读出、但无内容意义即不是词的音节）作记忆材料，用节省法计算保持和遗忘的数量，并根据实验结果绘成描述遗忘进程的曲线，即著名的艾宾浩斯记忆遗忘曲线。这条曲线可以简单描述如下：

刚刚记忆完毕100%→20分钟后58.2%→1小时后44.2%→8～9小时后35.8%→1天后33.7%→2天后27.8%→6天后21.1%

汉字的学习也要靠多次重复才能掌握，一方面这要求学生掌握一个汉字后，要历经多次复习；另一方面，从教材编写的角度来看，也需要创造一个汉字多次复现的环境。

汉字的学习，应该建立在对汉字多次复现的基础上。复现主要有三种表现形式。

一、同一年级内的复现

同一年级内的课内复现主要有两个指标：一个是字种平均复现次数，字种平均复现次数是与认字有关的一个指标；另一个是新增字种的平均复现次数，新增字种的平均复现次数是与学字有关的一个指标。如果一个年级内字种的平均复现次数和新增字种的平均复现次数越高，那么说明字种出现的次数越多，字种也越容易被掌握。

字种平均复现次数的计算公式如下：

年级内的字种平均复现次数=总字数/总字种数

根据这个公式，我们首先计算出各个年级字种的平均复现次数，在此基础上画出趋势图，如图3-16。

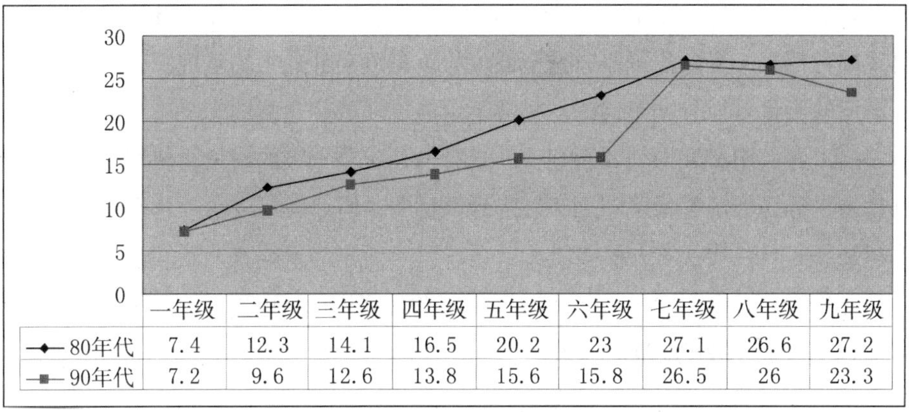

图3-16 80—90年代各年级字种平均复现次数趋势图

从图3-16可以看出，80—90年代教材的曲线表现出一定的共性。两条曲线都可以分成两个阶段，一至六年级为第一个阶段，七至九年级为第二个阶段。在第一个阶段中，每年级字种平均出现次数都在递增，说明这个阶段教材在学习新内容的同时，还有意识地加强巩固前面所学的内容。而第二个阶段则以巩固前面所学内容为主。在第三章第一节“汉字的字量”部分，我们曾经统计过各年级出现的字种数，发现各年级的字种呈现出随年级增高而增多的趋势。在教材容量不变的情况下，字种的增加会带来字种平均出现次数的减少，这对学习是不利的。而从图3-16中我们可以看出，两套教材实际的字种平均复现次数不但没有减少，反而呈现递增的态势，说明教材的容量有了适当的扩大，从而解决了这个问题。

各个年级新增字种的平均复现次数的计算公式如下：

新增字种的平均复现次数=新增字种字符总数/新增字种数

根据这个公式，我们统计了80—90年代教材中各个年级新增字种的平均复现次数，并且与各个年级所有字种的平均复现次数做了对比，统计结果如表3-1。

表3-1 80—90年代各年级新增字种与所有字种平均复现次数统计表

		一年级	二年级	三年级	四年级	五年级	六年级	七年级	八年级	九年级
80年代	新增字种	7.4	3.9	2.6	2.5	2.7	2.8	2.2	1.9	1.8
	所有字种	7.4	12.3	14.1	16.5	20.2	23	27.1	26.6	27.2
90年代	新增字种	7.2	3.4	2.6	2.5	2.3	2.3	2.2	1.7	1.9
	所有字种	7.2	9.6	12.6	13.8	15.6	15.8	26.5	26	23.3

从表3-1我们可以看出，无论是80年代，还是90年代，各年级的新增字种的复现次数都在一个低位徘徊，这个低位与该年级字种的平均复现次数的高位形成了鲜明的对比。而且90年代的教材甚至呈现一种低位递减的态势。在第三章第二节“汉字的常用度”部分，我们曾经分析过，随着年级的增长，新增字种的常用度越来越低，甚至有很多超纲字进入到教材中，所以其复现次数越来越少，这种递减是真实语料频度的一种体现。

二、跨年级的复现：频率

这里的频率指的是字种在教材中出现的次数。这种统计方式不考虑复现是在同年级还是不同年级完成的，只要字种出现的次数为N，那么复现次数就为N，这个N的范围最小值是1，其最大值与教材的篇幅有关。根据这个统计方法，我们对各个字种的复现次数做了统计，统计结果如表3-2。

表3-2　80—90年代字种复现次数与字种数统计表

	1~10次	11~100次	101~200次	201~300次	301~400次	401~500次	501~1000次	1000次以上
80年代	1922	1683	339	140	85	43	92	74
90年代	1921	1648	303	129	73	38	77	58

从表3-2我们可以看出，80—90年代的字种复现次数与字种数的走势基本重合：复现次数越多，字种越少；复现次数越少，字种越多。而且字种主要集中在复现次数1~100次。80年代教材中，只复现1次的字种，数量有578个，占字种总数的13.2%；90年代教材中，只复现1次的字种，数量有561个，占字种总数的13.2%，这说明有相当大部分的字只出现了1次，是不符合学习需求的。从与《现代汉语常用字表》的关系来看，这些只出现1次的字，有的属于2500个常用字范围内，如80年代教材的“棕、孕、肾、券、侨、购、贷、疮”，90年代教材的“姻、丸、肾、券、芹、茄、贸、矛、僚、缴、煎、贿、栋、倡、睬”；有的属于1000个次常用字的范围，例如80年代教材出现了“癌、庵、凹、芭、跋、褒、庇、蓖、彪、鳖、瘪”等，90年代教材出现了“棱、迸、憨、涵、沪、畸、侥、酵、秸、疚、揩”等。这些只出现1次的字，大部分是超纲字，80年代教材出现

了459个，90年代教材出现了423个，这说明教材的安排还是有一定合理之处的。

需要指出的是，复现次数的多少和人的记忆牢固与否有着密切关系，但是复现次数过多，会冲淡对其他方面的学习。因此，复现的次数也应该有一个有效的范围。从目前的研究看，这个最佳的复现次数应该定为多少还没有定论。Saragi, Nation & Meister（1975年）研究发现，词语在文章中出现6次以下，有半数被试者可以习得，而出现6次或更多，则有93%的受试者可以习得。[①] 而艾伟将小学一年级语文教材的容易指数设计为24。江新研究了汉字在教材中的复现率对汉字学习效果的影响后得出一个结论，“当复现率为7次时，音义皆知的正确率并不高，只有58%，当复现率为24次（平均）时，音义皆知的正确率为69%，接近70%。如果我们把70%的正确率作为汉字掌握的标准的话，那么汉字的复现率至少要达到24次”[②]。李潇潇的研究表明，面向对外汉语的学习，复现率定为20～25次时，有65%以上的学生习得，而当复现率为60次时，有80%以上的学生习得。[③] 由此可见，复现的合适次数还缺乏一个公认的取值区间。

我们也可以对两套教材复现的情况做进一步的计算：经过统计，出现6次以上的，80年代教材共有2924个字种，占字种总数的66.8%，而90年代教材共有2782个字种，占字种总数的65.5%；出现20次以上的，80年代教材共有1963个字种，占字种总数的44.8%，而90年代教材共有1830个字种，占字种总数的43.1%；出现24次以上的，80年代教材共有1802个字种，占字种总数的41.1%，而90年代教材共有1687个字种，占字种总数的39.7%；出现60次以上的，80年代教材共有1111个字种，占字种总数的25.4%，而90年代教材共有999个字种，占字种总数的23.5%。由此可见，按照最小的复现率的有效值6次来计算，两套教材中符合这个要求的字种大于50%，而考虑到西方拼音文字在记忆方法上与汉字有非常大的区别，如果我们以对汉字研究的成果作为参照，取目前研究的最小值20次来看，只有不到一半的字种符合这个要求，这说明两套教材在复现率这个指标上还需要进行较大的改进。

① 张瑞华：《论语言语境与词汇学习》，《北京第二外国语学院学报》2003年第4期。
② 江新：《对外汉语字词与阅读学习研究》，北京语言文化大学出版社，2008，第78页。
③ 李潇潇：《对外汉语教材汉字复现率及相关研究》，华东师范大学硕士学位论文，2011。

三、跨年级的复现：分布率

从整套教材来看，某些字符有较高的出现频率，但是也可能存在着某些高频字只出现在某些特定文本中，因此，只讨论字频并不能完全解决复现的所有问题，还需要引入分布率这个指标。分布率与语言项目所处的文本数有关，而与本身的频率并无直接关系。对这个所处的文本的认定，可大可小，我们既可以把一篇课文当作一个文本，也可以把一册课本当作一个文本，还可以把一个年级的教材当作一个文本，这取决于我们对成果研究的精细程度。在这里，我们对文本的划分是以年级为单位的，分布率则是指字种跨年级的复现。统计时按照如下原则进行计数：在N个年级出现，次数记为N，在第N个年级出现Y次，次数记为1。如果某字种在多个年级出现，则其记忆会转化成深层记忆；而如果只是出现在特定的年级，则随着时间的推移，其学习效果将逐渐减弱。我们对各个字种在不同年级的出现次数进行了统计，在此基础上画出趋势图，如图3–17。

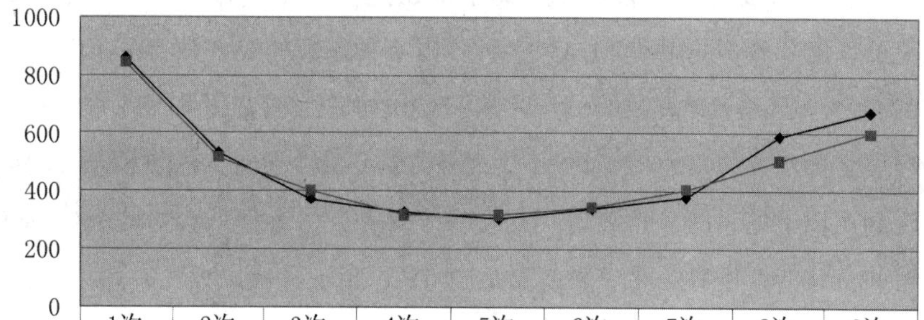

	1次	2次	3次	4次	5次	6次	7次	8次	9次
—◆—80年代	862	534	370	327	303	340	379	588	675
—■—90年代	843	518	398	317	319	343	403	508	598

图3–17　80—90年代字种复现年级数趋势图

从图3–17我们可以看出，80—90年代教材的曲线首尾两端，出现8~9次，1~2次的居多，字种数的数量级为500~800。出现3~7次的，字种数的数量级为300。出现8~9次，说明这些字符分布的年级较广，更容易牢固记住，出现1~2次的，则恰恰相反，是一种集中记忆的短时记忆。

就教材的字种与《现代汉语常用字表》的关系而言，可以分为三种，第一种属于2500个常用字的范围，第二种属于1000个次常用字范围，第三种不属于字表，属于超纲字。我们把这些复现1~9次的字种根据常用度的不同，进行了细分，如表3–3。

表3–3　字种复现年级数与常用度统计表

复现年级数	常用字		次常用字		超纲字	
	80年代	90年代	80年代	90年代	80年代	90年代
一年级	24	30	195	217	643	596
二年级	65	90	234	237	235	191
三年级	105	144	190	183	75	71
四年级	179	191	126	111	22	15
五年级	226	247	67	60	10	12
六年级	286	299	47	39	7	5
七年级	354	387	24	14	1	2
八年级	582	505	5	2	1	1
九年级	674	597	0	1	1	0

从表3–3我们可以看出，字种越常用，其复现年级数也越多。这就解释了为什么出现1~2次的字种也有很多，这是教材中有大量超纲字种的结果。当然，这种只出现1~2次的字种里的常用字、次常用字也很多，这很不便于学生学习这些字，需要额外补充材料加强学习。

以80年代教材只出现在一个年级的字种为例，其中的常用字有：盟、疮、贷、诞、栋、贩、购、贿、届、狸、弊、虏、棕、膨、侨、券、熔、肾、剃、销、孝、锈、孕、僚。

其中的次常用字有：唧、癌、铐、咖、诀、沮、疚、臼、阱、鲸、蝌、钾、揽、嫉、秽、讳、茴、徊、焊、悍、函、沽、埂、诫、娄、冕、楣、锚、蟆、裸、沦、仑、氯、履、坷、卤、钙、馏、檩、磷、燎、楞、儡、酪、榔、琅、缆、赂、蓖、醇、椿、畴、侈、逞、猖、皑、瘪、鳖、羹、彪、悴、庇、褒、谤、颁、扳、靶、跋、芭、凹、庵、膘、蚪、闽、辐、孵、麸、啡、筏、噩、愕、扼、讹、祠、镀、篡、刁、佃、碘、蒂、嫡、涤、裆、氮、铧、肛、舵、昔、蔫、蚜、勋、婿、旭、邢、芯、楔、辖、黍、嬉、夭、晤、紊、臀、涕、搪、谭、昙、栓、漱、藐、侠、舆、拙、赘、锥、撰、蛀、窒、榛、蔗、账、樟、奄、耘、啐、蛹、瘾、淫、奕、壹、腋、谒、姚、肴、赎、铡、孽、鹏、硼、烹、胚、螃、徘、呕、殴、糯、庶、狞、频、昵、馁、钠、募、沐、馍、谬、螟、悯、淬、钮、蛆、秫、甥、赦、奢、芍、擅、苫、飒、蕊、褥、坯、瓤、啤、氢、钦、憔、荞、黔、荠、鳍、歧、聘、皿、纫。

其中的超纲字有：缙、孑、趄、鹫、柏、昝、迥、腈、踞、噤、瞿、祲、烬、瑾、槿、矜、睫、拮、诓、猄、龛、嗳、嗑、骒、恪、颏、珂、尻、睢、嵁、挢、铠、恺、镢、蹶、橛、厥、噘、镌、阚、卉、诘、屐、姬、芨、乩、镬、馄、羁、恚、亟、迴、洄、隳、麾、晖、篑、磺、篁、彗、缄、佼、茭、弶、绛、豇、涑、睑、蔺、藉、哐、犍、胛、蛱、骥、稷、蓟、麂、掎、囝、褛、瘘、墁、谩、珞、羸、纶、栾、牤、孪、蟒、闾、麓、簏、璐、橹、鲈、鸬、咵、挛、猕、瞑、暝、涽、泯、篾、缈、沔、熳、縻、萎、蜢、虻、扪、莓、峁、卯、蝥、牦、麋、褴、镂、枥、娌、黧、骊、磊、佬、郦、斓、莅、谰、婪、籁、徕、焜、匮、睽、馗、唧、蔺、喽、偻、垅、眬、蹓、鎏、镏、疠、聆、浒、廪、霖、趔、鬣、裢、涟、篥、蛎、浏、敕、掣、啜、俶、蹰、滁、刍、捣、辍、舂、鹚、炽、饬、呎、踟、笞、龇、碜、寰、惆、忖、迨、跶、妲、褡、耷、哒、厝、怆、吋、孱、邨、瘁、啐、撺、殂、徂、腠、淙、蹉、镑、郴、笾、篦、婢、毖、畚、鞴、杓、趵、裱、坂、呗、媪、嗷、敖、谙、桉、暧、邶、晡、谄、禅、谗、姹、搽、噌、涔、徧、嘈、殚、踣、箔、膑、殡、摈、槟、斌、俵、岑、舭、黛、鹳、掼、剐、鸹、崮、瞽、圭、彀、庋、龚、赓、亘、骼、鬲、缟、皋、赣、鹄、颢、氙、唿、舸、泓、弘、亨、颌、洸、盍、阜、皓、嗥、嗐、嗨、蜾、磙、鳜、刿、涸、坻、惇、蠹、笃、椟、窦、仃、牒、噶、谛、铎、诋、靮、荻、噔、澹、擔、箪、笏、巅、藩、眈、腑、怫、孚、俸、烽、霏、妃、沌、燔、咄、迩、摁、荨、厄、婀、娥、刹、鲋、枋、彦、氲、祎、烨、晔、瑶、尧、怏、贻、炀、佁、罨、俨、筵、芫、嫣、胭、恹、奚、佯、霪、慵、雍、啃、塍、颍、郢、瀛、洢、尹、琊、蟫、鄞、熠、翊、浥、弈、吃、弋、慭、郤、揠、苋、跣、冼、娴、跹、黠、缃、呷、襄、郄、蟢、禧、玺、曦、皙、翕、殁、狎、胥、徇、恂、曛、楦、泫、晅、揎、霰、墟、呦、戌、溴、硎、歆、亵、洨、逍、绡、栩、柘、恿、枳、芷、胝、祗、帧、甄、峙、鹧、陟、谪、蜇、笊、幛、璋、獐、辗、詹、祯、渚、揸、柞、梓、淄、孜、斫、篆、郅、伫、札、茱、诛、胄、妯、雉、痣、鸷、铚、杼、舁、矞、峪、饫、圉、禹、伛、瑜、翟、萸、爰、竽、臾、欤、渝、纡、釉、铀、唏、腴、匜、攸、詈、谮、仄、箦、啧、鄹、鹬、臜、鬻、熨、愠、恽、纭、樾、钺、鼋、蚱、錾、虔、蹊、帩、诮、谯、缫、樯、戗、锲、倩、衾、褰、搴、阡、葺、讫、祺、颀、淅、戕、畎、襦、茹、恁、饪、娆、荛、冉、鞘、阕、萋、踡、觑、蛐、裘、酋、虬、鳅、噙、逡、黏、耆、喏、钕、弩、驽、妞、呐、杷、辇、琶、睨、妮、瑙、囊、囔、楠、鼐、嘣、廿、剽、沏、溥、蒲、噗、叵、榀、嫔、沤、缥、篛、梗、胼、琵、枇、丕、狍、庖、磐、嫖、忑、蚋、荼、恸、僮、髫、阗、倜、饨、忒、豚、绦、弢、傥、忐、榻、遝、挞、挲、滕、猥、兮、骜、戊、牾、庑、妩、倭、湍、汶、邃、滩、帷、圩、绾、柝、鼍、跎、讬、蓊、缮、姝、螯、噬、仕、埘、渑、椹、娑、筲、孀、骟、汕、痧、莎、搡、糁、卅、哞、艄、竦、箬、绥、睢、荽、蔌、愬、夙、擞、倏、馊、唰、怂、兕、澌、锶、厮、嗞、舜、隼、飕。

第四节　汉字的笔画数

笔画，指的是“书写工具从和书写材料接触到离开，这期间书写工具的移动在书写材料上留下的痕迹”①。

汉字可以分为笔画、部件、整字三个层次，其中，笔画是构成汉字的最小单位，也是衡量汉字难易的一个重要因素。汉字是由不同的笔画排列组合而成的，这一看法为多数研究者所承认，但笔画是否是人认知汉字的基本单位，笔画数的多少是否会影响汉字的视觉识别，还有待进一步验证。有一些学者在研究的过程中发现了笔画数效应。

20世纪20年代，郑昭明指出：笔画数会影响字的辨识率。艾伟的研究也发现：笔画数10以内的字比较容易观察。曹传咏和沈晔发现，在快速呈现时，笔画数少的汉字比笔画数多的汉字容易识别。曹传咏和沈晔（1963年）、叶重新和刘英茂（1972年）认为：多笔画字认识阈最高，中笔画字次之，少笔画字认识阈最低。郑昭明（1982年、1986年）用极限法的实验结果表明：笔画多的字比笔画少的字难以辨认。因此，笔画数10以内的字对于字形的学习是比较容易的。

对汉字的书写来讲，笔画的多少决定了书写的难度。

在教学大纲中，对于笔画的要求比较简单。例如，80年代小学大纲要求“掌握汉字的基本笔画”，一年级要“学会笔画名称”；90年代小学大纲要求“要教给学生一些汉字的基本知识，使学生在识字的过程中，逐步掌握汉字的基本笔画”，“并能用数笔画的方法查难检字”，一年级要“掌握汉字的基本笔画”，“能按汉字的基本笔画……分析、记忆字形”。可见大纲对于笔画的要求主要是通过对笔画的学习，来掌握分析汉字的能力，并借助这种能力来获得字典检索方面的能力。

---

① 苏培成：《现代汉字学纲要》，北京大学出版社，2001，第100页。

汉字的笔画到底有多少，目前还有不同说法，王汉卫、苏印霞[①]统计了目前各家的说法，“26种（张志公，1982年：74），29种（傅永和，1992年），30种（林祥楣，1995年：485），31种（张静贤，1987年：496），32种（北京大学中文系现代汉语教研室，1995年：157；张斌，2004年：83），33种（胡裕树，1987年：196；武占坤，1985年：136），35种（邢福义，1986年：19），36种（黄伯荣、廖序东，1997年：197；张威，1998年；孙汝建，2003年：22）。其中，张斌（2004年）、孙汝建（2003年）分别跟较早出版的北京大学中文系现代汉语教研室版和黄伯荣、廖序东版的笔画数量和具体笔形完全相同”，“统计显示，10家累计涉及笔画46种，如果每一种都是必需的，10家总计应该有460种次，而实际上10家累计是321种次。其中4种笔画为一家独有，而10家共有的笔画仅有17种，这就是说各家笔画的广义共同度为69.78%（321/460），狭义共同度仅为36.96%（17/46）”。

在这里，我们按照黄伯荣、廖序东的36种笔画，对80—90年代课文正文所用字符的平均笔画数、字种的平均笔画数、新增字种的平均笔画数三个角度对教材各个年级的笔画数的情况进行考察。

字符的平均笔画数是从用字的角度对笔画数进行的考查，我们首先对80—90年代各个年级所出现字符的平均笔画数进行了统计。字符的平均笔画数的计算公式如下：

字符的平均笔画数=字符总笔画数/总字符数

我们根据计算公式得出各个年级字符的平均笔画数，并在此基础上画出80—90年代各个年级字符的平均笔画数曲线图，如图3-18。

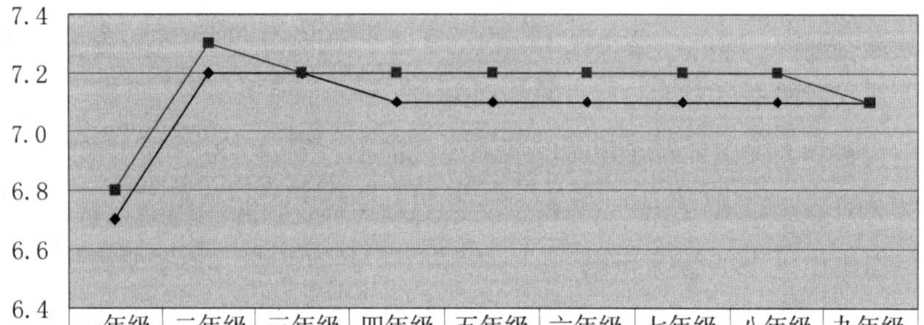

	一年级	二年级	三年级	四年级	五年级	六年级	七年级	八年级	九年级
80年代	6.7	7.2	7.2	7.1	7.1	7.1	7.1	7.1	7.1
90年代	6.8	7.3	7.2	7.2	7.2	7.2	7.2	7.2	7.1

图3-18　80—90年代各年级字符的平均笔画数趋势图

① 王汉卫，苏印霞：《论对外汉语教学的笔画》，《世界汉语教学》2012年第2期，第267页。

从图3-18我们可以看出，除了一年级平均字符的笔画数是处在显著低位以外，其他年级的平均笔画数基本上处在同一个水平线上。这说明，80—90年代的教材在用字上，都考虑到了一年级作为一个入门阶段，笔画数少的字符更容易被掌握，因此降低了笔画数的难度。其他年级几乎持平，这说明在其他年级，笔画数的多少并没有影响到教材内容的难易。

字种的平均笔画数是从认字的角度对笔画数进行的考查，字种的平均笔画数的计算公式如下：

字种的平均笔画数=字种笔画总数/字种总数

我们首先根据计算公式对80—90年代各个年级所出现字种的平均笔画数进行了统计，并据此画出80—90年代各个年级字种的平均笔画数曲线图，如图3-19：

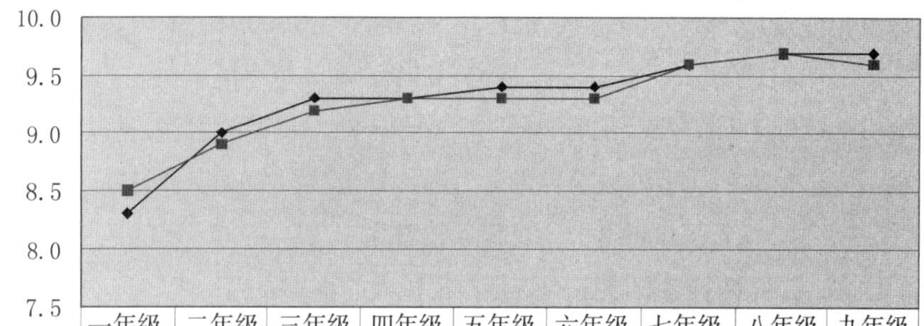

	一年级	二年级	三年级	四年级	五年级	六年级	七年级	八年级	九年级
80年代	8.3	9.0	9.3	9.3	9.4	9.4	9.6	9.7	9.7
90年代	8.5	8.9	9.2	9.3	9.3	9.3	9.6	9.7	9.6

图3-19　80—90年代各年级字种的平均笔画数趋势图

与字符的平均笔画数曲线自二年级起就基本保持恒定不同相比，字种的平均笔画数曲线呈现出递增的趋势，一年级是笔画数的最低位，这说明教材的编写者从认字容易的角度看，仍旧把笔画难度最小的放在了一年级。其他阶段，随着年级的增加，笔画数增多，这也代表着认字难度的增加。这种难度的增加与随着年级的增加，学生认知水平也在增加相适应。

在增长趋势与学生认知相适应的大背景下，我们还需进一步知道，80—90年代的教材字种的平均常用度是否符合大纲的要求。根据大纲要求，“在小学阶段要使学生学会常用字3000个左右”，“初中一年级在小学的基础上，进一步扩大识字量”；90年代大纲要求，“在小学阶段，要使学生学会常用汉字2500个左右”，初中“在小学的基础上扩大识字量，达到3500个字”。80年代大纲虽然没有对总学习字数提出要求，但是参照90年代大纲，我们姑且认为这个数量也是

《现代汉语常用字表》所规定的3500个。大纲的这些要求虽然是针对识字量的，但是也隐含着一个对字种笔画数的要求。根据《现代汉语常用字表》，我们可以测算出2500个常用字的平均笔画数，以及3500个现代汉语常用字的平均笔画数，并把这个平均数作为参照项，来衡量80—90年代教材字种平均笔画数的多少。根据测算，2500个常用汉字的平均笔画数为9.2画，对照80年代一至六年级教材的字种平均笔画数9.8画，90年代一至六年级教材的平均笔画数9.7画，我们可以知道80—90年代小学一至六年级的字种笔画数都过多；3500个现代汉语常用字的平均笔画数为9.7画，对照80—90年代一至九年级字种的平均笔画数都为10.1画，这说明80—90年代的教材从整体上看，字种的平均笔画数也是过多了。如果我们进一步与其他字表进行比较，例如《印刷通用汉字字形表》收字6196个，平均每字的笔画数为10.6画，《信息交换用汉字编码字符集·基本集》收字6763个，平均每字的笔画数为10.7画，《现代汉语通用字表》收字7000个，平均每字的笔画数为10.8画，《GB13000.1字符集》收字20 902个，平均每字的笔画数为12.9画。从这几个表的统计中我们可以发现这样一个规律，随着收字的增多，平均每字的笔画数也增多。根据前面字种数统计部分，我们知道教材共收字种4378个，90年代教材共收字种4247个，都超出了《现代汉语常用字表》3500个字的数量，这种字种数的增多，正是两种教材在平均笔画数都过大的直接原因。

新增字种的平均笔画数是从学字的角度对笔画数进行的考查。新增字种的平均笔画数的计算公式如下：

新增字种的平均笔画数=新增字种笔画总数/新增字种总数

我们首先根据计算公式对80—90年代各个年级新增字种的平均笔画数进行了统计，并据此画出80—90年代各个年级新增字种的平均笔画数曲线图，如图3-20。

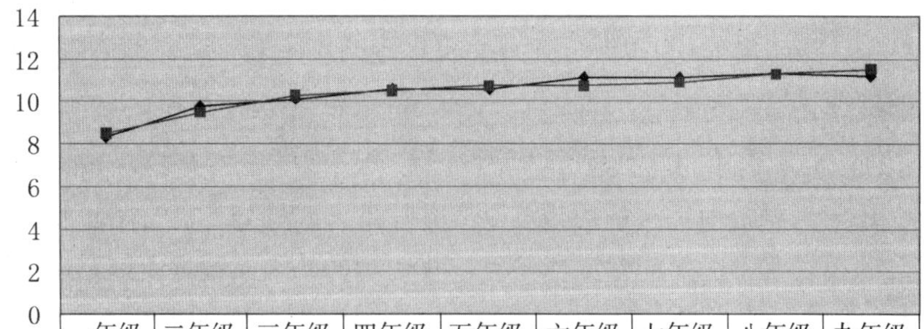

	一年级	二年级	三年级	四年级	五年级	六年级	七年级	八年级	九年级
80年代	8.3	9.8	10.1	10.6	10.6	11.1	11.1	11.3	11.2
90年代	8.5	9.5	10.3	10.5	10.7	10.7	10.9	11.3	11.5

图3-20　80—90年代各年级新增字种的平均笔画数趋势图

新增字种的平均笔画数曲线也是基本呈递增的趋势，一年级是新增字种平均笔画数最低的一个年级，这说明教材的编写者从学字容易的角度看，仍旧把笔画难度最小的放在了一年级。其他阶段，随着年级的增加，笔画数增多，这也代表着学字难度的增加。这种难度随着年级的增加而增加，学生认知水平也在相应地提高。

根据前面对《现代汉语常用字表》2500个常用字的平均笔画数的测算，其值为9.2画，3500个常用字的平均笔画数，其值为9.7画，用这两个值对照一下80—90年代各年级新增字种的平均笔画数，我们发现，除了一年级笔画数低于这两个值，其他年级新增字种的平均笔画数都在对应的常用字平均笔画数之上，这说明从整体上看80—90年代的教材，每个年级新增字种的平均笔画数也是过多了，这会造成学生学字难度的增加。还需要注意的是，除了一至二年级新增字种的平均笔画数少于10画，三至九年级新增字种的平均笔画数都在10画之上。例如，在80年代九年级教材中出现了“曩（21画）、羼（21画）、曦（20画）、鼍（20画）、鬃（20画）、瀛（19画）、霪（19画）、襦（19画）、孽（19画）、麓（19画）、籁（19画）、蹶（19画）、羹（19画）、巅（19画）、蹰（19画）、鳖（19画）”，90年代九年级教材出现了“鬣（25画）、曩（21画）、蠹（21画）、醺（18画）、纂（20画）、臜（20画）、孀（20画）、攘（20画）、鬃（20画）、霪（19画）、襦（19画）、曝（19画）、孽（19画）、靡（19画）、羹（19画）、蹰（19画）、鳖（19画）、霭（19画）”等汉字，这些汉字笔画多，常用度低，增加了学习的难度。

第五节 汉字的结构

汉字的结构指的是部件与部件的方位关系。汉字的结构有多种分类方法，有的分为14种：①左右结构，如江、海；②上下结构，如雷、雾；③左中右结构，如湖、粥；④上中下结构，如赢、禀；⑤右上包孕结构，如勿、勾；⑥左上包孕结构，如痰、庙；⑦左下包孕结构，如逃、延；⑧右下包孕结构，如斗；⑨上包孕结构，如冈、网；⑩下包孕结构，如凶、函；⑪左包孕结构，如匹、匣；⑫全包围结构，如圆、团；⑬单体结构，如上、天；⑭特殊结构，如乖、办。黄伯荣等（2002年）提出可以把汉字的结构分为8种：①左右结构，如明、许；②左中右结构，如粥、辩；③上下结构，如岩、界；④上中下结构，如器、赢；⑤全包围结构，如国、围；⑥半包围结构，如风、凶、区；⑦穿插结构，如爽、噩；⑧

单一结构。并且进一步提出，可以把“左中右结构归左右结构，上中下结构归上下结构，全包围结构和半包围结构合称包围结构”，这样加上单一结构和穿插结构，就一共有五种结构。

在汉字的学习中，不同结构的汉字学习难度存在着差异，例如彭瑞祥和喻柏林（1983年）在对母语者学习不同结构汉字的研究中曾发现，横向结构字最容易掌握。下面我们以这五种结构为基础，从字符各结构数、字种各结构数、新增字种各结构数这三个角度对教材各个年级的结构数的情况进行考查。

一、字符的结构

字符结构数是从用字的角度对笔画数进行考查统计的方法，对课文中的每个字符的结构进行分析，一个字符属于哪种结构，则给哪种结构计数加1。这样，我们就可以对左右结构、上下结构、包围结构、穿插结构、单一结构数分别进行统计。

我们首先对80—90年代各个年级所出现字符的结构数进行了统计，并据此得出各个年级字符结构数统计表，如表3-4。

表3-4　80—90年代各年级字符结构统计表

		一年级	二年级	三年级	四年级	五年级	六年级	七年级	八年级	九年级
80年代	包围结构	373	1626	2666	3189	5214	5214	7122	7911	7833
	穿插结构	12	21	16	73	67	65	65	59	129
	单一结构	1965	5213	8059	13 005	15 550	21 191	21 191	22 433	23 502
	上下结构	1365	4785	7334	11 390	13 871	19 042	19 042	20 858	21 733
	左右结构	2289	8662	12 954	20 238	24 390	31 574	31 574	34 535	35 431
90年代	包围结构	433	1079	2113	2612	3104	3310	6946	7715	6225
	穿插结构	7	16	30	41	54	23	63	84	53
	单一结构	1862	3382	6312	7565	8986	9669	20 249	20 535	18 981
	上下结构	1372	3389	6194	6939	7912	8925	19 215	20 034	17 531
	左右结构	2205	6282	10 537	13 083	14 385	15 516	32 304	33 398	28 950

从表3-4我们可以看出，80—90年代教材中，各种结构在各个年级都出现了。80年代教材中包围结构、穿插结构、单一结构、上下结构、左右结构这五种结构的数量，都是随着年级的增加而增加的。而且五种结构的曲线基本可以分成

两个阶段，一至六年级为第一阶段，表现为各种结构数量的较快上升；七至九年级是第二阶段，从六年级到七年级跃升到一个较高位置后，整个七至九年级的跃迁速度比较平缓。另外，各个年级字符的结构数都呈现出左右结构>单一结构>上下结构>包围结构>穿插结构的这种数量关系。这个序列，也与3500个常用字中左右结构>单一结构>上下结构>包围结构>穿插结构的序列完全吻合，这说明教材的编写者对各年级字符的结构数的掌控还是比较妥当的。还需要说明的是，虽然五条曲线的总趋势都是递增的，但是其递增速度是不同的，递增的速度也呈现出左右结构>单一结构>上下结构>包围结构>穿插结构的趋势。所以随着年级的增加，各种结构之间的数量差距也在增加。

90年代教材中包围结构、穿插结构、单一结构、上下结构、左右结构这五种结构的数量变化，也分成了两个阶段，一至六年级为第一阶段，表现为各结构字符数量的较快上升；七至九年级为第二阶段，这个阶段首先表现为七年级与六年级相比，各种结构数有一个较大幅度的提升，而且提升幅度要比同期的幅度大得多，在从七年级到八年级有一个较为平缓的上升期之后，在九年级，各种结构的数量有了较为明显的下降。与80年代教材相同，90年代教材字符的结构也呈现出左右结构>单一结构>上下结构>包围结构>穿插结构的趋势。

二、字种的结构

字种结构数是从认字的角度对汉字结构进行的考查。统计方法是对教材各个年级出现的字种进行结构分析，一个字种属于哪种结构，则给哪种结构计数加1。这样，我们就可以对教材中字种的左右结构、上下结构、包围结构、穿插结构、单一结构数分别进行统计，如表3-5。

表3-5　80—90年代各年级字种结构统计表

		一年级	二年级	三年级	四年级	五年级	六年级	七年级	八年级	九年级
80年代	包围结构	69	133	187	197	203	215	246	285	276
	穿插结构	1	1	1	2	3	2	2	3	3
	单一结构	135	175	200	207	212	218	236	245	241
	上下结构	208	415	582	592	636	652	747	818	879
	左右结构	402	922	1223	1283	1375	1484	1687	1875	1856

（续表）

		一年级	二年级	三年级	四年级	五年级	六年级	七年级	八年级	九年级
90年代	包围结构	72	123	172	196	191	200	259	278	267
	穿插结构	1	1	2	2	2	2	2	4	3
	单一结构	129	180	194	202	205	218	235	241	237
	上下结构	205	374	521	579	571	617	767	809	814
	左右结构	407	798	1105	1218	1242	1327	1715	1814	1760

从80—90年代教材字种结构统计表3-5我们可以看出，总体来说，各种结构在各个年级的字种中都出现了。字种结构的数量基本呈递增的态势，各种结构呈现出左右结构>单一结构>上下结构>包围结构>穿插结构这样一个数量对比关系。具体到各种结构而言，又有自己的特点。

左右结构、单一结构、包围结构的数量走势具有相似的特点，基本分成三个阶段，一至三年级是第一阶段，表现为较大幅度的提升；四至六年级为第二阶段，表现为较为平缓的上升；七至九年级为第三阶段，其中，七年级相对于六年级有了一个较大的提升后，在八年级达到整个教材的顶峰，随后在九年级又略有下降。

上下结构的数量走势也分为三个阶段，一至三年级为第一阶段，四至六年级为第二阶段，七至九年级为第三阶段。其中，第一阶段表现为较大幅度的提升，第二阶段表现为较平缓的上升，第三阶段则首先表现为七年级相对于六年级有了一个较大的提升后，又开始以较大的幅度递增，并且在九年级达到最大值。

穿插结构数量很少，数量变化不大。

三、新增字种的结构

新增字种结构数是从学字的角度对结构数进行的考查，统计方法是对教材各个年级新出现的字种进行结构分析，一个新出现的字种属于哪种结构，则给哪种结构计数加1。这样，我们就可以对教材新出现字种的左右结构、上下结构、包围结构、穿插结构、单一结构数分别进行统计，统计结果如表3-6。

表3-6　80—90年代各年级新增字种结构统计表

		一年级	二年级	三年级	四年级	五年级	六年级	七年级	八年级	九年级
80年代	包围结构	69	65	59	37	18	15	35	43	15
	穿插结构	1	0	0	1	1	0	0	1	0
	单一结构	135	47	28	13	7	8	10	12	4
	上下结构	208	228	197	97	57	63	75	81	83
	左右结构	402	556	426	264	183	185	246	214	189
90年代	包围结构	72	62	52	39	19	19	45	30	19
	穿插结构	1	0	1	0	1	0	0	1	0
	单一结构	129	60	21	11	8	8	14	5	1
	上下结构	205	200	180	102	61	63	93	75	71
	左右结构	407	455	433	265	177	163	263	233	183

从80—90年代教材新增字种结构统计表3-6我们可以看出，总体来说，各种结构呈现出左右结构>单一结构>上下结构>包围结构>穿插结构这样一个对比数量关系，新增字种的结构数量呈现波动的态势，具体到各种结构而言，又有自己的一些特点。

80—90年代教材左右结构的数量级最大，都分成了三个阶段，一至三年级是第一阶段，80—90年代的教材表现为高位的起伏，在二年级处达到最大值；四至六年级为第二阶段，在四年级大幅度下降后，五、六年级又开始递减；七至九年级为第三阶段，其中，七年级相对于六年级有了一个较大的提升后，随后在八、九年级又略有下降。我们可以把三个阶段的总体表现概括为：凸、降、降。80—90年代的教材在三个阶段总体上还是保持一个高位，而且与其他几条结构曲线相比，左右结构都处在最高位上，这说明整个学习阶段，左右结构的字都是重点，而低年级的第一阶段，更是重点中的重点。

80—90年代上下结构的数量级居第二位，也分一至三年级为第一阶段，四至六年级为第二阶段，七至九年级为第三阶段。第一阶段也是表现为高位上的起伏，在二年级处达到最大值；第二阶段的四年级在经过了一个较大幅度的下降之后，五年级继续下降，只不过在六年级又略有提升。第三阶段两套教材表现略有不同，80年代教材的发展态势是七年级相对于六年级有了一个较小的提升后，随后在八、九年级又略有上升。而90年代教材的态势表现为经过七年级的拉升之后，在八、九年级又开始下降。我们可以把三个阶段的总体表现概括为：凸、凹、升。90年代三个阶段的总体表现概括为：凸、凹、降。这说明第一阶段的一至三年级是学习上下结构字的一个重点阶段。

80—90年代的单一结构的数量居第三位，分成了三个阶段，一至三年级是第一阶段，四至六年级是第二阶段，七至九年级是第三阶段。第一阶段80—90年代教材的表现总体是高位大幅度的递减。我们可以把教材的三个阶段的总体表现概括为：降、降、降，90年代教材的三个阶段的总体表现概括为：降、凹、凹。这说明教材的编写者把低年级作为学习单一结构的重要时期。这种安排也是合理的。单一结构多为独体字，是构成其他合体字的基本要素，把学习这种结构重点放在低年级，可以为高年级在掌握一定构字知识后，快速掌握其他合体字打下基础。

80—90年代的包围结构的数量级居第四位，分成了三个阶段，一至三年级是第一阶段，四至六年级是第二阶段，七至九年级是第三阶段。第一阶段80—90年代教材的表现是缓慢地下降。第二阶段在四年级降到一个低位之后，也是在缓慢下降的。第三阶段80—90年代的教材在七年级结构数有较大幅度提升后，表现稍有不同，该教材在随后的八、九年级也是在上升的，而90年代教材则是下降。我们可以把教材的三个阶段的总体表现概括为：降、降、升，90年代教材的三个阶段的总体表现概括为：降、降、降。这说明教材的编写者把小学低年级阶段作为学习包围结构的重要时期，而把初中阶段作为扩展时期。

80—90年代穿插结构的数量级最小。其表现为低位波动，各年级的波动没有一定的规律，说明穿插结构的字在两套教材中都不是学习的重点。

四、教材字种与《现代汉语常用字表》收字结构的比较

关于结构，我们还需要注意一个问题：《现代汉语常用字表》是教材用字的一个重要指导，从大的阶段划分上来看，《现代汉语常用字表》中的2500个常用字部分，对应着小学一至六年级的用字；《现代汉语常用字表》中的1000个次常用字部分，对应着七至九年级的用字。这是从字种的角度形成的一种对应。那么，教材中各字种结构的数量与《现代汉语常用字表》中汉字的结构数量关系如何呢？我们分别统计了《现代汉语常用字表》中2500个常用字、1000个次常用字各结构的数量，并分别与80—90年代教材的对应阶段的字种进行比较。2500个常用字、80年代一至六年级、90年代一至六年级包围结构字种的数量比为225∶263∶263，穿插结构为2∶3∶3，单一结构为229∶238∶237，上下

结构为669：850：811，左右结构为1375：2016：1900；1000个次常用字、80年代七至九年级、90年代七年级包围结构字种的数量比为77：93：94，穿插结构为2：1：1，单一结构为21：26：20，上下结构为213：239：239，左右结构为687：649：679。

从2500个常用字与80—90年代一至六年级汉字的数量比来看，三者穿插结构、单一结构、包围结构基本上是持平的，说明80—90年代的教材很好地贯彻了大纲的编写思路，而80—90年代教材中的上下结构、左右结构则远高于2500个常用字的结构，这一点左右结构表现得尤为明显，这说明80—90年代的教材在一至六年级提出了比大纲更高的要求。

1000个次常用字与80—90年代七至九年级汉字的数量比来看，三者包围结构、穿插结构、单一结构、上下结构基本上也是持平的，说明80—90年代的教材在初中阶段对大纲的编写思路也执行得很好。左右结构中，80年代教材的数量比1000个次常用字的数量要少，90年代的教材与1000个次常用字的数量基本持平，这可能与教材在一至六年级左右结构的数量远多于2500个常用字左右结构的数量有关，这说明，教材的编写者把左右结构字种学习的时间提前了。当然，这种提前也是有道理的。左右结构的字多可以分成横向线性排列的两个部分，便于识记，所以把七至九年级学习的内容提前到小学阶段也不会产生太多问题。反过来说，假如把小学一至六年级学习的内容迁移到初中七至九年级，反而会有问题。教材没有出现这样不合理的处理方式。

第六节　汉字的造字法

在学习汉字时，了解一下汉字的构造对记忆和书写汉字是很有帮助的。其中，"六书"是非常需要了解的一个内容。"六书"这个名称，最早见于《周礼·地官·保氏》："保氏掌谏王恶，而养国子以道，乃教六艺：一曰五礼、二曰六乐、三曰五射、四曰五驭、五曰六书、六曰九数。"但是，"六书"具体为何，并没有一个明确的说明。东汉班固在《汉书·艺文志》中认为"六书"指的是象形、象事、象意、象声、转注、假借。把"六书"这一理论系统化的是东汉学者许慎。他在《说文解字》中给"六书"下了一个明确的定义："象形者，画成其事，随体诘诎，日月是也；指事者，视而可识，察而见意，上下是也；会意者，比类合谊，以见指㧑，武信是也；形声者，以事为名，取譬相成，江河是也；转注者，建类一首，同意相受，考老是也；假借者，本无其字，依声托事，令长是也。”在这“六书”中，象形、指事、会意、形声是造字法，而转注、假借属于用字法。

“六书”从宏观上剖析了汉字的构造系统，起到了以简驭繁的作用，因此，不但具有理论上的指导意义，在汉字的教学中，也发挥了巨大的作用。历史上的蒙学教育中，都很重视对“六书”的掌握。我们在很多材料中都可以发现这一点，如许慎《说文解字·叙》：“周礼八岁入小学，保氏教国子，先以‘六书’。”清代王筠《文字蒙求》：“人之不识字也，病于不能分，苟能分一字为数字，则点画必不可以增减，且易记而难忘矣。苟于童蒙时，先令知某为象形，某为指事，而会意字即合此二者以成之，形声字即合此三者以成之，岂非执简御繁之法乎。”林尹在《文字学概说》中提道：“学问之道，识字为先，而我国文字最具条理。倘能明其构造之原，察其演变之迹，则识字之方，简而且易。”

我们从各年级字符的造字法、字种的造字法、新增字种的造字法三个角度对教材各个年级的造字法的情况进行考查。

一、字符的造字法

各年级字符的造字法是从用字的角度对造字法进行的考查。我们首先对80—90年代各个年级所有字符的造字法进行了统计，并得出各个年级的字符的造字法表，如表3-7。

表3-7　80—90年代各年级字符造字法统计表

		一年级	二年级	三年级	四年级	五年级	六年级	七年级	八年级	九年级
80年代	会意	1340	4730	7790	9885	12192	15693	21640	24491	25243
	象形	1504	3754	5735	6534	9068	10355	14138	14873	15650
	形声	2761	10490	15567	18678	24494	29111	37985	41211	42416
	指事	399	1333	1937	2446	3244	3933	5231	5257	5319
90年代	会意	1207	3162	6355	7809	9012	9991	21340	23489	20720
	象形	1586	2491	4437	5223	6149	6309	13645	13690	12465
	形声	2705	7634	12850	15406	17160	18677	39064	39898	34271
	指事	381	861	1544	1802	2117	2466	4728	4688	4284

从表3-7我们可以看出，80年代教材中会意、象形、形声、指事四种造字法的数量，都是随着年级的增加而增加的。而且四种造字法的使用基本可以分成两个阶段，一至六年级为第一阶段，表现为各种造字法数量的较快上升；七至九年级是第二阶段，从六年级到七年级跃升到一个较高位置后，整个七至九年级的跃迁速度则比较平缓。另外，各个年级会意、象形、形声、指事四种造字法都呈现出形声>会意>象形>指事这种数量多少关系。这个序列，也是与《现代汉语常用字表》收字形声>会意>象形>指事的序列完全吻合的，这说明教材的编写者对各年级造字法的掌控还是比较妥当的。还需要说明的是，虽然四种造字法总的趋势都是递增的，但是其递增速度是不同的，递增的速度也呈现出形声>会意>象形>指事的趋势。所以随着年级的增加，各个造字法之间的数量差距也在增大。

90年代教材中会意、象形、形声、指事四种造字法的数量变化，也分成了两个阶段，一至六年级为第一阶段，表现为各造字法数量的较快上升；七至九年级为第二阶段，这个阶段首先表现为七年级与六年级相比，各造字法有一个较大幅度的提升，而且提升幅度要比同期的幅度大得多，在七年级到八年级有一个较为平缓的上升期之后，九年级各个造字法的数量有了较为明显的下降。这个下降，是与九年级总字符数也在下降相吻合的。相同的是，90年代教材各个年级会意、象形、形声、指事四种造字法在数量上都呈现出形声>会意>象形>指事这种数量多少关系，并且递增的速度也呈现出形声>会意>象形>指事的趋势。

二、字种的造字法

各年级字种的造字法是从认字的角度对造字法进行的考查。我们首先对80—90年代各个年级所有字种的造字法进行了统计，并据此得出各个年级字种的造字法表，如表3-8。

表3-8　80—90年代各年级字种造字法统计表

		一年级	二年级	三年级	四年级	五年级	六年级	七年级	八年级	九年级
80年代	会意	177	308	409	423	445	458	508	543	556
	象形	115	153	177	182	187	194	210	214	218
	形声	502	1157	1577	1646	1767	1885	2164	2432	2445
	指事	21	28	30	30	30	34	36	37	36

（续表）

		一年级	二年级	三年级	四年级	五年级	六年级	七年级	八年级	九年级
90年代	会意	174	293	385	415	414	443	521	531	531
	象形	115	150	163	179	176	187	208	216	212
	形声	510	1010	1416	1575	1590	1701	2214	2362	2302
	指事	15	23	30	28	31	33	35	36	36

从表3-8我们可以看出，80—90年代教材的字种，在各个年级中，会意、象形、形声、指事这四种造字法都出现了，例如在80年代教材第一册中就出现了“国、扫、多、从”等会意字，“人、日、月、山”等象形字，“堂、爱、校、红”等形声字，“上、下、寸、天”等指事字。这说明从低年级开始，在学生掌握了一定数量的汉字之后，我们就可以有意识地指导学生分析汉字，帮助学生更好地理解汉字的构成，达到更好地学习汉字的效果。

另外，从表中我们还可以看出，除了指事造字法因为处在一个比较低的数量级，所以会有一定的偶然波动性外，会意、象形、形声、指事四种造字法都呈现出随年级增加而增加的趋势。根据增长坡度的不同，我们可以划分一至三年级为第一个阶段，四至六年级为第二个阶段，七至九年级为第三个阶段。各个阶段都呈现出形声>会意>象形>指事这种数量多少的关系。

三、新增字种的造字法

各年级的新增字种的造字法是从学字的角度对造字法进行的考查。我们首先对80—90年代各个年级新增字种的造字法进行了统计，并据此得出各个年级新增字种的造字法表，如表3-9。

表3-9　80—90年代各年级新增字种造字法统计表

		一年级	二年级	三年级	四年级	五年级	六年级	七年级	八年级	九年级
80年代	会意	177	142	107	51	28	31	37	34	31
	象形	115	43	26	16	12	5	9	10	7
	形声	502	702	574	345	226	232	319	306	252
	指事	21	9	3	0	0	3	1	1	1

（续表）

		一年级	二年级	三年级	四年级	五年级	六年级	七年级	八年级	九年级
90年代	会意	174	139	103	52	32	29	39	28	23
	象形	115	47	17	18	7	7	17	7	0
	形声	510	583	560	346	225	216	356	308	251
	指事	15	8	7	1	2	1	3	1	0

从表3-9我们可以看出，在80—90年代教材的各个年级中，一年级的会意、象形、指事三种造字法数量居九个年级的第一位，形声造字法居第三位，这说明在各个年级中，一年级是学习汉字造字法的一个关键时期，出现的字种包含了全部的造字法，而且数量众多又为其提供了足够多的教学材料，如果好好利用造字法的知识，就会为其他年级的学习打下很好的基础。

从表中我们还可以看到，80—90年代的教材除了指事造字法因为处在一个比较低的数量级，所以会有一定的偶然波动性外，会意、象形、形声、指事四种造字法都呈现出随年级增加而增加的趋势，并且根据增长坡度的不同，一至三年级为第一个阶段，四至六年级为第二个阶段，七至九年级为第三个阶段。而且各个阶段都呈现出形声>会意>象形>指事这种数量多少的关系。

从表中我们还可以看出，80—90年代的四种造字法的变化表现出基本相同的特征。

形声造字法数量居第一位，说明每个年级需要学习的形声字都是最多的。不过形声造字法的数量又分成了三个阶段，其中，一至三年级是第一个阶段，特征表现为在高位上的起伏，二年级都是学习形声字的最高潮。形声字多为合体字，需要有独体字作为学习的基础，在经历了一年级的学习过程之后，二年级形声字的学习达到最高峰也是可以理解的。四至六年级是第二个阶段，表现为需要学习的形声字的数量随着年级的增加而大幅度地下降。七至九年级是第三个阶段，表现为在七年级有了一个数量的提升之后，形声造字法的数量又开始呈现随着年级的增长而下跌的态势。

会意造字法数量居第二位，其发展态势与形声造字法的走势完全一致，也是分成三个阶段，其中，一至三年级是第一个阶段，特征表现为在高位上的起伏，二年级也是学习会意字的最高潮。会意字也多为合体字，需要有独体字作为学习的基础，在经历了一年级的学习过程之后，会意字的学习在二年级的学习达到最高峰也是可以理解的。四至六年级是第二个阶段，表现为需要学习的会意字的数量随着年级的增加而大幅度地下降。七至九年级是第三个阶段，表现为在七年级有了一个数量的提升之后，会意字的数量又开始呈现随着年级的增长而下跌的态势。

象形造字法数量居第三位，其发展态势可以分成两个阶段，在一至六年级总趋势是降低的，一年级是学习象形字的最高峰，一年级教材中的象形字占到教材全部象形字的48%，90年代一年级教材这个数字为49%。象形字多为独体字，是组成其他汉字的基础，又具有直观形象便于理解的特点，因此集中在一年级进行学习是很有必要的。七至九年级是第二个阶段，表现为七年级与六年级相比稍有提升，但是仍旧保持在一个低位上，呈现出下降的趋势。

指事是数量最少的一种造字法，数量虽然随年级稍有波动，但是总趋势是递减的。

四、教材字种与《现代汉语常用字表》收字造字法的比较

80—90年代的大纲都把《现代汉语常用字表》作为指导教材编写的一个基本标准，要求一至六年级学习2500个常用字，七至九年级学习1000个次常用字。我们可以分别统计《现代汉语常用字表》中2500个常用字、1000个次常用字造字法的数量，来分别与80—90年代的教材字种进行比较。经过统计，2500个常用字、80年代一至六年级、90年代一至六年级会意字种的数量比为484：536：529，象形字种为200：217：211，形声字种为1780：2581：2440，指事字种为36：36：34；1000个次常用字、80年代一至六年级、90年代一至六年级会意字种的数量比为80：102：90，象形字种为27：26：24，形声字种为893：877：915，指事字种为0：3：4。

由统计数字我们可以看出，80—90年代的一至六年级的教材字种与2500个常用字相比，在会意、象形、指事造字法上基本处于同一个水平线上，而80—90年代一至六年级的教材形声字的数量要远多于2500个常用字的数量，这说明80—90年代一至六年级的教材在造字法这个指标上是恰当的，只不过更强调了形声字的学习；80—90年代七至九年级的教材字种与1000个次常用字相比，在会意、象形、形声、指事造字法上基本处在同一个水平线，这说明80—90年代七至九年级的教材在造字法上控制是非常恰当的。

第七节 汉字的部件

构成汉字的最基本单位是笔画，但是笔画并不能直接构成汉字，中间还有一个过渡的层级单位：部件。在汉字的学习中，如果从笔画入手显得零碎，从整字入手显得烦琐，所以从部件入手是效率最高的。

一、部件的定义及确定方法

关于什么是部件，有很多学者对其下过定义。国家语委文件指出："汉字部件是由笔画组成的具有组配汉字功能的构字单位。简称部件。"① 苏培成："部件也叫字根、字元、字素。它是由笔画组成的具有组配汉字功能的构字单位。部件介于笔画和整字之间，它大于或等于笔画，小于或等于整字。""对独体字来说，部件等于整字，对合体字来说，部件小于整字。"② 黄伯荣、廖序东："部件又称偏旁，是由笔画组成的具有组配汉字功能的构字单位。"③ 胡裕树："部件是汉字合体字中由一个以上笔画相接或相交而构成的组字单位，不过有时也包括某些合体字作一次切分而产生的笔画。"④ 傅永和认为："汉字部件是构成合体字的最小笔画单位，其下限必须大于基本笔画，上限小于复合偏旁，从功能看，部件并不一定具有音、义；从形式看，它是一个独立的书写单位，不管笔画多么复杂，凡是笔画串联在一起的，都作为一个部件看待。"这些定义虽然略有不同，但是都强调了部件对构字的重要作用。

韩布新（1995年）等认为，汉字部件和英文字母从形体结构和语言认知心理学角度来看，存在着一种认知对应关系。从文字学角度看，部件和字母有如下联系。

（1）部件和字母有六个方面的共同点：①均为小于整字（单词）、大于笔画的一个结构层次。②是单字的最小不可切分单位，但均可以是一定数目形成具有独立意义的语言单位或可构成其他字的、有一定出现次数的组块。③部件或字母总数远远小于单字（词）的数目。④按约定俗成的发音、词义和连缀等规则组成整字。⑤2~3个部件的汉字最多；4~5个字母的英文单词最多。⑥日本假名、朝鲜文、越南文等的字母均由汉字部件形变而来，说明汉字部件可蜕变为拼音文字

① 国家语言文字工作委员会：《现代汉字常用字部件及部件名称规范》，语文出版社，2009。
② 苏培成：《现代汉字学纲要》，北京大学出版社，2001。
③ 黄伯荣、廖序东：《现代汉语》，高等教育出版社，2002。
④ 胡裕树：《现代汉语》，上海教育出版社，1995。

的字母。

（2）部件又具有和字母不同的特性：①二维组合的排列方式。②视觉相对复杂。③部件与字或笔画分界不清。④少数部件没有读音。⑤没有大小写之分。

关于汉字部件的分类及拆分部件的原则，邢红兵（2007年）、孔祥卿（2013年）、邓章应（2013年）等作过讨论，基本包括下面两个方面：

一是部件按照结构特点，可以分为基础部件和合成部件。基础部件是指不能拆分的最小部件，例如“男”中的“田”和“力”都是不能拆分的基础部件；合成部件是指由两个或多个更小部件构成的部件，合成部件是可以进一步拆分的，例如“想”可以拆分为“相”和“心”，这是对汉字的第一次拆分，但是“相”还可以拆分为“木”和“目”，因此“相”就是合成部件。“相”作为合成部件还可以构成“霜”“箱”“湘”等字。

二是按部件能否独立成字，部件还可以分为成字部件和非成字部件。成字部件是指该部件能够不和其他部件组合而独立成字，例如“吉”中的“口”和“河”中的“可”。非成字部件是指在一定范围内不能够独立成字的部件，例如“同”中的“冂”和“病”中的“疒”等。

部件拆分的过程就是指将汉字拆分为基础部件的过程，例如将“想”拆分为“木”“目”“心”三个基础部件，这个过程叫作部件拆分。

具体包括以下几个方面：

①字形结构符合理据的，按理据进行拆分。例如：“分”拆分为“八”“刀”，“相”拆分为“木”“目”。

②无法分析理据或字形与字理矛盾的，依形进行拆分。例如：“朋”拆分为“月”“月”，“执”拆分为“扌”“丸”等，但是这些字是不符合字源的。

③笔画交叉重叠的，不拆分。例如“串”中的竖笔是串通上下的，不能将“串”拆分为“中”“中”，再如“东”也不可拆分为“七”“小”，因为两个部件有交叉。

④拆开后的各部分均为非成字部件或均不再构成其他汉字的不拆分。例如“非”不可拆分，因为其组成的两个部分都不能独立成字，也不在其他汉字中出现。

⑤因为构字的原因造成基础部件相离的，拆分后仍将相离部分合一，保留部件原形。例如“裹”拆分为“衣”“果”。

1997年12月1日，国家语委发布了《信息处理用GB13000.1字符集汉字部件规范》，给出了GB13000.1字符集的《汉字基础部件表》及其使用规则。2009年3月

24日，教育部、语委联合发布《现代常用字部件及部件名称规范》，规定现代常用字的部件拆分规则、部件及其名称，并且给出了《现代常用字部件表》和《常用成字部件表》。

上述汉字部件拆分的原则和规范性文件是我们实际拆分两套教材汉字部件的依据。

从单个汉字的角度来说，其构成部件越多，那么其习得的难度也会越大，单个汉字学习的特性是这样，作为众多汉字集合体的教材实际上也有这样的特性。而且从汉字习得的角度看，我们也希望那些成字部件或者构字能力强的部件尽可能早地出现。

下面我们从各年级字符部件的平均数、字种部件的平均字符数、新增字种部件的平均数、新增部件种数、部件与代表字的顺序、教材用字的部件和《现代汉语常用字表》收字部件的比较六个角度对教材的部件情况进行考查。

二、字符的部件

在教材编写中，各年级字符部件的平均数是需要关注的一个指标，如果这个数值越大，说明这个年级的学习难度也越大。我们首先给出各年级的字符部件的平均数计算公式如下：

各年级字符部件的平均数=字符总部件数/总字符数

根据这个公式，我们首先对80—90年代各个年级所有字符的平均部件数进行了统计，并据此得出各个年级的字符部件的平均数，如图3-21。

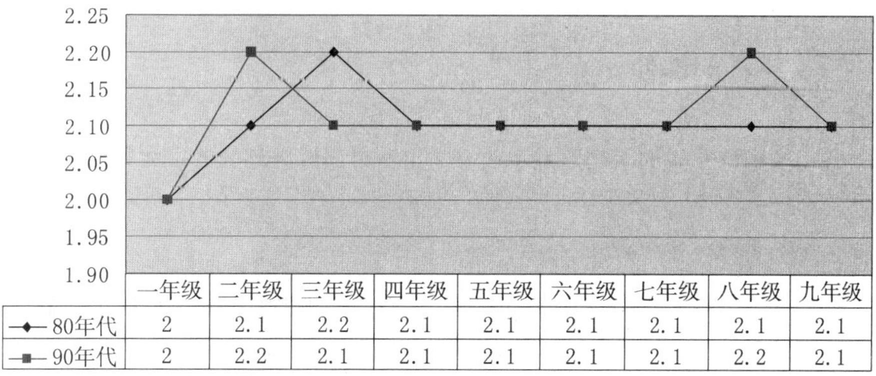

	一年级	二年级	三年级	四年级	五年级	六年级	七年级	八年级	九年级
80年代	2	2.1	2.2	2.1	2.1	2.1	2.1	2.1	2.1
90年代	2	2.2	2.1	2.1	2.1	2.1	2.1	2.2	2.1

图3-21　80—90年代各年级字符部件的平均数对照图

从图3-21我们可以看出，如果把一至三年级作为第一阶段，那么教材在这个阶段的总体趋势是上升的，在三年级达到最高点，而90年代则呈山凸形，在二年级达到最高点；四至六年级作为第二阶段，80—90年代的教材在这个阶段的字符部件平均数都在同一个水平线上，基本没有什么起伏；七至九年级是第三个阶段，80年代教材仍旧延续了前一阶段的水平，取值没有什么变化，而90年代教材则呈现出山凸形，七年级延续了第二阶段的水平，八年级略有提升，随后在九年级又恢复到原来的水平。

总的来说，字符部件的平均数虽然略有起伏，但是起伏幅度并不大，都是把一年级作为字符部件平均数的最低点，这说明教材的编写者对这一指标还是有所控制的，但是需要指出的是，这种走势的曲线并不是一条理想的曲线，字符的平均部件数是一个与字符难度有关的指标，其基本走势采取阶段式提升的方式是比较恰当的，而这两条曲线的基本走势并不完全符合理想的走势规律。还需要指出的是，在字符部件平均数提升的切入点上，两套教材出现了略微的偏差。一年级作为学习汉字的起始阶段，肯定要从简单入手，因此一年级的字符部件平均数最低是可以理解的，80年代教材在二、三年级字符部件平均数上采取了递增的方式，这是十分理想的状态，这代表着随着年级的增加，难度也在增加，而90年代教材则把二年级作为最高点，三年级又降低，这与学生智力发展水平其实是不吻合的。第二个提升点发生在90年代教材的八年级，90年代教材在总的编写思路上，把九年级作为学习的收官阶段，其重点应放在复习上，没有把九年级作为提升指标的最终阶段，从这点来看，把八年级作为一个提升点是恰当的。教材的编写思路在七至九年级多采取递增渐进的方式，在八年级并没有提升字符部件平均值这个指标，而是和七、九年级取值相当，也是可以接受的。

三、字种的部件

各年级字种部件的平均数是从认字的角度对部件进行的考查。其计算公式如下：

各年级的字种部件的平均数=字种总部件数/总字种数

根据这个公式，我们首先对80—90年代各个年级所有字种部件的平均数进行了统计，并据此得出各个年级字种部件的平均数，如图3-22。

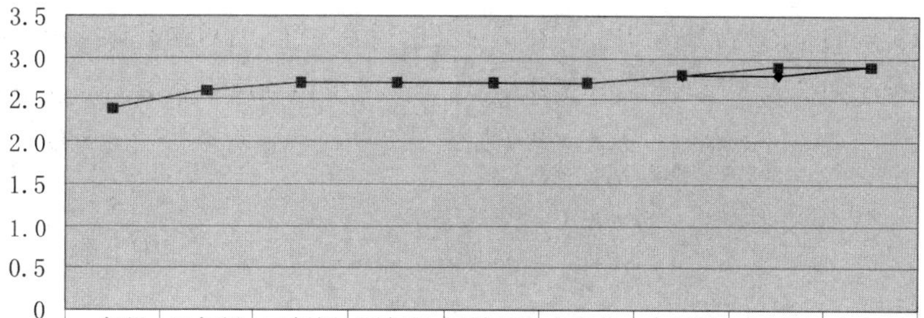

	一年级	二年级	三年级	四年级	五年级	六年级	七年级	八年级	九年级
—◆— 80年代	2.4	2.6	2.7	2.7	2.7	2.7	2.8	2.8	2.9
—■— 90年代	2.4	2.6	2.7	2.7	2.7	2.7	2.8	2.9	2.9

图3-22　80—90年代各年级字种部件平均数对照图

从图3-22我们可以看出，80—90年代字种部件的平均数曲线分成了三个阶段，一至三年级为第一阶段，四至六年级为第二阶段，七至九年级为第三阶段。80—90年代的教材在第一阶段都是上升的，在第二阶段是持平的，在第三阶段也是上升的。80—90年代的教材在第一、二阶段是完全重合的，只是在第三阶段略有不同，80年代的教材从七年级到九年级是渐进提升的，在九年级达到最高点，而90年代教材在八年级达到了最高点，九年级与八年级持平。

80—90年代教材的字种平均数曲线呈现出阶段式提升的走势，是一种比较合理的曲线形态，表现出教材编写者良好的把握能力。

四、新增字种的部件

各年级新增字种部件的平均数是从学字的角度对部件进行的考查。其计算公式如下：

各年级的新增字种部件的平均数=新增字种总部件数/新增总字种数

根据这个公式，我们首先对80—90年代各个年级所有新增字种的平均部件数进行了统计，并据此得出各个年级的新增字种部件的平均数，如图3-23。

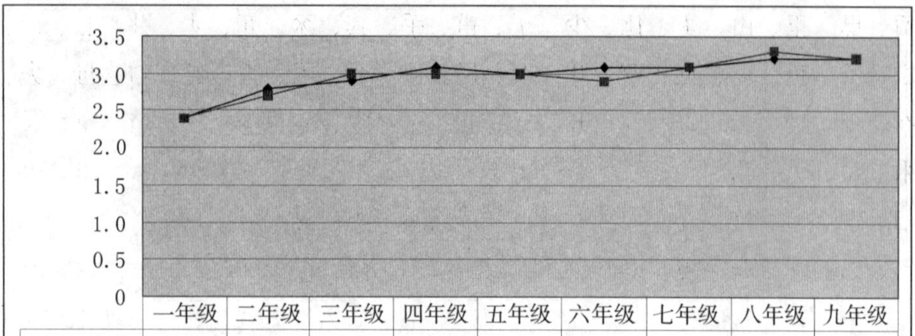

	一年级	二年级	三年级	四年级	五年级	六年级	七年级	八年级	九年级
80年代	2.4	2.8	2.9	3.1	3	3.1	3.1	3.2	3.2
90年代	2.4	2.7	3	3	3	2.9	3.1	3.3	3.2

图3-23　80—90年代各年级新增字种部件平均数对照图

从图3-23我们可以看出，80—90年代的教材新增字种部件的曲线走势都是采取了阶段式上升的方式，这是一种比较理想的走势形式，符合学生学习的特点。我们可以把整条曲线分成几个部分来分别看一下各自的特点。如果把一至三年级作为第一阶段，那么80—90年代教材在这个阶段的总体趋势是上升的，都是在一年级为最低点，在三年级达到最高点。四至六年级作为第二阶段，在相对于第一阶段有了提升的前提下，80—90年代的教材发展又略有不同，80年代教材是略凹形，在五年级达到低点，90年代教材是下降形，在六年级达到低点。这两种曲线形，都不是理想的曲线走势。七至九年级是第三阶段，在整体水平相对于第二阶段又有了一个提升的前提下，80—90年代的教材发展还是略有不同。80年代教材采取的是上升的走势，而90年代教材采取的是上凸的走势。这两种走势是教材编写思路的一种体现，其分歧在于把九年级当作一个学习的阶段还是当作一个复习的阶段。当作学习的阶段，则上升的走势是合适的；当作复习的阶段，则上凸的走势是合适的。

我们还可以进一步分析各个年级新出现的部件的种数。

在80年代教材一年级，出现的部件有323个：口、一、日、木、氵、艹、扌、月、十、亻、又、土、人、八、宀、亠、女、丷、丶、冖、小、讠、纟、辶、大、厶、贝、阝、虫、心、立、田、忄、火、钅、厂、攵、目、禾、刂、匕、竹、寸、王、山、广、冂、勹、习、力、足、⺌、隹、白、尸、攵、乂、石、⺈、米、儿、戈、刀、巾、几、二、子、丁、𠂇、士、车、幺、卜、夕、彐、丿、𠂉、冫、囗、工、衣、卄、方、欠、匚、马、弓、斤、止、页、犭、门、丨、耳、羊、鸟、丰、彡、罒、彳、灬、巴、罒、皿、耂、雨、疒、龶、走、千、水、礻、臼、且、矢、艮、文、乛、歹、丂、牛、犬、饣、户、六、西、巳、里、由、礻、比、少、干、甫、手、其、豖、兀、丬、井、乚、凵、亡、乙、鱼、豆、见、覀、刂、非、用、巴、云、天、壬、廿、勿、母、夫、夫、令、皮、乃、舟、廾、开、亦、先、缶、中、廴、今、电、川、革、氏、釆、生、毛、黑、不、龹、言、艹、具、己、⺍、卯、正、至、七、出、果、匃、乍、上、癶、九、夭、五、业、斗、牙、头、丸、曲、尹、自、申、予、戋、角、卩、𠂉、扬、甲、也、乔、半、气、与、平、亥、尤、瓜、身、兼、我、更、主、朱、赤、乂、东、风、西、玉、及、必、世、耒、兆、片、长、亅、两、入、央、牜、眉、民、了、产、金、尺、骨、夬、曰、司、弟、永、垂、才、农、父、同、瓦、失、三、鬲、阜、无、丙、成、𠂆、史、ユ、那、叚、来、办、求、斥、南、奂、本、爪、专、下、象、发、凶、毋、义、丈、午、卅、首、丩、以、戊、乎、四、乌、再、升、为、囱、食、太、么、飞、乒、书、卌、舛、已、面、卫、个、事、鼠、年。

在80年代教材二年级，出现的部件有64个：柬、而、龙、弋、丘、虍、鬼、亚、屯、即、矛、甘、内、凡、单、夹、于、韦、聿、官、旡、匹、辰、禸、刃、巨、鹿、之、万、丑、丬、禺、臣、祭、冘、未、肃、隶、戊、叉、串、齐、印、乐、介、豸、聿、段、术、丞、肉、血、禹、乡、久、刁、卵、豕、惠、派、承、互、甩、兜。

在80年代教材三年级，出现的部件有14个：屮、镸、敝、弗、巛、末、州、鼻、曳、卸、丹、丫、卡、局。

其他年级出现的部件分别有：彑（四年级）、𣥂、卂、册、凹（五年级）、凸、朿（六年级）、姊、殷、丐（七年级）、冉（八年级）、丏、卤（九年级）。

在90年代教材一年级，出现的部件有330个：丩、角、卩、巾、今、斤、钅、金、里、冂、戋、九、具、亅、廾、丂、口、来、刂、井、火、丨、果、丷、亥、禾、黑、乎、虍、见、奂、兼、及、几、己、彐、祭、甲、叚、力、户、鸟、𠂆、内、那、乃、南、疒、年、耂、廿、母、牛、牜、农、女、皮、片、丿、平、卄、眉、立、两、了、令、六、鹿、马、毛、目、么、木、门、米、冖、亠、面、民、皿、瓜、卯、尺、才、艹、叉、产、长、厂、广、成、癶、彳、斥、赤、虫、出、川、舛、囱、车、本、乂、⺍、ユ、八、巴、白、办、半、不、贝、卜、匕、比、必、釆、灬、冫、丙、寸、勹、革、垂、缶、夫、甫、阝、父、阜、匃、丰、戈、非、个、艮、更、工、弓、廾、骨、其、干、豆、夬、大、歹、刀、刂、弟、电、丁、风、斗、辶、儿、而、耳、二、发、匚、方、飞、东、弋、页、一、衤、衣、乙、已、以、覀、义、夭、亦、乚、廴、尹、用、尢、由、酉、乂、牙、攵、卌、下、乡、象、小、忄、心、业、丫、也、讠、言、央、扬、羊、印、幺、鱼、囟、𠂉、又、爪、专、丬、隹、子、自、走、丶、𠂇、竹、𠂉、㔾、⺌、龵、龶、龷、𠂒、𡗗、足、兆、西、与、雨、玉、曰、月、云、乍、主、爫、予、正、夂、止、至、中、州、舟、朱、丈、饣、上、少、申、身、升、生、尸、习、十、三、石、食、史、矢、豕、士、氏、礻、失、犬、龹、气、千、凵、欠、乔、且、求、彡、犭、山、人、亻、壬、日、内、入、卅、手、曲、文、世、瓦、冖、丸、万、亡、王、口、头、未、亠、我、乌、无、五、午、兀、勿、夕、为、纟、七、扌、首、书、鼠、束、甩、冫、土、厶、事、司、巳、四、罒、太、天、田、同、水。

在90年代教材二年级，出现的部件有53个：甘、巨、臼、久、介、夹、旡、即、惠、互、鬼、镸、鬲、龙、弗、凡、段、刁、单、串、丑、承、丞、辰、臣、官、卫、豸、之、再、戉、聿、禹、禺、于、永、亚、匹、乐、戊、隶、韦、肃、术、肉、丘、齐、丬、派、⺻、末、⺗、先。

在90年代教材三年级，出现的部件有13个：曳、卂、血、卸、刃、矛、卯、耒、卡、兜、中、册、鼻。

其他年级出现的部件分别有：局、巛、丹、彑（四年级）、敝、凹、柬、尣、豖（五年级）、屯（六年级）、凸、姊、殷、九、冉（七年级）、丌、丏（八年级）、毋（九年级）。

统计结果如图3-24：

	一年级	二年级	三年级	四年级	五年级	六年级	七年级	八年级	九年级
◆80年代	323	64	14	1	4	2	3	1	2
■90年代	330	53	13	4	5	1	5	2	1

图3-24　80—90年代各年级新增部件种数对照图

从图3-24我们可以看出，80—90年代教材都是把一至三年级作为部件集中出现的阶段，其他年级都是偶发零散出现的。在一至三年级中，一年级又是绝对的高发阶段。部件作为构字的一个重要单位，向上可以组成独立的汉字，向下又由笔画构成，起到了桥梁的作用。从统计中可以看出在一年级出现了绝大部分部件，这告诉我们一年级在学习汉字的过程当中，应该有意识地把部件作为一个需要掌握的重要内容，达到以简驭繁的效果。

五、部件与本字的顺序

在所有的部件当中，主要可以分成两类，一类是可以独立成字的，一类是不能独立成字的。根据这些部件的性质及与所代表的本字出现的顺序关系，我们分别进行了统计，有四种情况：

1. 成字部件和本字同时出现

例如“凹”本身成字，又可以作为构字部件构成“兕”。“凹”这个字在80年代教材中首见于五年级课文《董存瑞舍身炸暗堡》：“他隐蔽在一小块【凹】地里”；“兕”这个字在80年代教材中首见于九年级课文《公输》：“荆有云梦，犀【兕】麋鹿满之，江汉之鱼鳖鼋鼍为天下富。”所以“凹”首次出现的时候，既是一个成字部件，又是其本字，两者是同时出现的关系。

80年代教材中，这样的成字部件有121个：凹、办、鼻、不、才、册、产、长、车、成、承、尺、赤、出、大、丹、单、弟、电、东、兜、豆、段、耳、凡、飞、风、丐、干、个、骨、瓜、果、黑、互、几、己、见、角、金、九、久、局、巨、卡、开、来、乐、里、两、了、卤、鹿、卵、马、毛、么、门、面、民、母、那、南、年、牛、农、派、皮、片、七、曲、人、肉、三、山、上、少、升、石、事、手、书、鼠、术、甩、水、司、四、肃、太、天、同、凸、万、卫、我、乌、无、五、下、乡、象、卸、心、血、丫、牙、业、已、以、殷、永、用、于、鱼、冉、正、中、爪、姊、自。

在90年代教材中，这样的成字部件有112个：凹、办、鼻、才、长、厂、成、承、尺、赤、虫、丑、出、串、大、丹、单、弟、东、兜、飞、风、个、更、骨、瓜、果、黑、互、己、见、角、金、九、久、局、卡、开、来、乐、里、两、了、六、鹿、卵、么、米、面、民、那、南、年、鸟、牛、农、派、片、七、气、曲、冉、人、肉、入、三、上、升、石、事、书、鼠、术、甩、水、司、四、肃、太、同、头、凸、瓦、为、卫、未、我、乌、无、五、西、习、下、先、乡、小、卸、心、血、丫、已、以、殷、用、于、鱼、再、正、中、专、姊、自。

2. 在本字前面出现的成字部件

例如“贝”本身成字，又可以作为构字部件构成“圆”“财”等。其中，“贝”作为成字部件，最早出现在80年代一年级课文《小猴子下山》：“它看见满地的西瓜又大又【圆】，非常高兴，就扔了桃子去摘西瓜”；而“贝”作为独立的一个字最早出现在80年代三年级课文《富饶的西沙群岛》：“海滩上有美丽的【贝】壳，大的，小的，颜色不一，形状多样，真是千奇百怪，无所不有。”所以，这是一种部件早于本字出现的情况。

80年代教材中，这样的成字部件有184个：八、巴、白、半、贝、本、比、必、敝、丙、卜、叉、厂、臣、辰、丞、斥、虫、丑、川、串、囱、垂、寸、歹、刀、刁、丁、斗、儿、而、二、发、方、非、丰、缶、夫、弗、甫、父、阜、甘、戈、革、鬲、更、工、弓、官、广、鬼、亥、禾、乎、户、惠、火、及、即、祭、夹、甲、兼、介、巾、今、斤、井、臼、具、口、力、立、隶、令、六、龙、矛、卯、眉、米、皿、末、木、目、内、乃、廿、鸟、女、平、齐、其、气、千、欠、乔、且、丘、求、犬、冉、壬、刃、日、入、卅、申、身、生、尸、失、十、食、史、矢、士、氏、世、首、束、田、头、土、屯、瓦、亡、王、为、未、文、毋、午、兀、勿、戊、夕、西、习、先、小、亚、言、央、扬、羊、夭、也、曳、页、一、衣、乙、义、弋、亦、尹、尤、由、又、予、与、雨、禹、玉、曰、月、云、乍、丈、兆、之、止、至、州、舟、朱、竹、主、专、子、走、足。

90年代教材中，这样的成字部件有189个：八、巴、白、半、贝、本、比、必、敝、丙、卜、不、册、叉、产、车、臣、辰、丞、斥、川、囱、垂、寸、歹、刀、电、丁、斗、豆、段、儿、而、耳、二、发、凡、方、非、丰、缶、夫、弗、甫、父、阜、丐、干、甘、戈、革、鬲、工、弓、官、广、鬼、亥、禾、乎、户、奂、惠、火、及、即、几、祭、夹、甲、兼、介、巾、今、斤、井、臼、巨、具、口、力、立、隶、令、龙、马、毛、矛、眉、门、皿、末、母、木、目、内、乃、廿、女、皮、平、齐、其、千、欠、乔、且、丘、求、犬、壬、日、卅、山、少、申、身、生、尸、失、十、食、史、士、氏、世、手、首、束、天、田、土、屯、丸、万、亡、王、文、毋、午、兀、勿、戊、夕、象、牙、亚、言、央、扬、羊、夭、也、业、曳、页、一、衣、乙、义、弋、亦、永、尤、由、又、予、与、雨、禹、玉、曰、月、云、乍、丈、兆、之、止、至、州、舟、朱、竹、主、爪、子、走、足。

3. 没有出现在教材中的成字部件

这一种情况是成字部件作为构字成分出现了，而其本字没有在教材中出现。例如“匕”作为构字部件可以构成“北”“匙”等字。在80年代教材中，“匕”作为构字部件最早出现在一年级：“我爱【北】京”，而在教材中，“匕”这个字没有出现。

在80年代教材中，这样的成字部件有30个：匕、釆、舛、丐、艮、夬、奂、旡、叚、戋、柬、耒、丏、丬、内、豕、巳、丸、韦、冊、囟、卬、幺、乂、酉、禺、聿、戊、豸、隹。

在90年代教材中，这样的成字部件有33个：匕、釆、舛、刁、丐、艮、夬、旡、叚、戋、柬、耒、卯、丬、刃、内、矢、豕、巳、韦、冊、囟、卬、幺、乂、尹、九、酉、禺、聿、戊、豸、隹。

4. 不成字部件

这一种情况虽可以构成汉字，但是本身不能独立成字。例如“丨丨”作为构字部件，可以构成“临”“监”等字，但是本身不成字。在80年代教材中，“丨丨”最早出现在一年级课文《小小的船》：“只看见闪闪的星星【蓝】蓝的天。”

在80年代教材中，这样的不成字部件有79个：丨丨、ス、⺍、ユ、勹、灬、冫、癶、艹、镸、屮、彳、巛、辶、刂、匚、阝、廾、丨、丷、虍、彐、彑、卩、钅、冂、丩、亅、丂、耂、冖、宀、丆、疒、廿、肀、牜、丿、攵、凵、犭、亻、彡、饣、礻、扌、氵、厶、纟、罒、亠、乛、囗、覀、忄、卂、疋、讠、衤、乚、尢、氺、廴、爫、夂、丶、丬、𠂇、𠂉、⺈、㔾、⺌、⺗、龵、龶、龷、𠂒、耒、龹。

在90年代教材中，这样的不成字部件有80个：耂、攵、彐、彑、卩、钅、冂、丩、虍、丂、丷、冖、宀、丆、疒、艹、肀、牜、丨丨、亅、屮、ス、⺍、ユ、勹、灬、冫、癶、丌、镸、凵、彳、巛、辶、刂、匚、阝、廾、丨、艹、⺈、丿、氺、廴、爫、夂、丶、丬、乚、𠂉、衤、㔾、⺌、⺗、龵、龶、龷、𠂒、耒、𠂇、罒、犭、亻、彡、饣、礻、扌、氵、尢、纟、龹、亠、乛、囗、覀、忄、卂、疋、讠、厶。

在80—90年代的教材中，成字部件出现在代表字前面的情况占大多数，而和代表字同时出现的情况次之，没有出现对应汉字的最少。如果成字部件出现时，所对应的汉字在前面没有出现过，这会造成学习难度的增加，需要老师自己补充相关的内容。这种情况如果过多，会影响到学生通过部件掌握汉字的能力。在这一点上，两套教材都有需要进一步改进的地方。部件和代表字同时出现，是最理想的情况，教师可以通过详细讲解，使学生在以后学习汉字的过程中，遇到同样的部件时能通过拆分汉字，更好地掌握汉字的整体。对于没有对应汉字的成字部件，这种情况也是最需要避免的，这会造成学生理解部件的困难，也需要老师额外补充相关的内容。对于不成字部件，如果仔细区分，也可以分成几种情况，有的是独立汉字的变形，如“牜”，这种情况可以把本字和部件的关系讲解清楚；有的是作为繁体字成字，但是作为简体字不成字，例如“镸”，这种情况只要讲清部件的结构即可，不需要做过多的字源学的解释；还有的是虽然本身不成字，但是构成的字中，有共同的常用含义，例如“疒”可以构成“病”“疼”“痛”等一系列与不健康状态含义相关的字。这时候，可以把对部件的学习和字组的学习联系起来；对于本身不成字，又不和特定含义发生关联的部件，如“耒”，这种也是以讲清结构为主。

六、教材用字的部件和《现代汉语常用字表》收字部件的比较

《现代汉语常用字表》是编写教材的一个重要参考。我们把《现代汉语常用字表》收字和80—90年代教材收字的部件平均数做了对比。其中2500个常用字和80年代教材一至六年级、90年代教材一至六年级字种部件平均数比为2.7∶2.8∶2.8，1000个次常用字和80年代教材七至九年级、90年代教材七至九年级字种部件平均数比为3.2∶2.9∶2.9。我们可以看出，2500个常用字的部件平均数与两套教材一至六年级字种部件平均数相比，基本相当。这说明，两套教材在部件平均数这一指标上，难度是合适的，而1000个次常用字字种的部件平均数比两套教材的七至九年级的都要高，说明两套教材在七至九年级的难度要低于要求。从与《现代汉语常用字》吻合的角度看，教材的编写还需要做进一步的调整，把难度相对较高，部件数较多一些的字，放到初中阶段去学习，这样会比较恰当。

第八节　汉字的部首

对汉字按部首归类，始于东汉许慎的《说文解字》。许慎依据“六书”的汉字原理，并参考小篆的字形，将汉字归为540部。《说文解字·叙》曰：“其建类也，立一为端。方以类聚，物以群分。同牵条属，共理相贯。杂而不越，据形系联，引而申之，以究万原，毕终于亥，知化穷冥。”“部首”这一概念的创

立，将纷繁复杂的汉字进行了系统化，“分别部居，不相杂厕”。这种归字方法，便于发现汉字之间的联系，用于汉字的识记上，可以起到以简驭繁的效果。但是许慎《说文解字》中部首和收字的顺序，并不完全按照笔画数排列，而是多依据小篆字形，因此查找多为不易。后出的字书，开始进一步依据楷书字形，对部首数量和排字方法进行了革新，如金代的《五音篇海》将汉字归为444个部首，并且同一部首内的汉字按照笔画数排列。而明代梅膺祚所编《字汇》，归汉字为214个部首，部首的排列和内部字的排列完全是按照笔画多少进行排列。这一传统被清代御颁字书《康熙字典》继承，成为通行的惯例。20世纪50年代以来，中国大陆对繁体字进行了简化，在此基础上，汉字的部首也被进行了进一步的整理。1983年，中国文字改革委员会和国家出版局颁布了《汉字统一部首表（草案）》，2009年教育部和国家语言文字工作委员会发布《GF0011-2009汉字部首表》又进行了进一步调整，归并为主部首201个，附形部首100个。

部首在语文教学中具有重要的作用，可以帮助学生建立汉字的系统思维。且部首将汉字归为各部，便于学生掌握汉字的形义，还可以帮助学生在不认识其读音的情况下，快速检索字书，获取语言信息。因此，在历年的教学大纲中，都对部首的学习提出了要求。

如1978年的《全日制十年制学校小学语文教学大纲（试行草案）》，在“识字、写字教学”部分规定：“掌握汉字的……偏旁部首……”“教给学生查字典是培养语文自学能力的重要措施，必须认真对待。要使学生及早学会……部首查字法。”并且在一、二年级中专门对部首的学习提出了要求。例如，一年级要“学会……常见的偏旁部首”，二年级“下学期学习部首查字法”。

1992年《小学大纲》在“识字、写字”部分规定：“要教给学生一些汉字的基本知识，使学生在识字的过程中，逐步掌握汉字的……偏旁部首……”“教会学生查字典，是培养语文自学能力的重要措施，必须予以重视。要教学生学会……部首查字法”，并且也在一、二年级中专门对部首的学习提出了要求。例如，一年级要“掌握汉字……常用的偏旁部首”，二年级要“学习音序、部首两种查字典的方法，学习独立识字”。

一、教材用字部首的数量分析

下面我们首先分析一下各个年级出现的部首种数，统计部首的依据是2009年教育部和国家语言文字工作委员会发布的《GF0011-2009汉字部首表》，统计结果如表3-10。

表3-10　80—90年代各年级部首种数统计表

	一年级	二年级	三年级	四年级	五年级	六年级	七年级	八年级	九年级	一至九年级部首种数
80年代	153	178	185	186	188	189	192	191	196	196
90年代	152	175	185	183	188	189	192	191	190	194

从这个表我们可以看出，按年级为单位，各个年级出现的部首种类分布比较均匀，最小值出现在一年级，为153种，最大值出现在九年级，为196种，两者相差43种，其他各年级呈现逐级递增的态势，而且与所有年级出现的部首总种数196种差不多。这种态势，说明各年级比较均匀地出现各个部首，这是比较符合学习规律的。

从学习认知的角度，复现次数是一个重要的指标，恰当的复现可以增加学生的长时记忆的能力。根据上面的统计，在80年代教材中，部首共出现了196种，90年代教材中，部首共出现了194种。我们以年级为单位，统计了各个部首在各个年级中的复现次数。N统计方法是，如果一个部首在N个年级出现，就记复现次数为N。这种方法不考虑在同一个年级的复现次数，但是也可以大致反映其复现是否恰当。统计结果如表3-11。

表3-11　80—90年代部首复现间隔次数统计表

	1次	2次	3次	4次	5次	6次	7次	8次	9次	部首平均复现间隔
80年代	1	2	3	1	5	1	7	24	152	8.5
90年代	2	0	1	2	5	3	8	24	149	8.5

从这个统计表我们可以看出，在80年代教材中，所有年级都出现的部首为152个，占总部首种数的78%，如果我们统计一下各个部首在各个年级复现的平均次数的话，这个值达到8.5，也非常接近9这个数字了。90年代的教材也有相似的统计数字，其在九个年级都出现的部首为149个，达77%，各个部首在各个年级复现的平均次数也为8.5。这些统计数字都说明，两套教材的编排，对于掌握汉字部首还是很有帮助的。

汉字部首的学习，是一个逐级递增的过程，每个年级都应该有自己学习的重点。为了更细致地观察各个年级出现的新部首，我们对此做了统计。统计结果如表3-12。

表3-12　80—90年代各年级新增部首种数统计表

	一年级	二年级	三年级	四年级	五年级	六年级	七年级	八年级	九年级	一至九年级部首种数
80年代	153	26	7	5	4	0	1	1	1	196
90年代	152	25	9	2	3	1	0	1	1	194

从表3-12看，这两套教材，新出现部首种类最多的是小学一年级，其次为二年级，两个年级之和，占所有部首种类数的90%以上，这说明，两套教材都把一、二年级作为部首学习的重要时期。这也与两种大纲中，对一、二年级部首学习特别看重一致。

当然，这种编排也有需要进一步改进的地方。这主要体现在两个方面。

一是在所有的部首中，可以大致分为两类。一类是可以独立成字的部首，如“贝”“火”“页”等；一类是不能单独成字的部首，如“冫”“衤”等。这些部首所对应的单字，如果能够同步或者领先于部首出现，那么对于部首的学习是有帮助的。我们分别对80—90年代教材的一、二年级的部首和对应单字的出现情况进行了考查。一年级教材中“贝、匕、釆、厂、歹、斗、缶、戈、革、弓、廾、巾、耒、皿、欠、肉、尸、矢、豕、氏、瓦、夕、穴、页、酉、羽、止、隹”这28个部首没有作为单独的汉字出现，约占总部首数的18%，90年代一年级教材中“匕、釆、寸、歹、斗、缶、戈、弓、户、巾、斤、皿、女、肉、尸、矢、豕、氏、夕、穴、页、酉、羽、止、舟、隹”这26个部首没有作为单独汉字出现，约占总部首数的17%。这说明，如果这些成字部首所对应的单字没有出现的话，会造成学生在理解这些部首上有一些困难，这也会进一步影响到学生认识这些部首所统辖的相关汉字。

二是从学习的角度看，当新出现一个部首的时候，适当增加这个部首的出现次数，是比较符合学习规律的。我们进一步统计了各年级中新增的部首在本年级的平均出现次数和本年级中所有部首的平均出现次数，计算方法为：

新增部首的平均出现次数=新增部首总数/新增部首种数

所有部首的平均出现次数=部首总数/部首种数

统计结果如表3-13：

表3-13　80—90年代各年级新增部首与所有部首平均出现次数统计表

	一年级	二年级	三年级	四年级	五年级	六年级	七年级	八年级	九年级
80年代新增部首	39	5	12	3	3	0	6	1	2
80年代所有部首	39	114	168	202	261	313	411	449	452
90年代新增部首	39	4	3	2	1	21	0	3	1
90年代所有部首	39	81	136	165	183	198	410	428	378

从各个年级看，新增加部首其实就是一年级的所有部首之外，其他各年级，新增加部首的出现次数远低于各个年级部首的平均出现次数，这说明教材在这方面没有有意识地做出合理的安排。

二、教材用字部首的语义分析

汉字的部首，除了可以提供检索的便利之外，其根本之处是属于汉文化圈的民族对世间万态的一种分类系统。通过部首的联系，可以把相关的事物聚集在一起，起到触类旁通的作用。许慎首创了按部首排列的《说文解字》，通过540个部首汇聚了9353个汉字。“此十四篇，五百四十部，九千三百五十三文，重一千一百六十三，解说凡十三万三千四百四十一字。”“其建首也，立一为端，方以类聚，物以群分，同牵条属，共理相贯，杂而不越，据形系联，引而申之，以究万原，毕终于亥。”在《说文解字》中，往往采取首先解释部首，然后“凡某之属皆从某”的体例来归字。例如：“金，五色金也。黄为之长。久薶不生衣，百炼不轻，从革不违。西方之行。生于土，从土；左右注，象金在土中形；今声。凡金之属皆从金。”许慎依据的字形多为小篆，文字发展到今天，形体也有了一些变化，但是部首与整字之间的关联仍是一个大概率的事件。部首所辖字往往有一个共同的语义要素。

李牧根据自己的部首体系，以语义为基础，在排除了五个笔画部首（一、丨、丿、丶、乙）后，将170个汉字部首分为八个大类别[①]，如表3-14。

① http：//chinese.exponode.com/1_5j.htm.

表3-14　李牧170个部首归类表

天文地象类22部	天文：日、月（含肉部）、夕、气、风、雨 地理：山、巛（川）、田、门（野）、穴、厂（岩）、凵（坎）、谷、邑（阝）、阜（阝） 地物：金、石、水、冫（冰）、火、土
禽兽甲虫类22部	兽类：犬、豸（兽）、牛、羊、豕、虍（虎）、鹿、马、龙、鼠 禽类：鸟、隹（“鸟”“隹”相通） 甲虫：虫、贝（古作货币，故多表财贸）、鱼、黾（蛙类） 器官：彐（豕头）、角（兽角）、羽、毛、革（皮）、爪
植物食品类11部	植物：木、竹、艹、禾、麦、麻 食品：米、豆、瓜、酉（酒初文）、卤（盐类）
人体五官类22部	身心：身、骨、心、力（筋）、皮、血 头部：首、页（头）、髟（发）、口、舌、齿、目、耳、鼻 四肢：手、又（右手）、寸（手肘）、足、疋（《说文》：足也）、止（趾）、癶（二足相背）
言语动作类24部	行止：立、走、廴（长行）、夂（追上）、彳（小步）、辶（乍行乍止）、至（到达） 言语：卜、示（祝祭）、言、音（发声） 动作：食、工（作）、业（业）、见、艮（相视）、廾（拱手）、尸（躺卧）、欠（呵欠）、采（采摘）、斗（争）、西（覆）、勹（包裹）、攵（小打）
古今器物类38部	古器：弋（射具）、矢、矛、弓、戈、殳（兵器）、卩（符节）、耒（农具）、臼、鬲（釜）、鼎 住物：广（居）、宀（屋）、门、户、瓦、囗（围）、几、丬（床）、里（聚居处） 衣物：衣、冖（帽）、巾、纟（丝）、韦（皮衣） 用品：舟、车、刀、斤（斧）、网、匕（匙）、斗、王（玉）、皿、缶（陶）、匚（框）、聿（笔）、鼓
人称身份类15部	人称：人、士、父、子、儿（儿）、女、厶（私）、己、鬼 生态：生、老、疒（病）、尢（跛）、歹（残）、辛（罪）
形色数量16部	形数：大、小、方、彡（多毛）、亠（顶）、八、十、片 色香：文（纹）、色、青头（青）、白、赤、黑、黄、香

这个系统，给出了根据语义对部首进行大类划分的基本框架。但是这个系统的基础是175个部首，而通行的对现代汉字的分析则是201个部首，除此之外，也有一些需要重新校订的地方。

（1）古今器物类这个名称需要调整。器物，多指人手所用之物，而人所居之处要更大，所以将这一类改为器物居处则更加符合情况。

（2）人称身份类这个名称需要调整，按照原表的分类，分成了人称和生态两个小类，而生态这一类其实属于人体态的一种变化，其性质更接近言语动作，所以把这一类基本上调整到言语动作类。所以这一类的名称也改为人称身份。

（3）片，原归入形色数量类，按照《说文解字》的解释："判木也。从半木。凡片之属皆从片。"考其所统辖的字，如"牌、版"等，所包含共同含义都有木片所制之物的含义，而与数量无关，因此，不应放入形色数量类，而应放入器物居处类。

（4）力，原归为人体五官类，考"力"所构成的字，如"动、助"等，多属于用力发出的动作，因此归入言语动作类。同样的还有"心"，构成的"思、想"等多属于用心的行为。寸，构成"导、耐"等属于用手发出的动作，因此也归入言语动作类，而不应归入人体五官类。

（5）贝，原归入禽兽甲虫类，按照《说文解字》的解释："海介虫也，居陆名猋，在水名蜬，象形。古者货贝而宝龟，周而有泉，至秦废贝行钱。"所统辖的字有"财、货、贼"等，共有的义素都与钱财有关。所以，部首为"贝"的不应归入禽兽甲虫类，而应归入器物居处类。类似的还有革、毛，不应归入禽兽甲虫类，而应归入器物居处类。

（6）癶，原归入人体五官类，按照《说文解字》的解释："足剌癶也。从止。凡癶之属皆从癶。"本义是两足相背，考其统辖的字，如"癸、登、發"等，多与足部动作有关，所以应归为言语动作类。

（7）月，原归入天文地象类，而实际上，月的来源有两个，一个与月亮有关，属于天文地象类，管辖的字有"朝、期"等；一个与"肉"有关，管辖的字有"肌、肤"，属于人体五官类。

（8）口、手、足，原归入人体五官类。考其统辖的字，一类确实与人体五官有关，如"嘴唇""拳指""趾踝"，还有一类与这些部位发出的动作有关，如"喊叫""打拧""跑跳"。根据这个情况，我们把对应的字分为两类，一类归言语动作，一类归人体五官。

（9）女，原归入人称身份类。考其所统辖的字，一类确与人称身份有关，如"妇、嫂"，还有一类与形色数量有关，如"好、奸"。我们把对应的字分为两类，一类归人称身份，一类归形色数量。

（10）"冂、八（丷）、比、釆、长（镸长）中、辰、大、儿、而、飞

（飞）、非、干、丨、几（几）、卩（㔾）、口、隶、丿、齐（齐）、十、厶、亠、乛（乚乙）、无（旡）、毋（母）、辛、幺、一、九（兀尣）、丶”这些部首和其统辖的字，并没有明确的统一含义，这种情况，我们统一归为“其他类”。

根据以上原则，我们对201个部首按照意义归类，如表3–15。

表3–15　修订版201部首归类表

器物居处	贝（贝）、匕、车（车）、刀（刂、⺈）、鼎、斗、匚、方、缶、戈、革、鬲、弓、鼓、广、户、巾、斤、臼（臼）、耒、毛、矛、门（门）、冖、纟（纟、糸）、宀、皿、片、矢、殳、罒、瓦、王（𤣩、玉玉）、囗、韦（韦）、覀（西）、衣（衤）、弋、聿（肀、⺻）、舟
禽兽甲虫	釆、虫、龟（龟）、虍（虎）、彐（⺕彑）、角、龙（龙）、鹿、马（马）、黾（黾）、鸟（鸟）、牛（牜）、犬（犭）、豕、鼠、羊（⺶羊）、鱼（鱼）、羽、豸、爪（爫）、隹
人称身份	臣、父、鬼、己（已巳）、女、人（亻、入）、氏、子、自
人体五官	鼻、髟、齿（齿）、耳、骨、口、面、目、皮、肉、舌、身、手（扌）、首、血、牙、页（页）、又、月（⺝）、止、足（⻊）
天文地象	冫、厂（厂）、巛、风（风）、阜（阝，在左）、谷、火（灬）、金（钅）、冂（⺆）、里、气、凵、日（曰）、山、石、水（氵氺）、田、土（士）、夕、穴、邑（阝，在右）、雨（⻗）、月（⺝）
形色数量	白、赤、歹（歺）、甘、高、黑、黄、老（耂）、女、青、色、彡、文、香、小（⺌）
言语动作	勹、癶、卜（⺊）、彳、辶（辵）、寸、艮、工、弓、廾、见（见）、口、力、立、疒、攴（攵）、欠、生、尸、食（饣、飠）、示（礻）、手（扌）、心（忄）、疋（⺪）、言（讠）、业、音、廴、支、夊、至、走、足（⻊）
植物食品	艹（艹）、豆、瓜、禾、韭、麻、麦（麦）、米、木（朩）、黍、酉、竹（⺮）
其他	冂、八（丷）、比、釆、长（镸、长）、中、辰、大、儿、而、飞（飞）、非、干、丨、几（几）、卩（㔾）、口、隶、丿、齐（齐）、十、厶、亠、乛（乚、乙）、无（旡）、毋（母）、辛、幺、一、九（兀、尣）、丶

在此基础上我们从字符部首的语义种类、字种部首的语义种类、新增字种部首的语义种类三个角度对80—90年代各个年级的情况进行统计。

1. 字符部首的语义种类

这是从用字的角度对字符语义进行的考查。我们首先对80—90年代各个年级所有字符部首的语义种类进行了统计，并据此得出各个年级的字符部首的语义种类表，如表3-16。

表3-16　80年代教材各年级字符部首语义种类数量表

	一年级	二年级	三年级	四年级	五年级	六年级	七年级	八年级	九年级
器物居处类	603	2334	3793	4802	5835	7101	10068	11223	11626
禽兽甲虫类	313	1025	1165	966	1246	1235	2042	1852	1789
人称身份类	573	1846	2598	3318	4500	5382	7489	7717	8963
人体五官类	345	1389	2165	2597	3413	4288	5198	5280	5246
天文地象类	930	3104	5191	6084	8235	9752	12826	14368	12953
形色数量类	466	1314	2208	2726	3311	4110	5328	5896	6235
言语动作类	1211	4270	6429	7866	10359	12474	16496	17887	18863
植物食品类	427	1420	2029	2145	2970	3739	4258	5039	5244
其他类	1136	3605	5451	7040	9129	11011	15289	16534	17709

从表3-16我们可以看出，80年代教材字符的各种部首语义种类表现出一些共同的特点：

（1）数量基本上随着年级的增加而增加；

（2）在各年级，各种部首的语义类别基本呈现出言语动作类>其他类>天文地象类>器物居处类>人称身份类>形色数量类>人体五官类≈植物食品类>禽兽甲虫类的数量关系；

（3）曲线基本可以分为三个阶段，一至三年级是第一阶段，四至六年级是第二阶段，七至九年级是第三阶段。三个阶段的相对高低分别是第一阶段最低，第二阶段中高，第三阶段最高。

从语义种类的变化情况来看，可以分成下面几个类型。

第一种有言语动作类、器物居处类、人称身份类、形色数量类、植物食品类、其他类。其表现为一至三年级快速上升，四至六年级延续了上升的态势，从六年级到七年级跃升到一个较高位置后，整个七至九年级的跃迁速度则比较平缓。整个的发展趋势可以用“升升升”表示。

第二种有禽兽甲虫类，其表现为一至三年级快速上升，四年级相对于三年级有所下降，但是整个四至六年级延续了上升的态势，从六年级到七年级跃升到一个较高位置后，整个七至九年级的跃迁速度则比较平缓。整个的发展趋势可以用“升升升”表示。

第三种有天文地象类、人体五官类，其表现为一至三年级快速上升，四至六年级延续了上一阶段的上升态势，从六年级到七年级跃升到一个较高位置后，在八年级达到最高点，随后又在九年级下降。整个的发展趋势可以用“升升凸”表示。

表3–17　90年代教材各年级字符部首语义种类数量表

	一年级	二年级	三年级	四年级	五年级	六年级	七年级	八年级	九年级
器物居处类	554	1566	3160	4022	4195	4664	10172	11049	9432
禽兽甲虫类	355	736	713	648	716	722	1694	1690	1495
人称身份类	587	1377	2350	2774	3145	3471	7888	7293	7365
人体五官类	376	901	1732	2062	2392	2619	5079	4951	4248
天文地象类	850	2243	4094	5264	5969	6203	12663	13166	10504
形色数量类	528	914	1897	2202	2501	2522	5735	6044	4693
言语动作类	1164	2965	5056	6204	7183	7947	16279	17198	15600
植物食品类	405	1024	1686	1726	2072	2391	4631	5446	4005
其他类	1060	2422	4498	5338	6265	6904	14636	14929	14398

从表3–17我们可以看出，90年代教材字符的部首语义种类表现出跟80年代教材曲线类似的特点：

（1）数量基本上随着年级的增加而增加；

（2）在各年级，各种部首的语义类别基本呈现出言语动作类>其他类>天文地象类>器物居处类>人称身份类>形色数量类>人体五官类≈植物食品类>禽兽甲虫类的数量关系；

（3）曲线基本可以分为三个阶段，一至三年级是第一阶段，四至六年级是第二阶段，七至九年级是第三阶段。三个阶段的相对高低分别是第一阶段最低，第二阶段中高，第三阶段最高，简称“低中高”。与80年代教材不同的是，在第三阶段的上升幅度更大。

从语义种类的变化情况来看，可以分成下面几个类型。

第一种有言语动作类、器物居处类、形色数量类、植物食品类、天文地象类、其他类。其表现为一至三年级快速上升，四至六年级延续了上升的态势，从六年级到七年级跃升到一个较高位置后，在八年级达到最高点，随后又在九年级下降。整个的发展趋势可以用“升升凸”表示。

第二种有禽兽甲虫类，其表现为一至三年级这个阶段，在二年级达到最高点。四年级相对于三年级有所下降，整个四至六年级延续了上升的态势，但是水平相比第一阶段已经有所下降。从六年级到七年级跃升到一个较高位置后，在八年级达到最高点，随后又在九年级下降。整个的发展趋势可以用“凸升凸”表示。

第三种有人称身份类，其表现为一至三年级快速上升，四至六年级延续了上一阶段的上升态势，从六年级到七年级跃升到一个较高位置后，在八年级达到最低点，随后又在九年级上升。整个的发展趋势可以用“升升凹”表示。

第四种有人体五官类，其表现为一至三年级快速上升，四至六年级延续了上一阶段的上升态势，从六年级到七年级跃升到一个较高位置后，开始呈现递减的趋势。整个的发展趋势可以用“升升降”表示。

2. 字种部首的语义种类

这是从认字的角度对字种语义进行的考查。我们首先对80—90年代各个年级所有字种部首的语义种类进行了统计，并据此得出各个年级的字种部首的语义种类表，如表3-18。

表3-18　80年代教材各年级字种部首语义种类数量表

	一年级	二年级	三年级	四年级	五年级	六年级	七年级	八年级	九年级
器物居处类	112	231	325	351	366	381	426	497	514
禽兽甲虫类	4	116	128	115	124	126	159	172	172
人称身份类	55	94	119	131	136	147	172	183	193
人体五官类	53	105	144	135	148	159	189	205	193
天文地象类	154	316	433	447	482	497	567	659	636
形色数量类	20	36	49	62	59	63	73	85	93
言语动作类	210	427	598	615	663	739	819	857	873
植物食品类	83	187	228	250	269	277	302	346	359
其他类	79	134	169	176	182	182	211	222	222

从表3-18我们可以看出，80年代教材字种的各种部首语义种类的变化表现出一些共性：

（1）数量基本上随着年级的增加而增加；

（2）在各年级，各种部首的语义类别基本呈现出言语动作类>天文地象类>器物居处类>植物食品类>其他类>人体五官类>人称身份类≈>禽兽甲虫类>形色数量类的数量关系；

（3）曲线基本可以分为三个阶段，一至三年级是第一阶段，四至六年级是第二阶段，七至九年级是第三阶段。三个阶段的相对高低分别是第一阶段最低，第二阶段中高，第三阶段最高，简称“低中高”。

从语义种类变化的形式来看，可以分成下面几个类型。

第一种有言语动作类、器物居处类、人称身份类、植物食品类、其他类。其表现为一至三年级快速上升，四至六年级延续了上升的态势，从六年级到七年级跃升到一个较高位置后，整个七至九年级的跃迁速度则比较平缓。整个的发展趋势可以用“升升升”表示。

第二种有禽兽甲虫类，其表现为一至三年级快速上升，四年级相对于三年级有所下降，但是整个四至六年级延续了上升的态势，从六年级到七年级跃升到一个较高位置后，整个七至九年级的跃迁速度则比较平缓。整个的发展趋势可以用“升升升”表示。

第三种有天文地象类、人体五官类，其表现为一至三年级快速上升，四至六年级延续了上一阶段的上升态势，从六年级到七年级跃升到一个较高位置后，在八年级达到最高点，随后又在九年级下降。整个的发展趋势可以用“升升凸”表示。

第四种有形色数量类，其表现为一至三年级快速上升，四年级延续了上升的态势，五年级略有下降，六年级又开始上升，七年级跃升到一个较高位置后，整个七至九年级的跃迁速度则比较平缓。整个的发展趋势可以用“升升凹”表示。

表3–19　90年代教材各年级字种部首语义种类数量表

	一年级	二年级	三年级	四年级	五年级	六年级	七年级	八年级	九年级
器物居处类	106	218	301	323	334	366	446	468	470
禽兽甲虫类	60	95	109	112	109	113	156	171	153
人称身份类	54	85	114	128	129	133	162	177	185
人体五官类	53	92	127	135	134	141	190	196	187
天文地象类	151	289	403	462	443	469	571	632	604
形色数量类	23	30	45	60	53	54	79	87	88
言语动作类	209	374	536	589	607	660	841	860	865

（续表）

	一年级	二年级	三年级	四年级	五年级	六年级	七年级	八年级	九年级
植物食品类	80	166	206	218	234	247	321	340	318
其他类	78	127	153	170	168	181	212	215	211

从表3-19我们可以看出，90年代教材字种的部首语义种类表现出跟80年代类似的性质：

（1）数量基本上是随着年级的增加而增加的；

（2）在各年级，各种部首的语义类别基本呈现出言语动作类>天文地象类>器物居处类>植物食品类>其他类>人体五官类>人称身份类≈>禽兽甲虫类>形色数量类的数量关系；

（3）曲线基本可以分为三个阶段，一至三年级是第一阶段，四至六年级是第二阶段，七至九年级是第三阶段。三个阶段的相对高低分别是第一阶段最低，第二阶段中高，第三阶段最高，简称“低中高”。与80年代教材不同的是，在第三阶段的上升幅度更大。

从语义种类变化的形式来看，可以分成下面几个类型。

第一种有植物食品类、人体五官类。其表现为一至三年级快速上升，四至六年级延续了上升的态势，从六年级到七年级跃升到一个较高位置后，在八年级达到最高点，随后又在九年级下降。整个的发展趋势可以用“升升凸”表示。

第二种有言语动作类、器物居处类、人称身份类。其表现为一至三年级快速上升，四至六年级延续了上一阶段的上升态势，从六年级到七年级跃升到一个较高位置后，八、九年级继续平缓上升。整个的发展趋势可以用“升升升”表示。

第三种有天文地象类、禽兽甲虫类、其他类，其表现为一至三年级这个阶段持续上升。第二个阶段在四年级上升到一个高点后，在五年级开始下降，并在六年级恢复增长。从六年级到七年级跃升到一个较高位置后，在八年级达到最高点，随后又在九年级下降。整个的发展趋势可以用“升凹凸”表示。

第四种有形色数量类，其表现为一至三年级快速上升，第二个阶段在四年级上升到一个高点后，在五年级开始下降，并在六年级恢复增长。从六年级到七年级跃升到一个较高位置后，开始呈现递增的趋势。整个的发展趋势可以用“升凹升”表示。

3. 新增字种部首的语义种类

这是从认字的角度对新增字种语义进行的考查。我们首先对80—90年代各个年级所有新增字种部首的语义种类进行了统计，并据此得出各个年级新增字种部首的语义种类表，如表3–20。

表3–20　80年代教材各年级新增字种部首语义种类数量表

	一年级	二年级	三年级	四年级	五年级	六年级	七年级	八年级	九年级
器物居处类	112	121	117	68	41	36	43	58	79
禽兽甲虫类	49	76	34	21	18	17	19	28	31
人称身份类	55	41	32	20	17	10	23	20	22
人体五官类	53	59	42	15	13	17	33	20	21
天文地象类	154	178	152	81	52	52	71	81	78
形色数量类	20	19	15	19	9	9	10	11	19
言语动作类	210	229	198	116	75	78	112	76	99
植物食品类	83	116	78	55	31	43	43	42	47
其他类	79	57	42	17	10	9	12	15	17

从表3–20我们可以看出，80年代教材新增字种的部首语义种类表现出一些共性：

（1）数量基本上是随着年级的增加而增加的；

（2）在各年级，各种部首的语义类别基本呈现出言语动作类>天文地象类>器物居处类>植物食品类>其他类≈人体五官类≈人称身份类≈禽兽甲虫类>形色数量类的数量关系；

（3）曲线基本可以分为三个阶段，一至三年级是第一阶段，四至六年级是第二阶段，七至九年级是第三阶段。三个阶段中第一阶段最高，第二阶段最低，第三阶段中高，简称“高低中”。

从语义种类变化的形式来看，可以分成下面几种类型。

第一种有天文地象类。其表现为一至三年级这个阶段是从一年级爬升到二年级的最高位置，然后在三年级开始下降，四至六年级整体呈现下降的态势，从六年级到七年级跃升到一个较高位置后，在八年级又攀升到一个高点，在九年级又开始下降。整个的发展趋势可以用“凸降凸”表示。

第二种有器物居处类、禽兽甲虫类。其表现为一至三年级这个阶段是从一年级爬升到二年级的最高位置，然后在三年级开始下降，四至六年级整体呈现下降的态势，从六年级到七年级跃升到一个较高位置后，整个七至九年级都是上升的态势。整个的发展趋势可以用“凸降升”表示。

第三种有植物食品类。其表现为一至三年级这个阶段是从一年级爬升到二年级的最高位置，然后在三年级开始下降，四至六年级整体呈现下降的态势，从六年级到七年级跃升到一个较高位置后，在八年级又开始下降，随后在九年级又开始上升。整个的发展趋势可以用“凸降凹”表示。

第四种有人称身份类。其表现为一至三年级这个阶段是递减的，四至六年级则继续整体下降，从六年级到七年级跃升到一个较高位置后，在八年级又开始下降，随后在九年级又开始上升。整个的发展趋势可以用“降降凹”表示。

第五种有形色数量类、其他类。其表现为一至三年级这个阶段是递减的，四至六年级则继续整体下降，从六年级到七年级跃升到一个较高位置后，八、九年级继续攀升。整个的发展趋势可以用“降降升”表示。

第六种有人体五官类。其表现为一至三年级这个阶段是从一年级爬升到二年级的最高位置，然后在三年级开始下降，四至五年级整体呈现下降的态势，在六年级又开始上升。七年级跃升到一个较高位置后，在八年级开始降到低点，在九年级又开始上升。整个的发展趋势可以用“凸凹凹”表示。

表3-21　90年代教材各年级新增字种部首语义种类数量表

	一年级	二年级	三年级	四年级	五年级	六年级	七年级	八年级	九年级
器物居处类	106	125	108	51	37	41	56	49	41
禽兽甲虫类	60	44	47	19	16	14	27	32	20
人称身份类	54	35	31	21	16	11	18	17	21
人体五官类	53	46	42	21	16	11	32	25	14
天文地象类	151	161	142	99	49	45	80	73	49
形色数量类	23	10	15	18	4	7	17	14	14
言语动作类	209	197	191	125	74	77	114	91	82
植物食品类	80	106	76	42	40	33	55	33	30
其他类	78	53	35	21	14	14	16	10	3

从表3-21我们可以看出，90年代教材新增字种部首语义种类的变化表现出跟80年代曲线类似的特点：

（1）数量基本上是随着年级的增加而增加的；

（2）在各年级，各种部首的语义类别基本呈现出言语动作类>天文地象类>

器物居处类>植物食品类>其他类≈人体五官类≈人称身份类≈禽兽甲虫类>形色数量类的数量关系；

（3）曲线基本可以分为三个阶段，一至三年级是第一阶段，四至六年级是第二阶段，七至九年级是第三阶段。三个阶段的相对高低分别是第一阶段最高，第二阶段最低，第三阶段中高，简称“高低中”。

从语义种类变化的形式来看，可以分成下面几个类型。

第一种有人称身份类。其表现为一至三年级这个阶段是递减的，四至六年级则继续整体下降，从六年级到七年级跃升到一个较高位置后，在八年级又开始下降，随后在九年级又开始上升。整个的发展趋势可以用“降降凹”表示。

第二种有人体五官类、其他类。其表现为一至三年级这个阶段是递减的，四至六年级则继续整体下降，从六年级到七年级跃升到一个较高位置后，八、九年级继续下跌。整个的发展趋势可以用“降降降”表示。

第三种有禽兽甲虫类。其表现为一至三年级这个阶段是从一年级下降到二年级的最低位置，然后在三年级开始上升，四至六年级整体呈现下降的态势，从六年级到七年级跃升到一个较高位置后，在八年级又攀升到一个高点，在九年级又开始下降。整个的发展趋势可以用“凹降凸”表示。

第四种有言语动作类、器物居处类、植物食品类。其表现为一至三年级这个阶段是从一年级爬升到二年级的最高位置，然后在三年级开始下降，四至五年级整体呈现下降的态势，在六年级又开始上升。七年级跃升到一个较高位置后，在八、九年级都是降低的。整个的发展趋势可以用“凸凹降”表示。

第五种有天文地象类。其表现为一至三年级这个阶段是从一年级爬升到二年级的最高位置，然后在三年级开始下降，四至六年级整体呈现下降的态势，从六年级到七年级跃升到一个较高位置后，整个七至九年级都是下降的态势。整个的发展趋势可以用“凸降降”表示。

第六种有形色数量类。其表现为一至三年级这个阶段是从一年级下降到二年级的最低位置，然后在三年级开始上升，四至五年级整体呈现下降的态势，在六年级又开始上升。七年级跃升到一个较高位置后，在八、九年级都是降低的。整个的发展趋势可以用“凹凹降”表示。

4. 小结

从字符的部首语义种类、字种的部首语义种类、新增字种的部首语义种类的统计中，我们可以发现一些需要注意的规律：

（1）在除了“其他类”的八种部首的语义类别中，言语动作类、天文地象类、器物居处类是最重要的三种语义类别。这三种语义类别之所以成为数量最多的类别，是因为其与人的日常生活密切相关。其中，言语动作类表现了人生活的各种状态，天文地象类是人生活所处的环境，器物居处类是人生活所使用的工具。这也提醒我们，在学习阶段，引导者应该有意识地加强学生对这些方面的认知，从而建立符号和对象之间的紧密联系。

（2）一至三年级是对部首语义种类学习最重要的时期，学习的大部分内容基本在这个阶段完成的，我们可以看到新增字种部首的语义种类在一至三年级是指标最高的，这要求学生应该在一至三年级尽可能扩大知识面，以更好地学习；而四至六年级、七至九年级更多的是一种复习深化的过程。对应的是，字符的部首语义种类以及字种的语义部首种类的指标都是随年级的增加而增加。

（3）在部首语义种类中，一至三年级、四至六年级、七至九年级的曲线基本形式有“升、降、凹、凸”四种，然后彼此搭配形成了各种组合。在一至三年级这个阶段，根据统计指标的不同，“升降凸”都是合理的，而“凹”属于指标把握不到位。这是因为从年级的延续性上看，整个趋势采取升或者降都是有可能的，而二年级在这一阶段是一个承前启后的点，所以对二年级加大指标的要求也是有可能的，这就在二年级形成了“凸”的顶点。而“凹”则是相对于一、三年级降低了二年级的指标要求，这不是一种理想的状态。在四至六年级，升降也是合理的，“凹凸”都会打破正常的延续性。在七至九年级，“升降凸”也是合理的。随着年级的增加，指标有升降的态势，两者是合理匹配的。考虑到九年级属于学习的末期，有的指标在七、八年级经过一个上升的过程之后，在九年级开始下降，这就形成了“凸”的曲线走势。而“凹”的曲线则是在九年级违背了七、八年级整体下降的趋势，在九年级重新走高，这是不合理的。

第九节 汉字的理据

汉字具有理据，这是与西方的拼音文字相比的一个重要特点。汉字在造字之初，其形体构成往往是可解说的，具有很强的理据性。这在早期的甲骨文、金文、小篆中表现得非常清楚。自汉字进入隶书楷书阶段以来，圆转的线条被平直的笔画取代，汉字的理据也进一步丧失，但是仍旧保留了一定的可解说性。

关于汉字的理据以及汉字的理据在学习汉字中的作用，苏培成[①] 曾经做过如下说明：“看到一个汉字，能够从它的部件联想到它的读音和意义，知道它代表

① 苏培成：《现代汉字学纲要》，北京大学出版社，1994，第28页。

的是什么语素，这样的字叫有理据。反之，看到了部件不能够引起联想，这样的字就是没有理据。”“一般地说，理据性高的文字，学习和使用比较方便；理据性低的文字，学习和使用比较困难，因为许多成分要靠死记。”

一、汉字理据的分析方法

为了分析汉字的理据，东汉许慎提出了“六书说”，把汉字分为象形、会意、指事、形声、假借、转注这六种情况来解释其构字原理。但是许慎分析汉字字形的基础是小篆，适用于隶变之前的古文字的分析，而分析之后的文字系统，则有不适用的地方。这种析字方法需要对文字进行溯源，通常可以认为其属于造字法的范畴。

为了更好地对汉字进行分析，诸多现当代学者重新构拟了汉字形体的分析系统。如唐兰提出了“三书说”[①]，将汉字分为象形文字、象意文字和形声文字三类，认为“中国文字，不归于形，必归于意，不归于意，必归于声。形意声是文字的三个方面，我们用三书来分类，就不容许再有混淆不清的地方”。裘锡圭构建了自己的“新三书说”：表意字、假借字和形声字。“我们认为陈氏的‘三书说’基本上是合理的，只是象形应该改为表意（指用意符造字）。这样才能使汉字里所有的表意字在‘三书说’里都有它们的位置。表意字使用意符，也可以称为意符字。假借字使用音符，也可以称为表音字或音符字。形声字同时使用意符和音符，也可以称为半表意半表音或音符意符字。”[②] 此外，裘锡圭还认为有少数不能归为“三书说”的类型，包括记号字、半记号字、变体表音字、合音字、两声字、特殊来源字等。然而无论是“三书说”还是“新三书说”，都是在传统的“六书说”的基础上发展而来的，虽然在次级分类上有了更细致的发展，但是在类别上还存在着跟传统“六书”的大致对应，某些具体字的分类，也需要考源才能得知。

苏培成从现代的汉字形体和读音入手，把组成汉字的部件分为意符、音符和记号这三种。“意符、音符和记号。凡是和整字在意义上有联系的是意符，和整字在读音上有联系的是音符，和整字在意义和读音上都没有联系的是记号。”[③] 这种认定，不涉及古音、古意、古形，对于分析现代汉字的结构具有简易便行之

① 唐兰：《古文字学导论》，齐鲁书社，1981，第110页。
② 裘锡圭：《文字学概要》，商务印书馆，1988，第106~107页。
③ 苏培成：《现代汉字学纲要》，北京大学出版社，1994，第19页。

处。而且一个汉字是否具有意符、音符、记号也是其是否具有理据性的具体表现。因此，我们对教材中汉字的理据性分析，采取苏培成的这个基本框架，但是在另一些方面，也做一些自己的处理。

关于意符的认定，苏培成认为“凡是和整字在意义上有联系的是意符”，“整字的意义指的是现代意义而不是古义”，“研究中所依据的字形，指的是现代汉字的规范字形，而不是古字形、旧字形”。这种只以现代字义、字形为依据判断是否为意符的方法，因为不涉及字义和字形的演变，所以较容易认定，以此为基础在小学和初中帮助学生学习汉字，也不会使学生产生额外的负担。不过在某些具体的意符和记号的认定上，还需要根据学习的实际情况，灵活处理。例如苏培成认为“日、月、山、水，溯源的研究是象形字，而现状的研究是记号字”。而在实际的教学中，为了更好地帮助学生学习，对这些原为象形的汉字进行简单的溯源是非常有效的学习方法。因此本文把这种情况的部件也归为意符这一类。另外，在汉字中，意符常常是由部首充当的，例如“河”中的“氵”，“铁”中的“钅”，这些部首，常常不是一个单字，而是某个单字的变形，但是它们之间的演变关系是很容易讲清楚的。因此，我们用这些成字的单字来作为汉字的意符，也就是说，我们所认定的意符是“和整字在现代意义上有联系的成字部件”，从这点上看，“河”的意符是“水”，“铁”的意符是“金”。

关于音符的认定，苏培成认为“在研究现代汉字的构字法时，整字的读音指的是现代的读音而不是古音。在读音上有联系，严格地说是声韵调完全相同，放宽一点指声韵相同而调不同”。依据现代读音来确定是否为音符，这个大原则是正确的，但是在宽严度上，苏培成只是放宽到声韵相同而调不同。而实际上，音符的作用主要是为了帮助学生记住整个汉字的读音，凡是在这方面起帮助性作用的，都可以归为音符的范围。汉字的音节分为声母、韵母、声调三个部分，在这三个部分当中，韵母是最重要的，而韵母又可以分为韵头、韵腹、韵尾三个部分，其中，韵部（包括韵腹和韵尾）是音节的最重要部分，这一点，无论是从诗文押韵还是语音演变上都可以找到证据，因此，我们认定的音符，是“读音上与整字韵部相同的汉字部件”。按照这种方法，就可以把如“让”中的“上”这种情况包含在内了。

在确定音符时，还有一个原则需要把握，音符本质上是一个部件，而部件有一级部件和多级部件之分，例如“想”的两个一级部件是“相”“心”，其中，“相”的读音与“想”是有关的，而如果继续向下拆分，“相”就可以拆出两个二级部件“木”“目”，这两个部件都与“想”的读音无关。由此可见，对部件拆分程度的不同，可以影响是否具有音符的认定。在这里，我们把音符定义为与整字读音有关的最高级成字部件。按照这个要求，那么“想”的音符就是“相”了。举另外一个例子，“额”的第一级拆分是“客”“页”，但是“客”的下级拆分是“宀”“各”，虽然“客”“各”都是与“额”读音相关的，但是因为“客”是比“各”层次更高的部件，所以，我们把“客”定为“额”的音符。

另外，如果字符拆分后的部件不成字，但是这个不成字的部件在多个汉字中都作为部件出现，而且这些汉字读音之间都有关系，那么，我们用“某省”的方式来命名这个部件。例如“杨、场、肠、汤”等字的右部统一标注为“杨省”，其中“某”的选取要以常用为原则。

明确了意符和音符的含义之后，我们就可以把记号定义为“与整字意义和读音无关的最大成字部件或者剩余部件”，这个剩余部件既可以是整个字符去掉音符或者意符的剩余部件，也可以是整个字符去掉与意符和音符之外的最大成字部件的剩余部件。另外，对于某些经常固定搭配，但是又不成字的部件组，采取标注为“某省”的方式，也当作一个记号来处理。例如：

“皑”，这个字的意符是“白”，没有音符，记号是最大成字部件“岂”，而不是“山”和“己”。

“爱”，这个字的意符是“友”，没有音符，记号是剩余的部件“爫”和“冖”。

“币”，这个字没有意符和音符，记号是最大成字部件“巾”和剩余部件“丿”。

“临”，这个字没有意符和音符，内部也不包含成字部件，那么整个“临”字就是一个记号。

“学、黉、尝”中，都出现了“⺍”+“冖”的组合，我们把这个组合看作一个记号，命名为“学省”。

因此，如果要分析一个汉字的理据，那么把汉字看作是由意符、音符、记号构成的是比较方便的。含有意符、音符是汉字具有理据性的直接表现。另外，记号中的成字部件，本身具有意义，在识记上与不成字部件相比，也具有便捷性。因此，本文把意符、音符还有成字部件统称为构成汉字的字元。

二、汉字理据值的计算方法

关于理据值，苏培成采取了赋值的方法。根据汉字包含意符、音符、记号的情况，现代汉字可以分成独体表意字、会意字、形声字、半意符半记号字、半音符半记号字以及独体记号字、合体记号字这七种类型。其中独体表意字、会意字、形声字的理据值为10，半意符半记号字、半音符半记号字的理据值为5，独体记号字、合体记号字的理据值为0。

这种方法，是一种较为粗疏的计算方法。把意符的理据值和音符的理据值作为一个整体来看待，并不能完整地表现汉字之间的差别。例如按照这种方法，“众”是一个会意字，理据值是10，“疯”是一个形声字，理据值也是10。但实际上，“众”只含有意符，而“疯”既包含意符，又包含音符。因此比较精确的方法，是分别对汉字意符和音符的理据值进行计算。

从意符的理据来看，主要有三种形式：

第一种是意符或意符的组合和整个汉字的意义具有较为明显的一对一关系。例如:“凸”是一个独体字，字形所表达的意思具有唯一性，是整个字符充当意符的，我们把理据值定为1；“众”是一个合体字，是由三个意符“人”组合构成的，组合而成的汉字含义具有唯一性，我们也把所有意符的总理据值定为1。

第二种是意符或意符的组合只能部分表现整个汉字的意义。例如：“鲤”的“鱼”是一个意符，但是这个意符只能表现“鲤”的类属义，不能精确表示“鲤”的全部含义，我们把这种情况的意符的理据值定为0.5。

第三种是不存在表现字符含义的意符。例如“特”根据《说文解字》原来的意思是“牛父也”，也就是“公牛”的意思，“牛”与这个含义有关。但是“特”今天的主要用法表示“不平常的，超出一般的”，“牛”与这个意思没有直接关系，所以“牛”并不是现代意义上“特”的意符，而只是一个记号，意符的理据值为0。

苏培成认为音符要与整个字符“在读音上有联系，严格地说是声韵调完全相同，放宽一点指声韵相同而调不同”。一个汉字的音节由声母、韵头、韵腹、韵尾、声调组成，其中，韵部（包括韵腹和韵尾）是音节的最重要部分，这一点，无论是从诗文押韵还是语音演变上都可以找到证据，因此，我们认定的音符，是“读音上与整字韵部相同的汉字部件”。还需要注意的是，音节的各个部分在整个音节中的重要性是不同的，如果把整个音节的理据最大值定为1的话，我们还需要对音节的各个部分分别确定其权重。我们根据如下几个原则确定其音节各个部分的权重：

（1）韵腹＞韵尾＞韵头。

（2）韵腹＋韵尾＋韵头＝韵母。

（3）韵腹＋韵尾＝韵部。

（4）韵母＞声母＞声调。

（5）韵母＋声母＋声调＝1。

（6）不存在音符，则权重＝0。

根据以上原则，我们对音节各个构成部分的权重取值如下：声母＝0.2、声调＝0.1、韵头＝0.1、韵腹＝0.4、韵尾＝0.2，韵部＝韵腹＋韵尾＝0.6。

当我们判断一个部件是否为音符时，首先需要判断其韵部是否与整个字符一致，如果是，则进一步判断其音符的理据值。例如：

“记”的音符是“己”，二者韵部完全相同，所以，“己”就是一个音符，我们可以进一步计算其音符的理据值＝0.2＋0＋0.1＋0.4＋0.2＝0.9。

“捌”，是由“扌”＋“别”组成。我们首先需要判断“别”是否为音符。因为“别”的韵部和“捌”的韵部不相同，所以即使声母相同，“别”也不是一个音符，也就是说其音符的理据值=0。

音符和字符两者相同的部分越多，那么读音上的理据性也就越强，二者的发音也就越相似，我们也就越可以根据音符的读音来判断整个汉字的读音。

三、教材用字的理据值与汉字的教学

下面我们从字符意符理据平均值、字种意符理据平均值、新增字种意符理据平均值、字符音符理据平均值、字种音符理据平均值、新增字种音符理据平均值六个指标对80—90年代教材各个年级用字的理据值进行考查，各个指标的公式如下：

字符的意符理据平均值=字符的意符理据总值/字符总数

字种的意符理据平均值=字种的意符理据总值/字种总数

新增字种的意符理据平均值=新增字种的意符理据总值/新增字种总数

字符的音符理据平均值=字符的音符理据总值/字符总数

字种的音符理据平均值=字种的音符理据总值/字种总数

新增字种的音符理据平均值=新增字种的音符理据总值/新增字种总数

根据以上公式，我们首先分别统计两套教材的意符理据值，如表3–22。

表3-22　80—90年代各年级意符理据平均值统计表

		一年级	二年级	三年级	四年级	五年级	六年级	七年级	八年级	九年级
80年代	字符	0.32	0.314	0.294	0.289	0.29	0.289	0.278	0.274	0.261
	字种	0.347	0.356	0.354	0.353	0.353	0.357	0.357	0.363	0.362
	新增字种	0.347	0.367	0.365	0.383	0.414	0.419	0.407	0.425	0.428
90年代	字符	0.32	0.317	0.29	0.284	0.285	0.289	0.272	0.262	0.266
	字种	0.359	0.355	0.35	0.347	0.351	0.349	0.358	0.359	0.358
	新增字种	0.359	0.358	0.357	0.375	0.414	0.387	0.406	0.416	0.434

从表3-22我们可以看出如下几个特点：

（1）新增字种的意符理据值基本上呈现一个递增序列，字种的意符理据值呈现一个稳态序列，字符的意符理据值呈现一个递减序列。

（2）从理据值上看，在各个年级的理据值形成“新增字种的意符理据值>字种的意符理据值>字符的意符理据值”这个序列。

两套教材的音符理据值，统计结果如表3-23。

表3-23　80—90年代各年级音符理据平均值统计表

		一年级	二年级	三年级	四年级	五年级	六年级	七年级	八年级	九年级
80年代	字符	0.2	0.235	0.217	0.209	0.208	0.201	0.193	0.195	0.189
	字种	0.331	0.389	0.397	0.404	0.41	0.412	0.411	0.423	0.417
	新增字种	0.331	0.442	0.465	0.539	0.543	0.574	0.516	0.487	0.545
90年代	字符	0.205	0.251	0.219	0.22	0.214	0.206	0.203	0.201	0.193
	字种	0.331	0.376	0.389	0.404	0.396	0.401	0.42	0.419	0.42
	新增字种	0.331	0.428	0.472	0.514	0.543	0.544	0.513	0.52	0.547

从表3-23我们可以看出，两套教材音符理据平均值的发展趋势与意符相似：

（1）新增字种的音符理据值基本上形成一个递增序列，字种的音符理据值呈现一个稳态序列，字符的音符理据值大致形成一个递减序列。

（2）从理据值上看，在各个年级的理据值形成“新增字种的音符理据值>字种的音符理据值>字符的音符理据值”这个序列。

从特点（1）来看，字符的理据值、字种的理据值、新增字种的理据值之所以呈现这样一个态势，可能跟单一结构的汉字的出现数量有关。根据本章第五节“汉字的结构”部分的统计，两套教材各年级字符中，单一结构的字符呈现递增态势，而单一结构字符因为无法拆分出有效的意符和音符，必然会造成各年级字符的意符、音符理据平均值递减；两套教材各年级字种中，单一结构的字种基本上呈现一个稳态分布，所以字种的意符、音符理据平均值也呈现一个稳态分布；两套教材各年级新增字种中，单一结构的新增字种呈现递减态势，所以新增字种的意符、音符理据值呈现出递增态势。

这三个指标呈现出这样的分布态势，对汉字的学习各有利弊。从字符的理据值呈现递减的态势看，越是低年级，字符的理据性越强，这是便于学生掌握汉字的。字种的理据度变化不大，不会对学生的学习有太多的影响。而新增字种的理据度基本上是逐年递增，说明在低年级所新学汉字的理据度并不是很强，这是因为在低年级的时候，学生的学习大部分是靠机械记忆，不能完全通过字理的分析来帮助学习汉字；而随着年级的增加，新增字种的理据值在增加，这说明可以补充一些分析汉字的理据知识，来帮助学生扩大识字量。

从特点（2）来看，在各个年级中，新增字种的理据值处于这个序列的最高端，这意味着新增字种要比其他字符或者字种更有理据性，这便于汉字的学习。

根据我们前面的分析，一个汉字是由意符、音符、记号组成的，而意符、音符都是汉字具有理据性的表现。从理据入手，是我们学习汉字的一个重要方法。与其他汉字学习法相比，这种方法也具有自己的特点。以往从汉字字理的角度学习汉字，多是从“六书”入手，而“六书”多适用于古文字，现代文字要想应用这个办法，经常需要对文字的演变进行溯源，这加重了学习的负担。还有的识字法从部件入手，进行学习。常用汉字的数量至少有3500个，部件只有几百个，因此从部件入手，可以起到以简驭繁的效果。但是因为部件比较零散，而且有多种划分方法，并且多数没有具体的含义，因此是以一种机械的方式拼合在一起组成汉字的。所以只学习部件也是难以很好地掌握汉字的。而如果从意符、音符、记号入手，同样可以起到以简驭繁的效果。而且因为意符、音符都是有理据的，便于把含有同样要素的字符联系在一起进行学习。这也提示我们，在学习汉字的时候，首先掌握这些意符、音符、成字的记号，这样对汉字的学习是大有裨益的。

从数量统计上来看，80年代教材意符数出现194个。其中，构字最多的是“手（扌）”，共参加了227个字的构成，构字最少的是“伞”等，共参加了1个字的构成；音符数出现841个，其中，构字最多的是“肖”，共参加了19个字的构成，构字最少的是“条”等，共参加了1个字的构成；成字记号出现673个，其中，构字最多的是“口”，共参加了83个字的构成，构字最少的是“阿”，共参加了1个字的构成。90年代教材意符数出现186个，构字最多的是“手（扌）”，共参加了229个字的构成，构字最少的是“甘”等，共参加了1个字的构成；音符数出现820个，构字最多的是“肖”，共参加了15个字的构成，构字最少的是

"射"等，共参加了1个字的构成；成字记号出现673个，构字最多的是"口"，共参加了80个字的构成，构字最少的是"阿"等，共参加了1个字的构成。

四、字元的位置与汉字的教学

对于字元而言，其在教材中的理想分布应该满足三个条件：

（1）构成汉字越多，字元在教材中应该出现越早。

（2）字元在教材中出现要早于所构成字。

（3）构成汉字越常用，字元在教材中应该出现越早。

下面我们分别对这三个条件进行考查。

关于条件（1），字元作为构字的组成部分，其参与构字的多少，是决定其学习价值大小的重要因素。从理论上来讲，如果整套教材中某个字元出现的次数越多，那么对于构字的重要性也就越强，我们也就越希望其对应的汉字出现的位置越靠前。我们把这个指标叫作符号出现数量与出现位置比，简称数位比。我们首先来看一下两套教材的数位比。根据字元的不同，分成意符的数位比、音符的数位比、成字记号的数位比三个分指标。

无论是意符、音符还是成字记号，所对应的汉字在教材中都可能会出现多次。我们只取第一次的出现位置作为计算的依据，这样，就可以在每个字元的出现数量和对应汉字在教材中的第一次位置之间建立一对一的关系。我们可以以字元的出现数量为横坐标，出现位置作为纵坐标，画出数位比关系图，并且根据所有点的位置分布，画出点位变化的趋势线。

我们首先看一下两套教材意符的数位比关系图，如图3-25和图3-26。

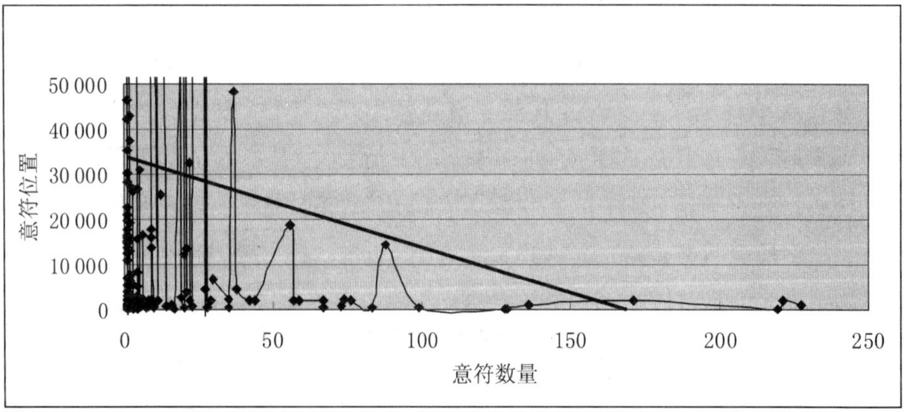

图3-25　80年代教材意符数位比关系图

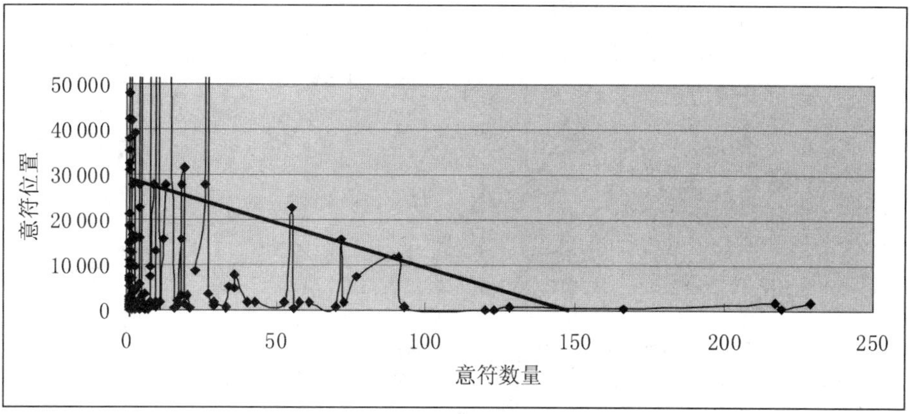

图3-26　90年代教材意符数位比关系图

从图3-25和图3-26我们可以看出，两套教材的趋势线都是呈现递减的趋势，也就是说，作为构字成分的意符数量出现越多，那么在教材中出现的位置就越靠前。这种安排，是非常便于学生学习汉字的。例如“口”这个意符在80年代教材中可以构成221个汉字，作为意符，最早出现在一年级第一篇课文《热爱共产党》中：“全【国】人民热爱共产党。”这是非常靠前的位置；而“贝”构成37个汉字，最早出现在小学第二册课文《大熊猫》中：“动物园里有许多珍【贵】的动物”，这符合意符构成汉字越多，出现越早的学习规律。

我们来看一下两套教材音符的数位比关系图，如图3-27和图3-28。

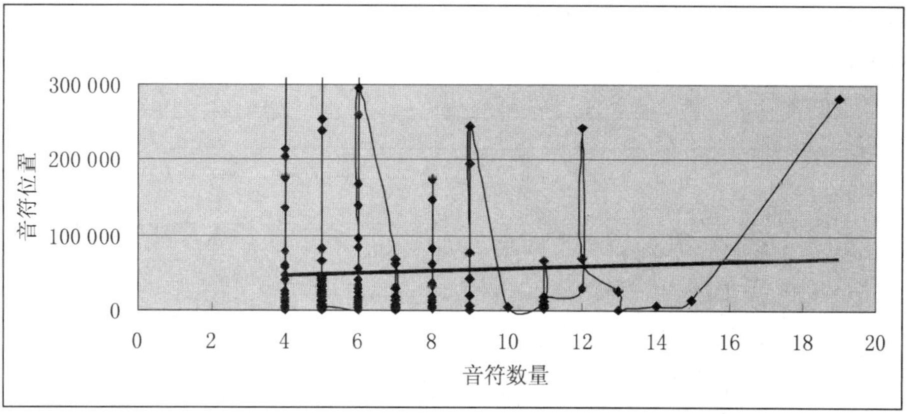

图3-27　80年代教材音符数位比关系图

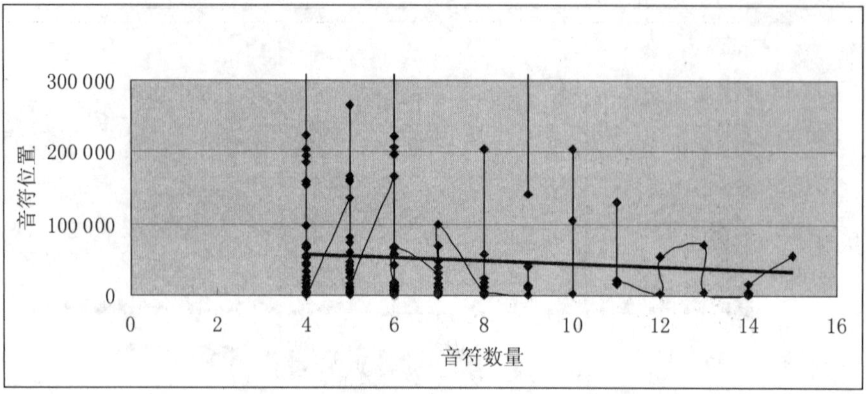

图3-28　90年代教材音符数位比关系图

从图3-27和图3-28我们可以看出，两套教材的音符数位比趋势线的走势不尽相同。80年代的走势是递增的，这说明音符参与构字的数量越多，其出现的位置也就越向后，这种安排对学生学习汉字来说，是不方便的。例如80年代教材中，“肖”作为音符可以构成“消、梢、哨”等19个汉字，但是“肖”最早出现在七年级课文《观巴黎油画记》中：“见所制蜡人，悉仿生人，形体态度，发肤颜色，长短丰瘠，无不毕【肖】”，而“其”作为音符可以构成“棋、基”等7个汉字，最早出现在三年级课文《珊瑚》中：“【其】实它们不是植物，是珊瑚虫分泌出来的石灰质”。这种安排是不符合构成汉字越多出现越早的安排的。在90年代走势是递减的，说明参与构字的数量越多，其出现的位置也就越向前，这种安排对学生学习汉字是有帮助的，不过我们也看到，90年代教材的趋势线下降得较为平缓，说明还有较大的空间需要调整，可以再进一步让构字比较多的音符所对应的汉字超前出现。

我们来看一下两套教材成字记号的数位比关系图，如图3-29和图3-30。

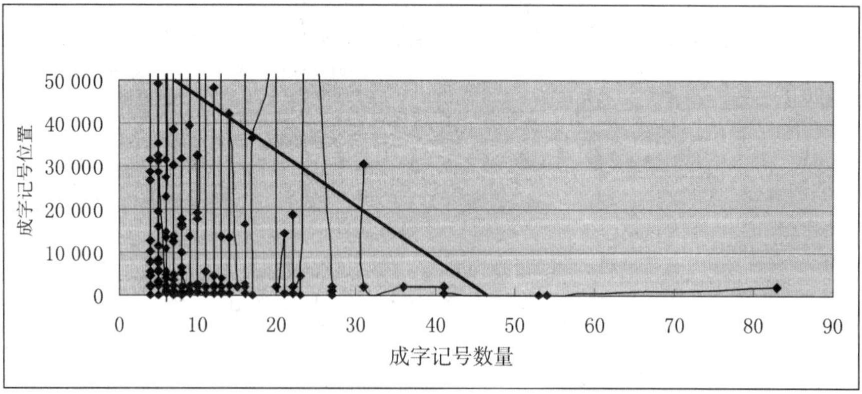

图3-29　80年代教材成字记号数位比关系图

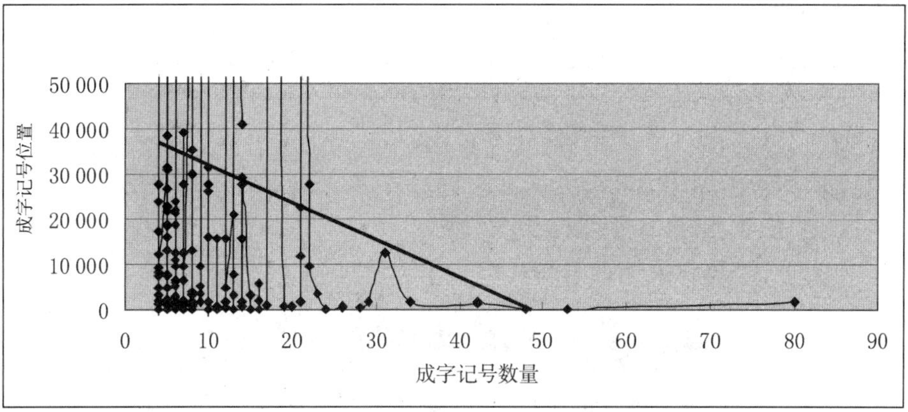

图3-30　90年代教材成字记号数位比关系图

从图3-29和图3-30来看，两套教材的趋势线都是呈现递减的态势，说明构字越多，其出现的位置越早。成字记号虽然本身与整字的音义无关，但是作为一个本身有意义的固定构字单元，记忆便利性上要比无意义的部件好得多，从这一点上看，教材对成字记号字的位置处理是有利的。例如"日"作为一个记号，可以构成"得、冕、是"等41个汉字，最早出现是在三年级课文《飞机　蜻蜓》中："这【是】什么？"，而"示"作为一个记号，可以构成"标、际"等10个汉字，最早出现是在二年级课文《一只小雁》中："它在无边无【际】的天空独自飞行，一边飞，一边得意地唱着歌。"这符合构成汉字越多出现越早的规律。

关于条件（2），在考虑字元在教材中出现的位置时，它们所对应的汉字，在教材中最好超前于这些构字成分所出现的位置。这样，当我们对某个汉字进行分析的时候，因为已经学习过所对应的单字，学生会更容易理解字元在构字中所起的作用。我们首先把教材中出现的所有字符按照其出现的顺序进行编号，在此基础上，我们就可以把字元出现的位置和对应的本字出现的位置进行对比。我们把这个表示字元与本字的位置关系的指标叫作位置比。计算公式如下：

位置比＝字元第一次出现位次－本字第一次出现位次

根据字元的不同，位置比可以进一步细化为意符的位置比、音符的位置比、成字记号的位置比三个分指标。

例如教材中意符"爪"最早出现在顺序为第25的字符"爱"中，其本字最早出现则为第1443位，因此其位置比为25－1443＝－1418。

我们根据构字数的多少将字元从多到少进行排序，构字最多的位序为1，次之为2……并把这个位序作为横坐标，对应的位置比作为纵坐标，这样我们就可以进一步画出两套教材中字元的位置比的分布图。

我们首先看一下两套教材意符的位置比分布图，如图3-31和图3-32。

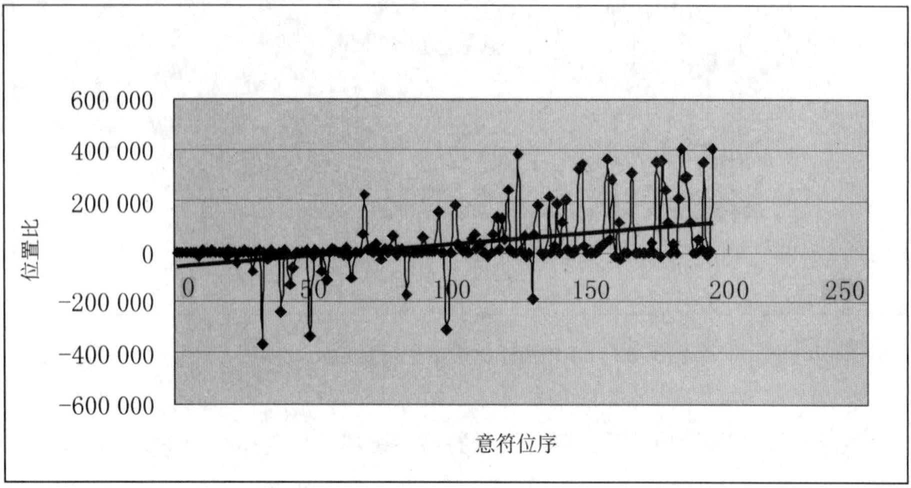

图3-31 80年代教材意符位置比图

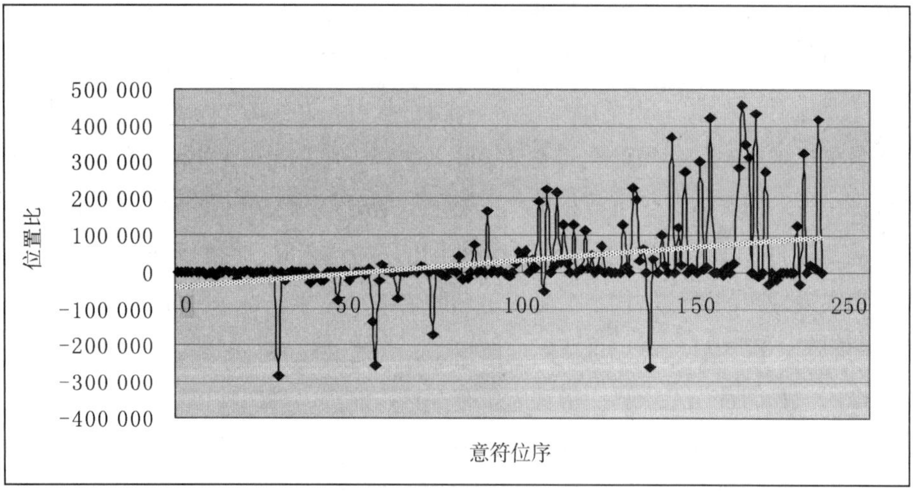

图3-32 90年代教材意符位置比图

从图3-31和图3-32我们可以看出，两套教材的趋势线分成了两段。第一段在0点之下，对应的意符属于构字比较多的，这说明构字比较多的意符要早于本字的出现，这对汉字学习是不利的；第二段在0点之上，对应的意符属于构字比较少的，这说明该部分的意符是晚于本字出现的，这有利于汉字的学习。从总体来看，0点之上的部分要多于0点之下的部分，说明大部分意符出现的位置要偏后于本字，这有利于汉字的分析。

两套教材音符的位置比分布图，如图3-33和图3-34。

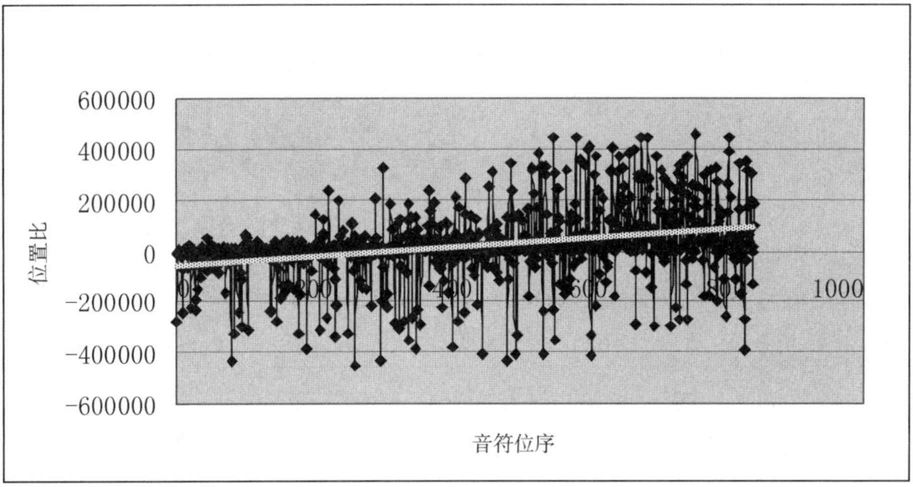

图3-33　80年代教材音符位置比图

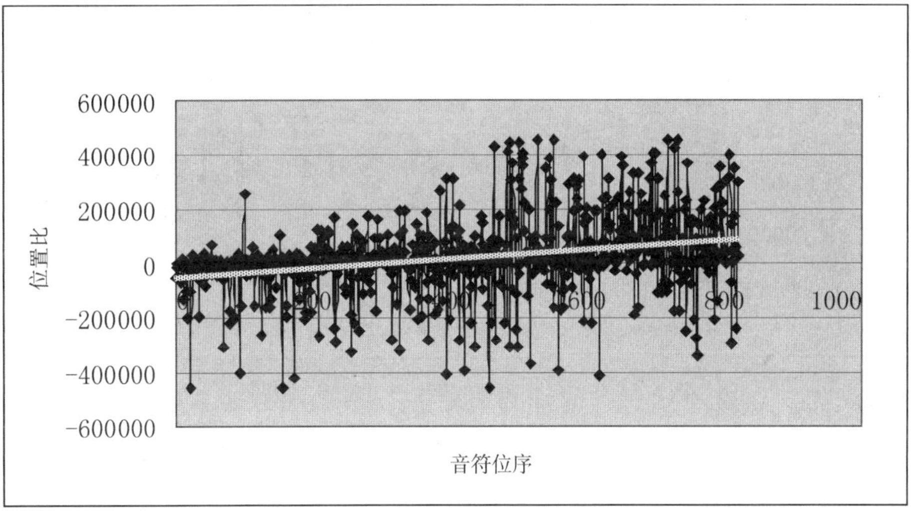

图3-34　90年代教材音符位置比图

从图3-33和图3-34我们可以看出，两套教材的趋势线分成了两段。第一段在0点之下，对应音符属于构字比较多的，这说明构字比较多的音符要早于本字的出现，这对汉字学习是不利的；第二段在0点之上，对应的音符属于构字比较少的，这说明该部分的音符是晚于本字出现的，这有利于汉字的学习。从总体来看，0点之上的部分要多于0点之下的部分，说明大部分音符出现的位置要偏后于本字，这有利于汉字的分析。

两套教材成字记号的位置比分布图，如图3-35和图3-36。

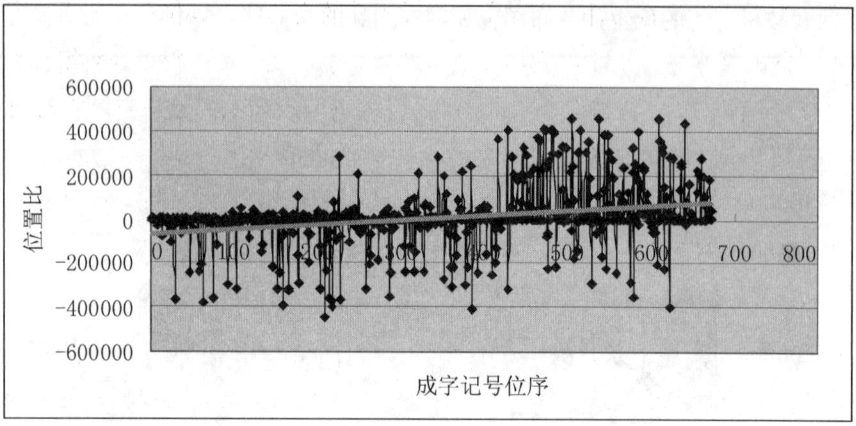

图3-35　80年代教材成字记号位置比关系图

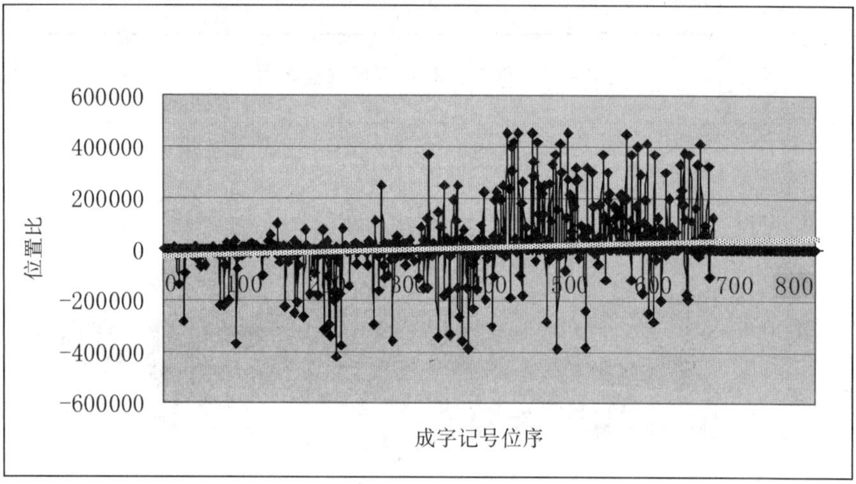

图3-36　90年代教材成字记号位置比关系图

从图3-35和图3-36我们可以看出，两套教材的趋势线分成了两段。第一段在0点之下，对应的成字记号属于构字比较多的，这说明构字比较多的成字记号要早于本字的出现，这对汉字学习是不利的；第二段在0点之上，对应的成字记号属于构字比较少的，这说明该部分的成字记号是晚于本字出现的，这有利于汉字的学习。从总体来看，0点之上的部分要多于0点之下的部分，说明大部分成字记号出现的位置要偏后于本字，这有利于汉字的分析。

综上，从字元与本字出现的前后次序看，两套教材大体上符合要求，但是构字比较多的字元大多都早于本字出现，这说明仍旧有可以进一步改进的空间。

关于条件（3），构成汉字越常用，字元在教材中应该出现越早。这里的常用性需要进一步说明。其一，汉字的常用性是与出现频度有关的一个指标。所以我们把这个反映汉字常用性和字元出现位置关系的指标叫作频位比。还需要说明的是，不同的文本中，汉字的常用性是不同的基于大规模文本得出的数据，更能反映现实生活中汉字的常用度。在这里，我们仍旧以国家语委语料库在线提供的现代汉语语料库字频表为依据，在线网址为http：//www.cncorpus.org/Resources.aspx；其二，一个字元往往可以参与多个汉字的构成，这些汉字的常用性是不同的。为了反映字元构成汉字的常用性，我们取这些字使用频度的平均值作为反映其常用性的指标。

我们以字元在教材中出现的位置作为横坐标，构成汉字的常用度作为纵坐标，可以画出频位比的变化关系曲线图。根据字元的不同，我们可以细分成意符频位比、音符频位比、成字记号频位比三种情况。

两套教材意符的频位比分布图，如图3–37和图3–38：

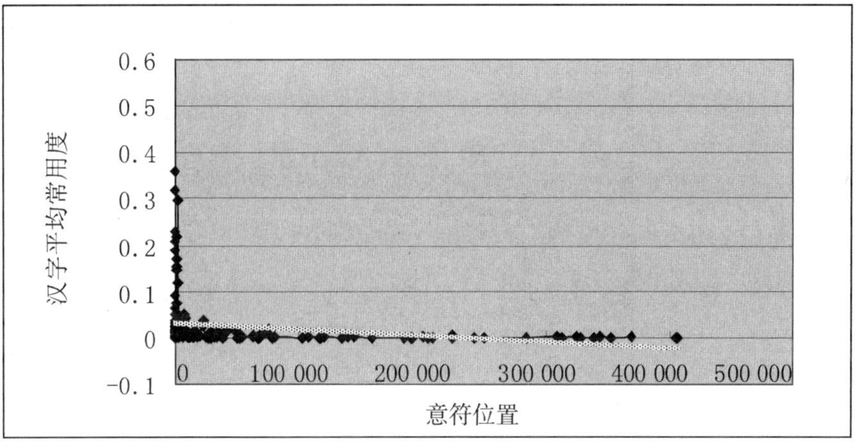

图3–37　80年代教材意符频位比分布图

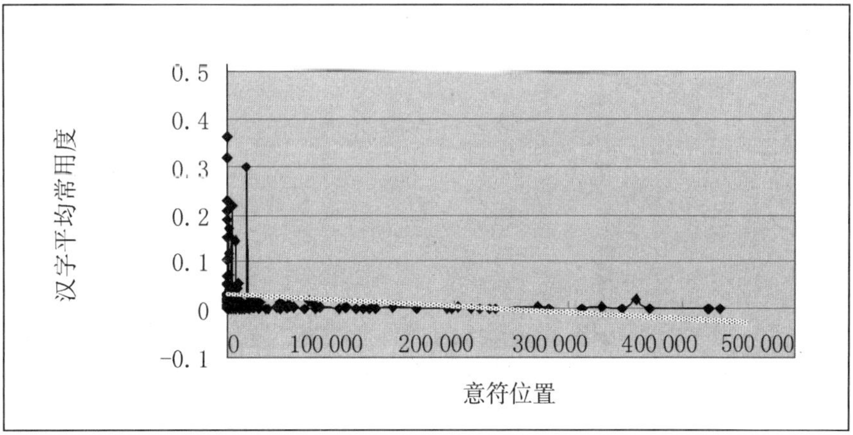

图3–38　90年代教材意符频位比分布图

两套教材音符的频位比分布图，如图3-39和图3-40。

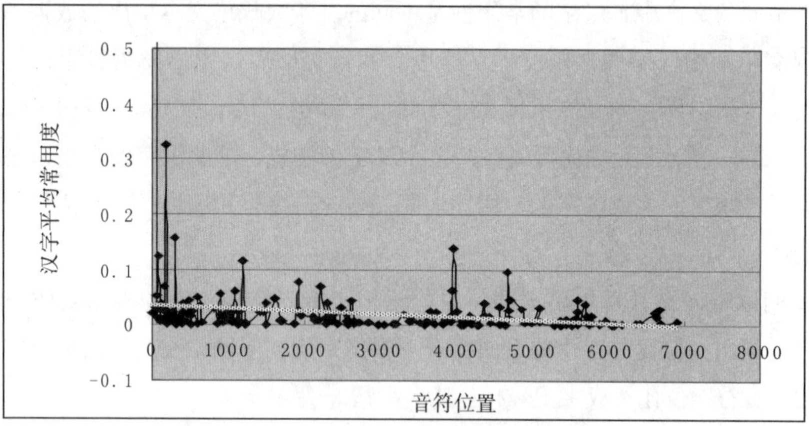

图3-39　80年代教材音符频位比分布图

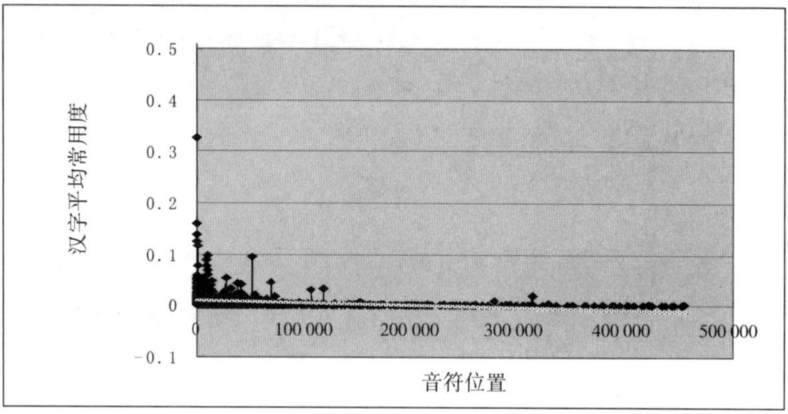

图3-40　90年代教材音符频位比分布图

两套教材成字记号的频位比分布图，如图3-41和图3-42。

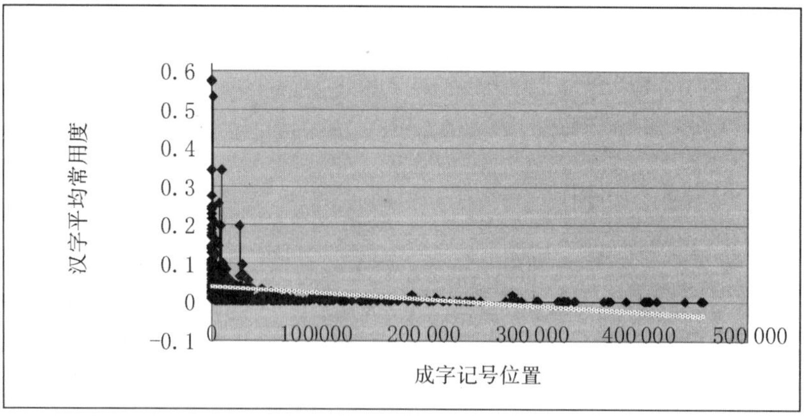

图3-41　80年代教材成字记号频位比分布图

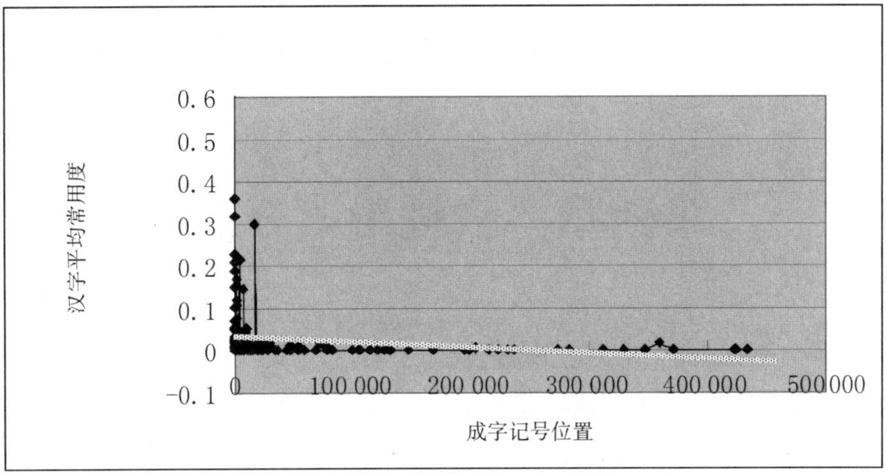

图3-42　90年代教材成字记号频位比分布图

从图3-37、图3-38、图3-39、图3-40、图3-41和图3-42我们可以看出，其趋势线的走向基本是一致的。这说明字元所构成的汉字的常用度越大，字元在教材出现的位置就越靠前。教材这种安排对汉字的学习是有帮助的。

第四章　教材用词分析

词作为最小的能够独立运用的语言单位，在语言的学习中具有举足轻重的地位。词汇量的多少，是衡量人语言能力的一个重要指标，也是人对客观世界的认识的反映。与汉字相比，汉语的词汇数量更加庞大，如何在义务教育阶段选择恰当的词语进行教学，是基础教育中一个非常重要的问题。

80—90年代的大纲中不同程度地涉及对词语的要求。

1980年《小学大纲》在“教学目的和要求”部分提出：掌握常用的词汇。

1980年《初中大纲》则从扩大词汇量，扩展理解和使用词汇的能力提出了要求，并且这个要求贯穿到三个年级。例如：初中一年级“进一步丰富词汇，提高用词造句的能力；学习一点文字和构词的知识，提高识字用字和解词用词的能力。学习一点语法知识，掌握词的分类”。初中二年级“继续丰富词汇，提高用词造句的能力。学会辨别词义和词的不同色彩。继续了解一些文言虚词和句式，掌握一些文言词汇，初步理解古今词义的变化”。初中三年级“进一步丰富词汇，提高用词造句的能力。继续理解古今词义的变化和掌握一些文言词汇，初步掌握文言句式的一些特点，学习使用工具书了解一些文言词义”。

1992年《小学大纲》也在“小学语文教学的要求”中提出：“掌握常用词语”，还指出词汇教学包括三方面的内容：“一是正确地读出和写出学过的词语，二是懂得词语的意思，三是注意积累词语并能在口头和书面表达中正确运用。教师要指导学生逐步学会联系上下文理解词语，对于含义比较深刻的词语，要理解它们在课文中的意思和对于表达思想感情的作用。教师要采取多种方法，引导学生运用恰当的词语表达自己的思想感情。”大纲还对各年级提出了词汇学习的要求，如：

一年级：学过的词语能正确读、写，懂得意思，大部分能在口头语言中运用，一部分能在书面语言中运用。

二年级：学过的词语能正确读、写，大部分能运用。能初步辨析近义词和反义词。

三年级：学过的词语能正确读、写，大部分会用。能初步辨析近义词和反义词。学习积累词语。

四年级：学过的词语能正确读、写，大部分会用。初步培养辨析词语的能力。进一步学习积累词语。

五年级：学过的词语能正确读、写，大部分会用。继续培养辨析词语的能力。注意积累词语。

六年级：学过的词语能正确读、写，大部分会用。提高辨析词语的能力。注意积累词语。

1992年《初中大纲》对词语的要求则比较简单，只是在“语文常识”部分提出要“了解词的分类”。

总体来说，80—90年代的大纲对词语的学习提出了要求，但是这种要求只是宏观性质的，并没有跟对汉字的要求一样，在掌握的数量和范围方面提出更明确可依照的教学指南。

下面我们对两套教材的实际用词进行分析。本章分析的词语仅包括教材课文中出现的词语。词语的分词首先是借助张华平开发的ICTCLAS2013分词系统。该分词系统的分词结果包含“形语素、形容词、副形词、名形词、区别词、连词、副语素、副词、叹词、方位词、语素、前接成分、成语、简称略语、后接成分、习用语、数词、名语素、名词、人名、地名、机构团体、其他专名、拟声词、介词、量词、代词、处所词、时语素、时间词、助词、动语素、动词、副动词、名动词、标点符号、非语素字、语气词、状态词”这些类别。关于汉语的词类体系，学界有不同的意见，这里采取的是黄伯荣、廖序东《现代汉语》中的“名词、动词、形容词、数词、量词、副词、语气词、拟声词、叹词、状态词、区别词、助词”的分类体系，在此基础上，对ICTCLAS2013分词系统的分词结果进行了人工归并。

第一节 词语的使用量

词语的使用量是衡量教材难易和学习效果的一个很重要的指标。小的词汇量虽然学习起来较容易，但是不利于扩大交际的能力；而大的词汇量虽然能够提高学生的学习水平，但是容易带来较重的学习负担。因此，一本编排合理的教材，一定要对教材词语的使用量有所控制。

对于词语的使用量，我们从三个角度进行分析：词语量、词种量、新增词种量。

词语量指的是语料中词语的个数。词种量指的是语料中不同词语的个数。新增词种量指的是新增语料中出现的新词种的个数。

一、词语数

我们首先看一下各个年级的词语数。统计结果如表，在此基础上画出趋势图，如图4-1。

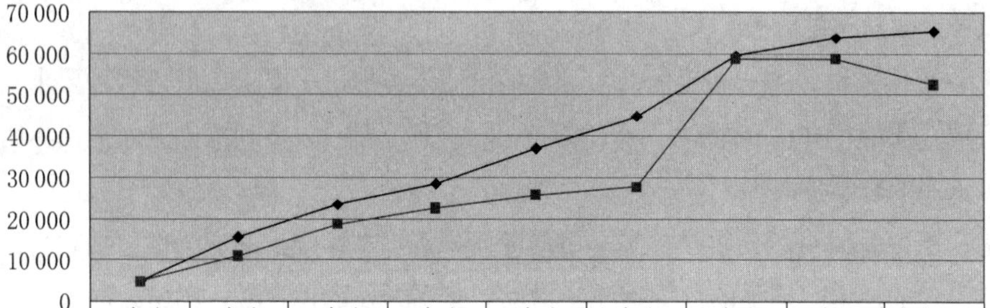

	一年级	二年级	三年级	四年级	五年级	六年级	七年级	八年级	九年级
80年代	4705	15 686	23 452	28 391	37 102	44 643	59 431	63 906	65 172
90年代	4649	10 877	18 851	22 561	25 765	27 754	58 746	58 901	52 617

图4-1　80—90年代各年级词语数趋势图

从图4-1我们可以看出，如果我们把整套教材分成三个阶段，一至三年级是第一阶段，四至六年级是第二阶段，七至九年级是第三阶段，那么80年代教材在全部三个阶段词汇量都是在均匀增加的；而90年代教材在第一阶段上升速度比较快，第二阶段上升速度比较平缓，在第三阶段的初期，即七年级，相对于六年级有了大幅度的提升，词汇量从2万的级别猛增到5万以上的数量级，八年级词汇量略有增加，但是这个指标在九年级又开始下降，仍旧维持在一个5万的级别高位上。

从词汇量的变化来看，80年代教材的编写比较注重循序渐进，从小学到初中是平稳过渡的。而90年代教材则更注重小学阶段和初中阶段的区别，并把初中阶段作为学习词语的一个重要时期，所以词汇量在初中阶段有了一个大幅度的提高。

我们还可以把两套教材词汇量的曲线和字符量的曲线（如图4-2）加以对比。

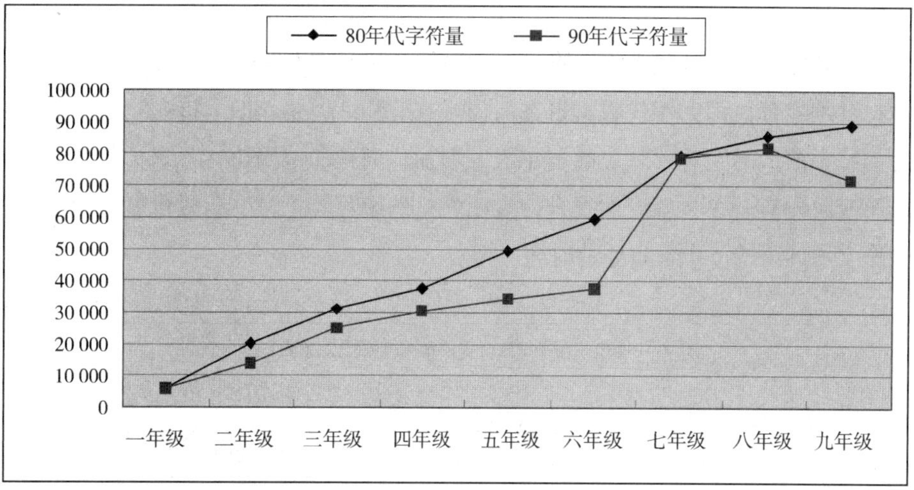

图4-2　80—90年代各年级字符量趋势图

从图4-2我们可以看到，两种级别不同的语言单位的曲线走势是完全一致的。这说明词汇量的增加是建立在字符量增加的基础之上的。

二、词种数

各个年级出现的词种数，我们也进行了统计，在此基础上我们画出词种趋势图，如图4-3。

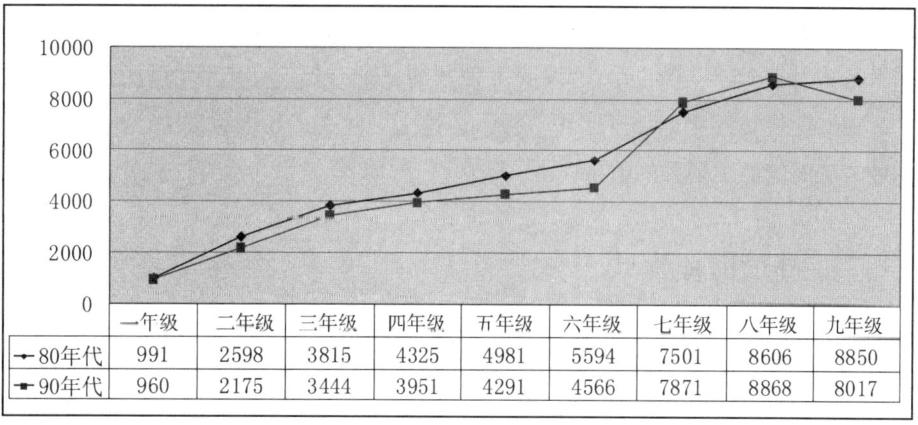

	一年级	二年级	三年级	四年级	五年级	六年级	七年级	八年级	九年级
80年代	991	2598	3815	4325	4981	5594	7501	8606	8850
90年代	960	2175	3444	3951	4291	4566	7871	8868	8017

图4-3　80—90年代各年级词种数趋势图

从图4-3我们可以看出，80—90年代各个年级出现的词种数基本是相似的。从发展态势上看，一至三年级作为第一阶段，词种数的增长是比较快的。在四至六年级这个第二阶段，词种数缓慢增加。在七至九年级这个第三阶段，两套教材都是在七年级词种数大幅度上升，并在八年级又有所提升。在九年级，80年代教材继续攀升，而90年代教材则在高位略有下降，但是仍旧维持在8000这个高位上。整个曲线的走势反映出随着年级的增加，词种的范围也在逐渐扩大。词种数在第三阶段有一个大幅度的提升，说明教材的编写者把第三阶段也就是初中阶段当作学习词语的一个最重要的时期。

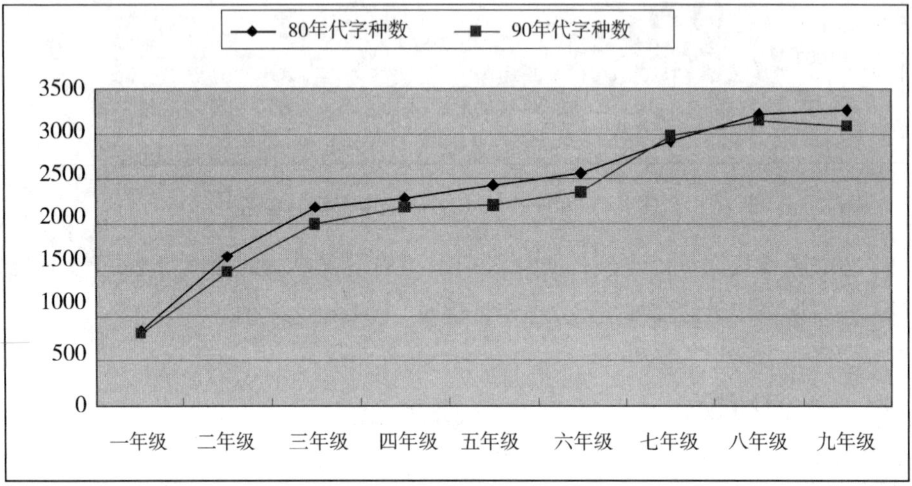

图4-4　80—90年代各年级字种数趋势图

如果我们把字种数的曲线（如图4-4）和词种数的曲线加以对比，也会发现两者的走势是完全一致的。这说明字种数的增加必然会引起词种数的增加。例如，在80年代二年级增加了字种“板”，这个字种在二年级组成了“板凳”这个词种，从而增加了词种的数量。

三、新增词种数

各个年级的新增词种数指的是不同于前面各个年级已经出现的词种的新词种的数量，通俗地说，就是某个年级新学的词。我们对80—90年代各个年级的新增词种数做了统计，在此基础上画出趋势图，如图4-5。

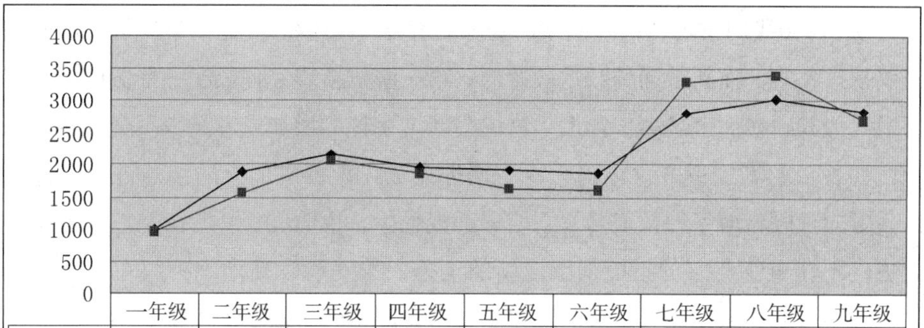

	一年级	二年级	三年级	四年级	五年级	六年级	七年级	八年级	九年级
80年代	991	1880	2148	1954	1901	1871	2790	3025	2823
90年代	960	1546	2067	1857	1617	1609	3284	3395	2696

图4-5　80—90年代各年级新增词种数趋势图

从图4-5我们可以看出，80年代教材和90年代教材这两条曲线基本是吻合的。一至三年级作为第一阶段，新增词种数是按年级逐渐增加的。而四至六年级作为第二阶段，反而出现了新增词种数减少的趋势。在七至九年级这个第三阶段，七年级首先有了新增词种数的大幅度提升，在八年级又有所增加，在九年级数量又开始回落，但是仍旧保持在一个较高的位置。

从新增词种数的曲线来看，七至九年级是学习新词语最多的时期，一至三年级是学习新词种增长幅度最快的时期，而四至六年级则是学习新词语最为平稳的一个时期。还需要指出的是，从两套教材的实际曲线看，四至六年级是小幅下降的走势，这与随着年级的增加，学生学习词语的能力更强的情况是不相称的，需要有所改进。

我们也可以把新增词种数的曲线和新增字种数的曲线（如图4-6）加以对比。

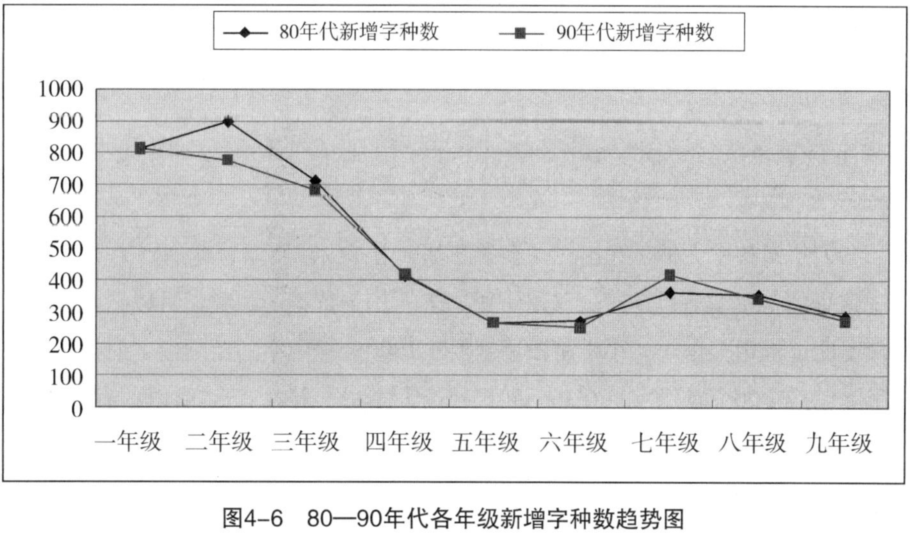

图4-6　80—90年代各年级新增字种数趋势图

从图4-6我们发现，两种曲线的走势是完全不一样的。比如第一阶段新增字种数是最高的，而新增词种数是最低的；第三阶段新增字种数在一个低位上，而新增词种数则在一个最高位置上，这说明新增字种的增加或者减少不会必然造成新增词种数的增加或减少。因为新增词种完全可以依靠旧有的字种进行组合产生。第一阶段新增字种数最多，新增词种数最少，说明在这一阶段是以学习汉字为主，不注重字与字的搭配而形成新的词语。第三阶段新增字种数在一个低位上，而新增词种数则在一个最高位置上，这说明第三阶段更加注重利用原有的字符来组成新的词种，也就是说注重字的组词能力。以字种“书”为例，在80年代教材中一共可以构成“书包、书报、书本、书呆子、书店、书法、书房、书稿、书籍、书脊、书记、书架”等59个词种，在这些词种中，只有“书、书本、书架、书皮、书桌、念书、书报、书包”这8个词是出现在第一阶段，而在第三阶段，则有“书写、支书、书房、自白书、书脊、杂书、诏书”等31个词种。

第二节 词语的常用度

从教材的编纂来看，需要贯彻循序渐进的原则，尽可能把较容易的知识点放到较低的年级，较难的知识点放到较高的年级，这样才符合教学的规律。这一原则在教材词语的编排上也是适用的。我们需要考查词语是否按一定梯度安排在教材的各个年级。词语的梯度是多维的。语义抽象与否可以形成梯度，词长的大小也可以形成梯度。而在这些梯度中，词语的常用度是非常重要的一个指标。这个指标与汉字的常用度类似。但是两者在教学大纲中的要求是不同的。

1980年《小学大纲》要求“在小学阶段要使学生学会常用字3000个左右”。

1980年《初中大纲》提出“初中一年级在小学的基础上，进一步扩大识字量”。

1992年《小学大纲》要求“在小学阶段，要使学生学会常用汉字2500个左右”。

1992年《初中大纲》提出“在小学的基础上扩大识字量，达到3500个字”。

这里的常用字是以《现代汉语常用字表》作为依据的，我们可以据此对汉字的常用度进行相关考查。小学阶段用字要在2500个常用字的范围内，而初中阶段用字要包括1000个常用字。在80—90年代的大纲中，并没有直接体现与词语常用度相关的要求。不过我们仍旧可以用处理汉字常用度同样的思路来处理词语的常用度。

一、词语常用度的依据

《现代汉语常用字表》基本上是根据大规模语料中汉字的出现次数的多少为依据的。与之相仿，教育部语言文字应用研究所肖航在语料库在线网站（http://www.cncorpus.org）上提供了“现代汉语语料库词语频率表”。该词表列入了出现次数大于50次的词，共14 629个。收词依据的语料规模为2000万字。语料以手工录入的1993年前印刷版本语料为主，并收录了部分采用人工录入的1993—2002年的印刷版本语料和少量2002年以后的网络电子文本语料。而且非常重要的是，这个频率表里面记录了各个词种在海量语料中的出现次数和出现频率，而频率和出现次数都反映了各个词语的常用度。在这个表中，某个词语的频率是根据某个词语出现的次数和总次数计算而来，其计算公式：频率=词语出现次数/总词语数。在这个“频率表”中，频率是小于1的一个小数，而且“频率表”中，这个小数只能保留小数点后4位数字，这就造成了频率在反映词语的常用度时，存在不太精确的地方。出现次数为一整数，没有经过折合处理，所以更精确地反映了词语的常用度。我们在这里也把“频率表”中出现的次数作为教材中某个词语常用度的一个标准值。

从教材中出现的词语和“现代汉语语料库词语频率表”所收词比较的角度看，大部分教材中的词收录在“频率表”中了，也有少量词语没有出现在“频率表”中。收录在“频率表”中的，我们就可以直接用“频率表”中的词语的出现次数作为教材词语常用度的量值。而没收录进去的，大部分是人名、地名，也有少量如“不耻下问”“彩虹”属于“频率表”失收的，还有一些是因为分词宽严度的不同，如“正巧”“趾骨”等，“频率表”未收。从总体上来看，教材收录于“频率表”中的词语占93%，基本代表了教材用词的概貌。我们可以对教材中出现在“频率表”的词语常用度进行考查。主要有三个指标：词语的平均常用度、词种的平均常用度、新增词种的平均常用度。

二、词语的平均常用度

我们首先看一下各个年级词语的平均常用度。词语的平均常用度的计算公式是：

词语的平均常用度=Σ词语的常用度/词语总数

我们对80—90年代各个年级的词语的平均常用度做了统计，在此基础上画出趋势图，如图4-7。

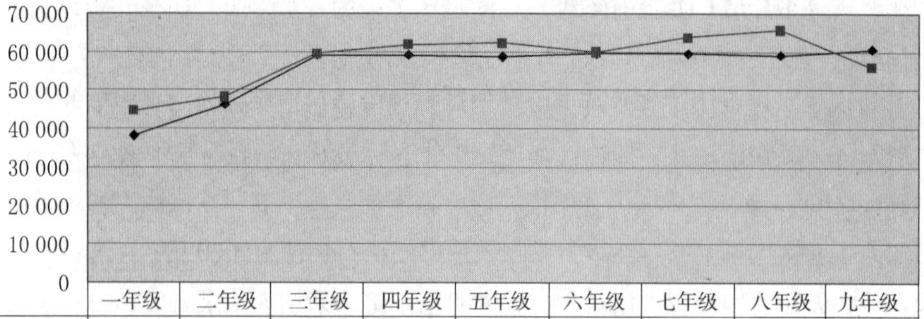

	一年级	二年级	三年级	四年级	五年级	六年级	七年级	八年级	九年级
80年代	38 056	46 204	59 243	59 057	58 650	59 676	59 370	59 116	60 531
90年代	44 717	48 233	59 633	61 832	62 299	60 077	63 881	65 789	55 840

图4-7　80—90年代各年级词语平均常用度对照图

从图4-7我们看出，在词的常用度指标中，80—90年代教材在小学一至三年级基本上是递增态势，四至九年级虽有起伏，但是起伏不大。90年代教材起伏的幅度更大一些，尤其是在九年级开始递减。这个常用度指标与我们初步的感觉形成了反差。根据循序渐进的大原则，在低年级阶段，词语的常用度应该更常用，在数值上表示应该更大些，尤其是一年级，常用度应该最大才是。为什么对两套教材的统计结果却恰恰相反呢？一种可能是教材的编写者没有注意到词语的层级性，还有一种可能是与不同阶段中实虚词的分布有关。虚词作为一种关系词，在语言运用中，具有抽象性和高频性。抽象性决定了理解和使用的难度会比较大，为了降低低年级教材的学习难度，编写者也可能会尽可能少地使用虚词，这就造成了整个低年级阶段词语的常用度降低。为了搞清楚是否确实是与实虚词的分布有关，我们对各个年级实词虚词比做了统计，结果如图4-8。

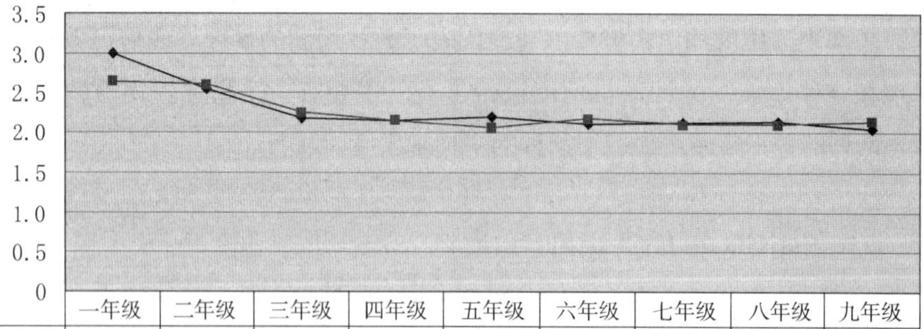

	一年级	二年级	三年级	四年级	五年级	六年级	七年级	八年级	九年级
80年代	2.99	2.55	2.18	2.16	2.19	2.1	2.12	2.14	2.04
90年代	2.64	2.61	2.25	2.16	2.07	2.17	2.1	2.1	2.14

图4-8　80—90年代各年级实词虚词比对照图

从图4-8我们可以看出，80—90年代的教材，确实在小学一至三年级实词虚词比呈现递减趋势，而且一年级是实词占比最高的一个年级。四至九年级基本上是起伏不大的震荡，这恰好与我们前面的推测是吻合的，说明小学一至三年级是因为实词占比相对较高，所以造成了词语常用度较低。这也提醒我们，在讨论词语的常用度的层级变化时，需要把实词和虚词分别处理，才能更精确地反映其内部规律。

下面我们分别讨论教材各个年级实词和虚词的平均常用度，结果如图4-9、图4-10。

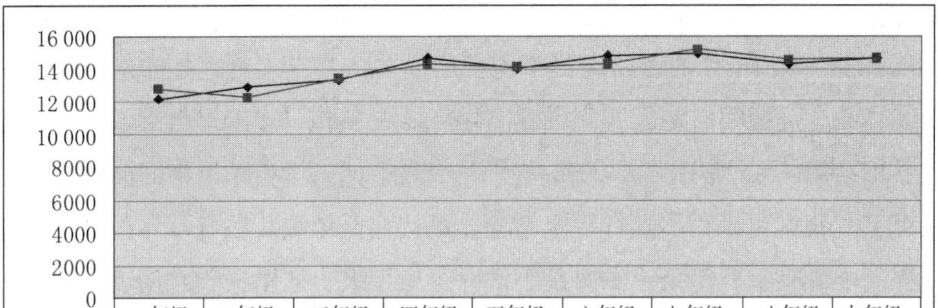

	一年级	二年级	三年级	四年级	五年级	六年级	七年级	八年级	九年级
80年代	12 167	12 851	13 355	14 623	14 063	14 862	14 928	14 306	14 691
90年代	12 825	12 260	13 386	14 353	14 104	14 340	15 162	14 611	14 644

图4-9　80—90年代各年级实词平均常用度对照图

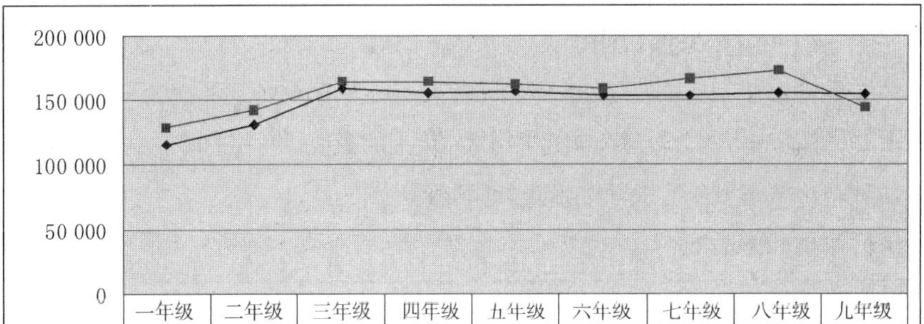

	一年级	二年级	三年级	四年级	五年级	六年级	七年级	八年级	九年级
80年代	115 540	131 256	159 082	155 194	156 295	153 750	153 777	155027	154 023
90年代	128 869	142 089	163 924	164 561	162 118	159 226	166 387	173294	144 154

图4-10　80—90年代各年级虚词平均常用度对照图

从图4-9、图4-10我们可以发现几个问题：

（1）教材中虚词的常用度要比实词的常用度高得多，从数量级上看，基本是在10倍以上的层级这也决定了各个年级教材词语常用度的走向，是取决于虚词的，这在曲线图上可以清楚地看出来，虚词平均常用度的走势跟整个词语平均常用度的走势是一致的。

（2）实词的平均常用度在80年代教材的一至四年级呈现出递增态势，五至九年级则呈现出无规律的震荡起伏；90年代教材小学一至二年级实词的平均常用度略有下降，二至四年级也是呈现递增态势，五至九年级也是同样的无规律震荡起伏。80—90年代总的来看，小学一至三年级实词的平均常用度要低于后面的四至九年级。这说明教材的编写者虽然注意到了低年级实词占比要高，但是低年级的实词并没有完全选择较为常用的词作为学习的对象，这对学生学习词语是不利的。例如，"密布"这个词在"现代汉语语料库词语频率表"14 629个词中，排第14 176，在80年代教材第一册《学画》这篇课文中，就出现了"密布"这个词："忽然乌云【密布】，下了一阵大雨。"这个词并不常用，这就增加了学生学习的难度。

（3）80—90年代的教材虚词平均常用度在一至三年级也是递增态势，四至九年级基本上是低幅震荡，90年代震荡幅度要大一些。不过总的来看，80—90年代四至九年级的虚词常用度要高于一至三年级的。这对学生学习虚词也是不利的。

综上，我们可以得出这样一个结论，虽然在低年级阶段有尽可能用少量虚词的趋势，这造成了低年级（主要是小学一至三年级）词语平均常用度的降低，但是，如果分别看各个年级虚词和实词的指标的话，仍旧是低年级阶段（主要是小学一至三年级）词语平均常用度要比高年级低得多。为什么两套教材都会出现这种貌似不合理的情况呢？我们还需要结合词种的平均常用度这个指标来进行分析。

三、词种的平均常用度

下面我们看一下两套教材在词种平均常用度上的表现，词种平均常用度的公式为：

词种平均常用度=Σ词种常用度/总词种数

统计结果如图4-11。

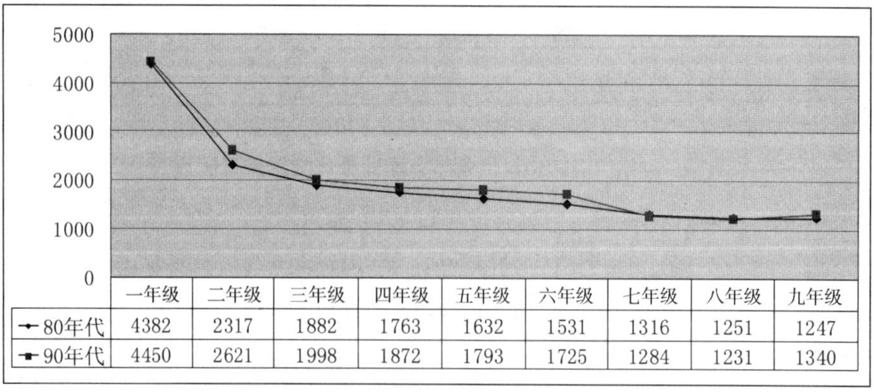

	一年级	二年级	三年级	四年级	五年级	六年级	七年级	八年级	九年级
80年代	4382	2317	1882	1763	1632	1531	1316	1251	1247
90年代	4450	2621	1998	1872	1793	1725	1284	1231	1340

图4-11　80—90年代各年级词种平均常用度对照图

从图4-11我们可以看出，两套教材的走势基本是一致的，词种的常用度随着年级的增加而减少，这说明教材的编写者考虑到了用词的常用度应该呈现循序渐进，难度逐渐增加的学习模式。我们从上一部分勾勒出的各个年级用词的平均常用度指标，发现低年级阶段（主要是小学一至三年级）的用词平均常用度较低，这不利于学生的学习。结合词种平均常用度的指标来看，我们可以认为，教材的编写者有意识地增加了小学低年级阶段一些低常用度的词种的出现次数，这样才会使整个低年级在词种平均常用度高的情况下，它的词语平均常用度反而低。例如“爬”在“现代汉语语料库词语频率表”中位列第2030，“发现”位列第232，但是在80年代二年级教材中，“爬”出现29次，而“发现”只出现6次。采取这样的做法的原因是：通过增加小学低年级阶段一些低常用度的词种的出现次数，使这部分词语多次出现，让学生更好地习得。

四、新增词种的平均常用度

下面我们看一下两套教材在新增词种平均常用度上的表现，新增词种平均常用度的计算公式为：

新增词种平均常用度=Σ新增词种常用度/总新增词种数

统计结果如图4-12：

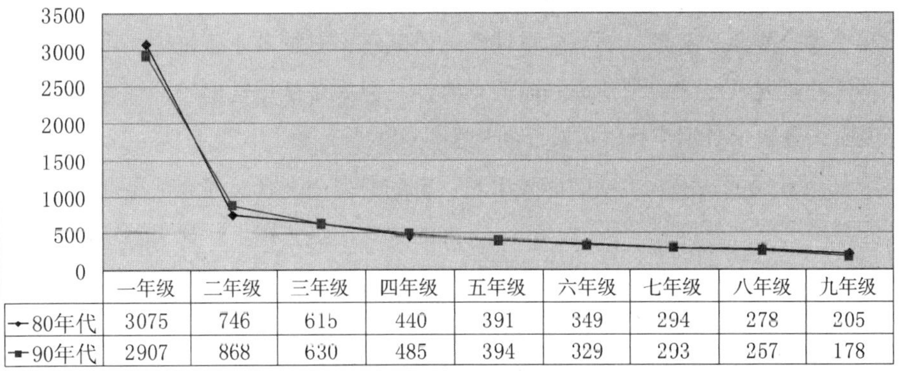

	一年级	二年级	三年级	四年级	五年级	六年级	七年级	八年级	九年级
80年代	3075	746	615	440	391	349	294	278	205
90年代	2907	868	630	485	394	329	293	257	178

图4-12　80—90年代各年级新增词种平均常用度对照图

从两套教材新增词种平均常用度来看，呈现出一种随着年级的增加而降低的趋势，这说明越到高年级，学习的重点越会转向一些不常用的词。例如在80年代九年级课文《果树园》中出现了在“现代汉语语料库词语频率表”中排名靠后的词语“收敛”（排名第14 012）：“她只是像一个挨了打的狗，夹着尾巴，【收敛】着恐惧与复仇的眼光，落荒而逃。”90年代九年级课文《天气陛下》中出现了排名第14 560的词语“鞭策”：“风【鞭策】着，浪头翻着雪白的浪花。”这也是适应学习应该由浅入深的一种表现。

第三节 词语的复现

词语的学习不是一次性完成的，需要在一定时间内多次重复才能形成长时记忆。当我们第一次学习一个词语的时候，词语和对象之间的联系只是临时的，只有多次重复才能形成稳定的连接。同时，根据西方心理学家艾宾浩斯提出的艾宾浩斯遗忘曲线理论表明：在学习之后的一个小时信息遗忘的程度会达到56%，而6天后达到74.6%，31天后达到78.9%。因此为了弥补这种信息的丧失，作为学习者，需要在词语的学习中，进行针对性的补偿学习，这样才能达到好的学习效果。而作为学习基础的教材，也需要在词汇布局上有所考虑，来适应人的记忆轨迹。目前，国内讨论教材的词汇复现主要还是集中在对外汉语教材的编写上。其中复现率是一个需要重点考虑的指标。刘珣认为：“重现率是用来评价一部教科书的标准之一，这一点也恰恰是我们教科书中薄弱的地方。”[①] 江新：“学生经常遇到的词比只见过一次或少数几次的词更容易从记忆中自动提取。因此，要熟练地运用一个词，必须进行多次重复的接触。”[②]

目前对外汉语学界已经有很多人意识到了这个问题，但是总的来说，由于研究手段的薄弱，对教材词汇的重现率的研究还不够深入。康艳红、董明指出：“以往的研究虽然认识到了该问题的重要性，但大多从感性出发，缺乏深入的理论说明，更缺少对现在教材的必要的相关数据的统计分析。”[③]

复现方式可以采取不同的形式出现，有的是课内复现，还有的是课文、练习中的复现；有的是同一年级内复现，还有的是跨年级复现。在这里，我们只对同一年级内的课内复现和跨年级课内复现两种情况进行分析。

---

① 刘珣：《试谈基础汉语教科书的编写原则》，《语言教学与研究》1982年第4期。

② 江新：《词的复现率和字的复现率对非汉字圈学生双字词学习的影响》，《世界汉语教学》2005年第4期。

③ 康艳红，董明：《初级对外汉语教材的词汇重现率研究》，《语言文字应用》2005年第4期。

一、同一年级的课内复现

同一年级的课内复现主要有两个指标，一个是词种平均复现次数，另一个是新增词种的平均复现次数。词种平均复现次数是与认词有关的一个指标，新增词种的平均复现次数是与学词有关的一个指标。

词种平均复现次数的计算公式如下：

年级内的词种平均复现次数=总词数/总词种数

根据这个公式，我们首先计算出各个年级词种的平均复现次数。在此基础上画出趋势图，如图4-13。

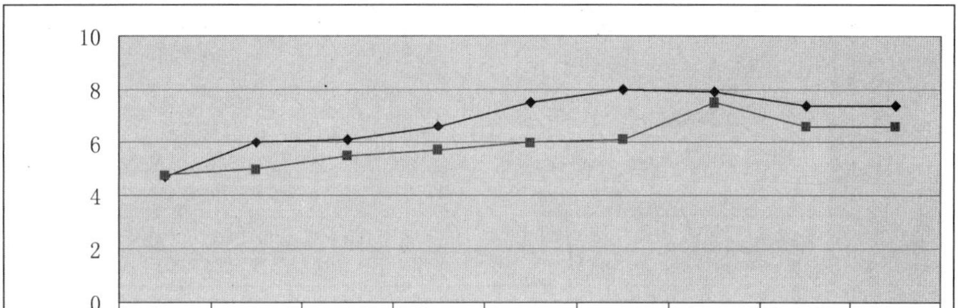

	一年级	二年级	三年级	四年级	五年级	六年级	七年级	八年级	九年级
80年代	4.7	6	6.1	6.6	7.5	8	7.9	7.4	7.4
90年代	4.8	5	5.5	5.7	6	6.1	7.5	6.6	6.6

图4-13　80—90年代各年级词种平均复现次数对照图

从图4-13我们可以看出，80年代的教材在整个一至六年级，都是呈现上升的态势，而七至九年级则开始下降。90年代的教材在一至六年级也是逐渐上升，与教材不同的是，90年代的教材在七年级是首先提到一个高位之后，再开始下跌。

两套教材词种平均复现次数在一至六年级呈现上升的态势。结合前面一至六年级各词种数也在增加的统计数字，这说明随着年级的所用词种增多，其词种的重复次数也在增多，这样可以增强学习的效果。不过反过来说，年级越低，词种的平均复现次数越小，其对词种的学习效果会越差。这会影响到在低年级阶段牢固建立词汇的概念。而到了七至九年级，两套教材都是呈现下降的态势，说明在词汇量和词种数同时增大的前提下，词种数的增加更占优势，这也说明了整个七至九年级的编写思路是以词汇为中心，尽可能地扩充词汇量。只是这种词汇量的扩大，带来的一个后果就是复现率的降低。这会造成学习难度的进一步增大，不过考虑到随着年级的增加，学生心智水平也会增加，这个难度还是可以克服的。

除了每个年级词种的平均复现次数这个指标需要考虑之外，各个年级新增词种的平均复现次数，也是需要考虑的一个重要指标。在每个年级，新增的词种应该是学习的重点，理想的状态应该是保证一定的复现率，甚至这个复现率要大于词种的平均复现率，这样才能达到好的学习效果。新增词种平均复现次数的计算公式如下：

新增词种平均复现次数=新增词种出现数/新增词种数

根据这个公式，我们首先计算出各个年级新增词种的平均复现次数，在此基础上画出趋势图，如图4-14。

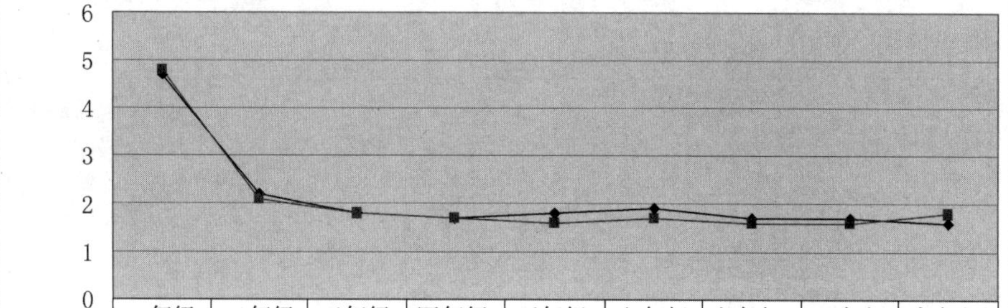

	一年级	二年级	三年级	四年级	五年级	六年级	七年级	八年级	九年级
80年代	4.7	2.2	1.8	1.7	1.8	1.9	1.7	1.7	1.6
90年代	4.8	2.1	1.8	1.7	1.6	1.7	1.6	1.6	1.8

图4-14　80—90年代各年级新增词种平均复现次数对照图

从图4-14我们可以看出，80—90年代的曲线基本重合，都是下行趋势的曲线。其中，下跌幅度最大的是一至三年级这个阶段，其他年级，虽然略有起伏，但是基本上维持在一个水平线上。如前所说，低年级维持在一个相对较高的复现水平，可以降低学习词汇的难度，增加学习词汇的效果。在这一点上，新增词种平均复现次数这个指标的表现无疑是合情合理的。需要注意的是，如果我们把对应的新增词种平均复现次数这个指标与词种平均复现次数相比，就会发现新增词种平均复现次数这个指标要低得多。这说明新增词种这个学习的重点没有得到应有的重视。甚至在大部分时期，这个指标都低于两次。这是达不到学习的巩固效果的。教材在这方面需要加以改正。

二、跨年级复现：频率

跨年级复现有两个统计指标。第一个是直接统计词种在整套教材中的出现次数，这种复现次数通常也被称为词频。这种统计方式不考虑复现是在同年级完成的还是不同年级完成的，只要词种出现的次数为N，那么复现次数就为N，这个N的范围最小值是1，其最大值与教材的篇幅有关。根据这个统计方法，我们对各个词种的复现次数做了统计，并在此基础上画出趋势图。为了更清楚地显示复现次数为1~10次的词种数变化，我们单独画出对应的趋势图，如图4-15、图4-16。

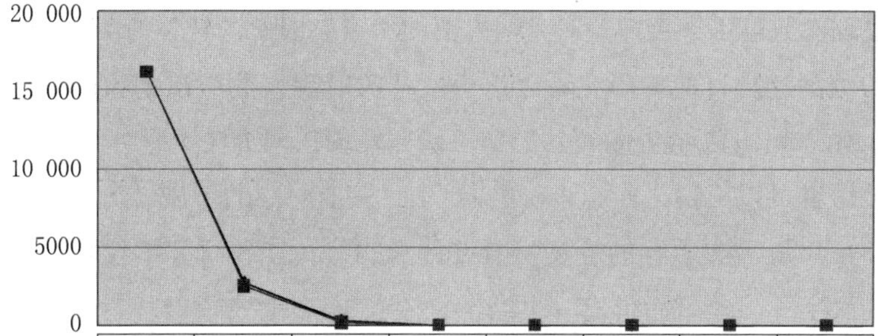

	1~10次	11~100次	101~200次	201~300次	301~400次	401~500次	501~1000次	1000~次以上
80年代	16 180	2 771	237	46	43	19	48	42
90年代	16 160	2 512	179	32	27	21	34	35

图4-15　80—90年代各年级词种复现次数区间图

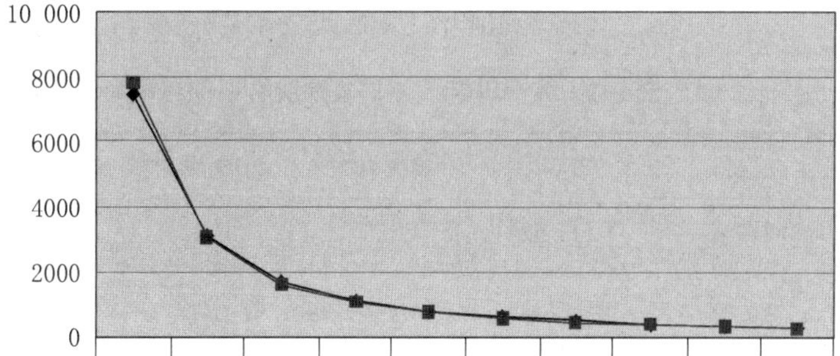

	1次	2次	3次	4次	5次	6次	7次	8次	9次	10次
80年代	7459	3133	1693	1092	756	635	469	387	293	263
90年代	7855	3035	1616	1054	740	539	430	371	285	235

图4-16　80—90年代各年级词种复现1~10次数量图

从图4-15和图4-16我们可以看出，80—90年代的复现次数与词种数的关系曲线基本重合，表现出相同的走势。整条曲线呈现急速下跌的态势，其中出现在曲线首端的，次数只出现1~10次的占了绝对优势。而出现在尾端的，复现次数大于1000的，反而词种数最少。我们也可以简单地用一句话来概括这条曲线的规律：

复现次数越多，词种越少，复现次数越少，词种越多。这条规律同样适用于复现1~10次的曲线，我们看到，80年代的教材中，只复现1次的词种，数量有7459个，占词种总数的38%；90年代教材中，只复现1次的词种，数量有7855个，占词种总数的41%。这说明大部分的词语只出现1次，是不符合学习需求的。

需要指出的是，词语复现次数的多少与人的记忆牢固与否有密切关系，但是复现次数过多，会冲淡对其他方面的学习。因此，复现的次数也应该有一个有效的范围。从目前的研究看，这个最佳的复现次数应该定为多少还没有定论，Saragi，Nation & Meister（1975年）研究发现，词语在文章中出现6次以下，有半数被试者可以习得，而出现6次或更多，则有93%的受试者可以习得。[①] 艾伟将小学一年级语文教材的容易指数设计为24。[②] 江新研究了汉字在教材中复现率影响汉字学习效果后得出一个结论，“当复现率为7次时，音义皆知的正确率并不高，只有58%，当复现率为24次（平均）时，音义皆知的正确率为69%，接近70%。如果我们把70%的正确率作为汉字掌握的标准的话，那么汉字的复现率至少要达到24次”。李潇潇的研究表明，面向对外汉语的学习，复现率定为20~25次时，有65%以上的学生习得，而当复现率为60次时，有80%以上的学生习得。[③] 由此可见，复现的合适次数还缺少一个公认的取值区间。

根据前人的研究，我们也可以对两套教材复现的情况做进一步的统计，如表4-1。

表4-1　80—90年代不同复现次数区间包括词种数表

	2次以上	6次以上	20次以上	24次以上	60次以上
80年代词种数	11 924	5250	1927	1649	702
80年代占总词种数的百分比	62%	27%	10%	9%	4%
90年代词种数	11 176	4731	1683	1418	589
90年代占总词种数的百分比	59%	25%	9%	7%	3%

由此可见，按照各家的标准，即使是按照最小的复现率的有效值6次来计算，两套教材中符合这个要求的词种也是非常少的，这说明两套教材在复现率这

① 张瑞华：《论语言语境与词汇学习》，《北京第二外国语学院学报》2003年第4期。
② 江新：《对外汉语字词与阅读学习研究》，北京语言文化大学出版社，2008，第78页。
③ 李潇潇：《对外汉语教材汉字复现率及相关研究》，华东师范大学硕士学位论文，2011。

个指标上还需要有较大的改进。

还需要指出的是，要求词语都有比较合适的复现率，这只是一种理想的形式。在实际的语言中，不同的词语其使用的频率是不同的。教材作为现实生活语言的一种写照，来源于生活，也应该为生活服务，因此衡量其复现是否合适的一个标准还应该看是否真实反映了实际的语言使用状况。教育部语言文字应用研究所肖航在语料库在线网站（http：//www.cncorpus.org）上提供的“现代汉语语料库词语频率表”，里面记录了各个词种在2000万字语料中的出现次数和出现频率的信息。这个频率信息因为是根据海量语料整合得来的，所以可以看作是一个反映汉语实际使用状况的标准参数。

根据提供的词语的频率，我们可以分别对照80年代教材的342 488个词，19 383个词种，和90年代教材的280 721个词，19 031个词种进行折算，来看一下根据大规模语料得来的数据和两套教材的数据有何差别。折算公式是：

词目的折算出现次数=“现代汉语语料库词语频率表”频率×教材总词数

折算出现次数实际上表示建立在大规模语料基础上的词种映射到教材中的理想复现次数。

例如对应于教材的“了”的折算出现次数=342 488 × 0.013 624≈4666次，这个4666次表示按照标准参数，在342 488个词规模的语料中，“了”的理论复现次数应该为4666次。

根据这个公式，我们可以分别统计出对应于80—90年代教材的“现代汉语语料库词语频率表”的词种数。统计结果如表4-2。

表4-2　80—90年代教材的“现代汉语语料库词语频率表”的词种数及复现区间表

		≥2次	≥6次	≥20次	≥24次	≥60次
80年代	教材词种数/百分比	11 924/62%	5250/27%	1927/10%	1649/9%	702/4%
	频率表折算词种数/百分比	14 629①/75%	5888/30%	2124/11%	1799/9%	755/4%
90年代	教材词种数/百分比	11 176/59%	4731/25%	1683/9%	1418/7%	589/3%
	频率表折算词种数/百分比	14 213②/75%	4966/26%	1779/9%	1498/8%	608/3%

①《现代汉语语料库词语频率表》只提供了前14 629个词种，出现次数最少的是“探险”，折算后出现次数是1.712 44，按四舍五入原则处理。

② 同上。

从表4-2我们可以看出下面几个特点：

（1）4条曲线在≥6次以后，都是非常接近的。这说明两套教材在这个阶段复现的词种数非常少，这反映了语言的实际面貌，而不是教材的编写者对词种的复现这个指标把控不当。

（2）利用大规模语料计算出来的复现次数，也有相当大一部分是低于2这个复现次数的，这说明复现次数为1的情况是不可避免的。按照两套教材折合出来的百分比，复现次数为1的为25%以内。这意味着，80年代教材这个数字为38%，90年代教材为41%，都超出了合理的范围。我们能做的只有两方面，一方面是尽可能降低复现次数为1的词种个数，使之控制在一定的合理范围内；另一方面，我们应该在教材的课文之外，例如练习中，增加这些词的练习机会，来巩固这些词的学习效果。

（3）在≥2次这个关口，曲线却被分成了两组，其中频率词表两个折算值为一组（都占75%），两套教材的实际值为一组（80年代教材占62%，90年代教材占59%），这说明两套教材复现次数为1的词种过多，所以造成了复现次数在2以上的词种所占比例过少。因此我们有必要进一步讨论两套教材复现次数为1的情况。

根据它们与《现代汉语语料库词语频率表》的对应关系，两套教材复现次数为1的词种可以分成两种情况，一种出现在《现代汉语语料库词语频率表》中，一种没有出现在《现代汉语语料库词语频率表》中，在《现代汉语语料库词语频率表》中出现的，可以找到其在《现代汉语语料库词语频率表》中的词频排名。统计结果如表4-3。

表4-3　80—90年代教材词种数在《现代汉语语料库词语频率表》的分布表

	没有出现	0~1000位	1001~2000位	2001~3000位	3001~4000位	4001~5000位	5000位以上
80年代	5994	10	34	90	105	216	1249
90年代	6192	0	0	0	0	0	1663

从表4-3我们可以看出如下几个特点：

（1）80—90年代中，大量出现了《现代汉语语料库词语频率表》中没有的词，是造成其低复现率的根本原因。当然，有大量《现代汉语语料库词语频率表》未收的词出现在教材中，原因也比较复杂，在教材的篇目中，会出现一些文章特有的人名、地名、专有名词等，这些词的出现，是难以避免的。还有一些词，本身在现实生活中也很少用，所以也没有出现在《现代汉语语料库词语频率表》中（《现代汉语语料库词语频率表》的文本基础是2000万字的语料，频率表中只列出了出现50次以上的词种，这造成了一些教材所收的低频词没有出现在《现代汉语语料库词语频率表》中的情况），对于这种情况，我们应该尽量避免这些词语的出现。

（2）80—90年代，在《现代汉语语料库词语频率表》中位序在5000以后的，也有大量的词语。这种词语属于日常生活中比较少用的词，我们在教材中也应该尽量避免。

（3）在位序为0~5000，教材中还有455个词实际的复现次数只有1次。这个序列区间属于比较常用的词，这要求教材在实际编写中，应该有意识地增加这些词的复现次数。

以上讨论的是复现次数为1的词语的情况，实际上，如果我们把教材全部词语的复现次数和根据《现代汉语语料库词语频率表》折算出来的复现次数加以对比，会更清楚地了解整套教材词种复现所存在的问题。为了有可比性，我们只讨论两套教材出现在《现代汉语语料库词语频率表》中的词语的情况。

我们首先建立一个实际教材与《现代汉语语料库词语频率表》对比的语料库，其基本结构如表4-4。

表4-4　教材实际复现次数与折算复现次数比较示例表

词目	90年代教材实际复现次数	频率表折算复现次数	频率表频率	复现次数差	频率表词序排名
的	14 604	21 881	7.7946%	−7277	1
我	4000	1549	0.5518%	2451	10
因为	232	263	0.0939%	−31	100
奔驰	4	3	0.0009%	1	10 000
戳	3	3	0.0009%	0	10 001
……					

在表4-4中，频率表词序排名指的是《现代汉语语料库词语频率表》中根据调查2000万字的语料得出的词种频率高低的排名，出现最多的排名为1，其余依此类推。

频率表频率指的是《现代汉语语料库词语频率表》中提供的每个词种占总词种数的百分比。

频率表折算复现次数是根据频率表频率和教材总词数折算出来的理想复现次数，数值按照四舍五入的原则留取。计算公式为：频率表折算复现次数=频率表频率×教材总词数。其中，80年代教材总词数为342 488，90年代教材总词数为280 721。

复现次数差指的是教材词种的实际复现次数与折算复现次数的差值，表示的是教材实际复现次数与理想复现次数的差距。计算公式为：次数差=实际复现次数-折算复现次数。其中，次数差结果为正数，说明教材中词种的复现次数过大；结果为负数，说明教材中词种的复现次数过小；结果为0，说明教材中词种的复现次数非常合适。

如果我们以每个词种词序排名为横坐标，复现次数差为纵坐标，那么就可以描绘出两套教材与《现代汉语语料库词语频率表》共有词的复现次数差分布图。80年代教材中，出现在《现代汉语语料库词语频率表》中的词种有8967个，90年代教材中，出现在《现代汉语语料库词语频率表》中的词种有9068个，两套教材的复现次数差分布图如图4-17和图4-18。

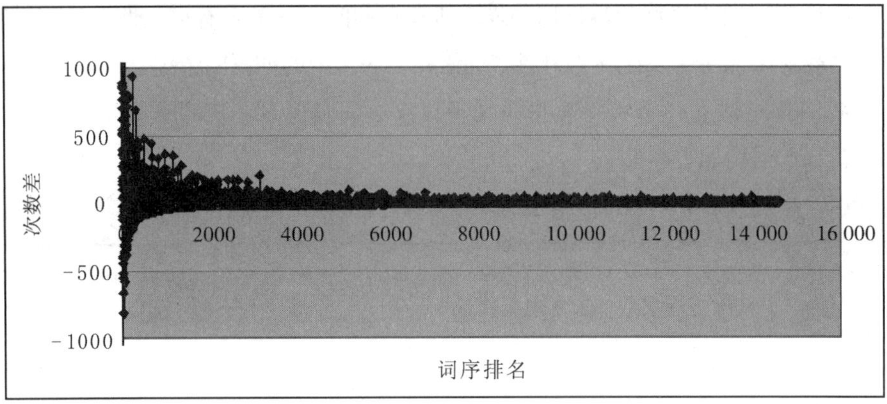

图4-17　80年代教材复现次数差分布图

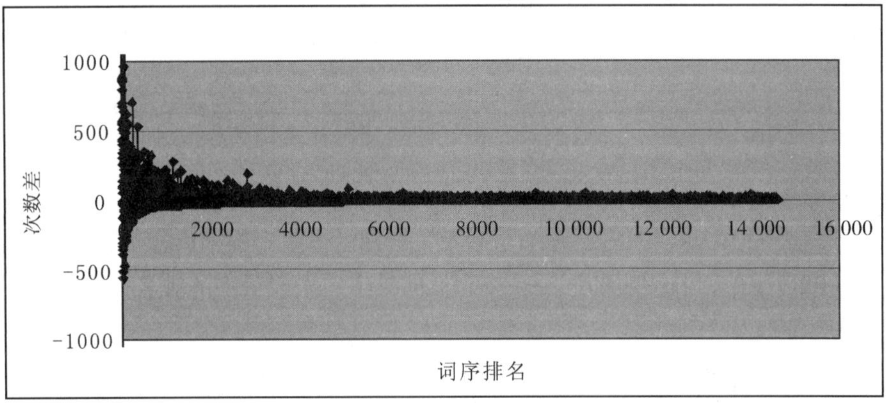

图4-18　90年代教材复现次数差分布图

从两套教材的复现次数差分布图上我们可以发现一个共同的规律：词序排名与复现次数差成反比，也就是说，在实际生活中使用频率越高的词，复现次数差的波动越大。根据前面的说明，我们知道复现次数差有正负之分，从这个分布图上我们可以看出，越是波动明显的区间段，也就是词序排名靠前的区间段，其值越可能为正。这说明在实际生活中使用的一些高频词，在教材中出现的次数更多，这也说明教材对常用词的重视。不过，过于增加常用词的复现次数，势必影响到非常用词的复现，这对非常用词的学习是不利的，这也从一个侧面说明了复现次数为1的词在两套教材中过多出现的原因。

三、跨年级复现：分布率

跨年级复现的第二个指标跟一个词种在多少个年级内有关。法国学者缪勒（C. Muller）指出，“有些词的使用概率很少变化，不论说话的人是谁，不论他谈什么题目，也不论他谈话的环境如何。而也有些词与此相反，它们在某些环境里频率是高的，但又可能长时间完全不出现”。缪勒的结论是：“这就意味着，频率概念，如果不马上和分布率概念相结合，那频率概念的价值是很低的。”这样，人们想到一个词在若干篇语言素材的取样中出现的篇数多少，也是衡量一个词重要与否的标准。范德·贝克（E. Vander Beke）于1935年出版的《法语词手册》（*French Word Book*）是引进“分布率”标准进行词汇研究的有代表性的作品。整个统计调查工作是人工进行的，所以动用了大量法语教师，从1926年9月开始，至1927年7月15日结束。88篇材料共收不同词19 253个。最后的词表只收“分布率”指数在5以上的词，客观上“频率”指数最低的也是5，共6067个。分布率在5以下的词有13 186个，达68.5。其中不少词频率很高，只是因为分布率指数不足5，所以尽在淘汰之列。我们这里讨论的跨年级的复现实际上就是一种“分布率”。一个词语只有出现在尽可能多的年级中，才可能起到温故知新的作用，学习效果才越好。

统计方法如下：如果一个词种在N个年级出现，那么其复现次数为N。因为整套教材是供一至九年级使用的，所以N的范围也是在1~9。这种方法不考虑同年级内词语的复现次数，在同一年级内出现X次，其复现次数也只为1。对这个指标的考查，可以衡量教材的编写对长时记忆的有效程度。我们根据这个统计方法，对复现次数为1~9的词种数进行了统计，并在此基础上画出变化曲线图，如图4–19。

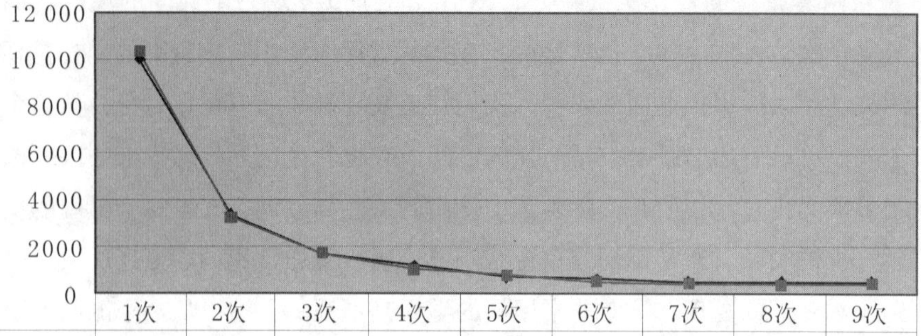

	1次	2次	3次	4次	5次	6次	7次	8次	9次
80年代	10 007	3423	1763	1209	760	641	530	523	527
90年代	10 307	3245	1738	1088	769	553	480	402	449

图4-19　80—90年代教材词种数与复现次数关系图

从图4-19我们可以看出，整条曲线是一个坡度很大的下降曲线，只是在尾部稍微有点反弹。这说明复现次数越多，词种数反而越少。只在一个年级出现过的，占了绝大多数，其数量超过了出现其他次数之和。需要说明的是，这些复现次数非常少的词，并非都是非常用词。例如“企业”在《现代汉语语料库词语频率表》中的排名为第200位，而这个词在80年代教材中，只出现在八年级课文《统筹方法》中：“它的适用范围极为广泛，在【企业】管理和基本建设中，以及关系复杂的科研项目的组织与管理中，都可以应用。”在9个年级都出现过的，只是比出现8次的略多一点。如果我们再计算一下所有词种的平均复现次数，其计算公式是：平均复现次数=总复现次数/总词种数，那么，80年代教材出现的平均复现次数是2.4，90年代教材是2.3，也就是说总体上，一个词种只在2~3个年级同时出现。从这个角度看，教材跨年级的复现次数也是很低的。

词语的复现问题是一个重要的问题，根据我们前面的分析，两套教材无论是在同一年级的课内复现还是跨年级复现这两类指标上都还有改进的必要。这种改进一方面需要对课文本身的词语进行调整，改进其收词范围和在各个年级的分布；另一方面，还需要在教材的整体设计方面进行宏观考虑，通过在练习、注释等方面的适当补充，来提高学习的效果。

第四节　词语的构词

词语的构词主要有两个角度，一个是词语由什么样的字构成的，另外一个是组成的词是什么样子的。

苑春法、黄昌宁（1998年）在大规模语料库的基础上，把现代汉语的语素归为10 442个，其中单字语素有9712个，占总数的93.0%，二字及二字以上的语素为730个，占总数的7.0%。其中单字语素在扣除部分0义项语素后，还剩7753个。通过考查这7753个单字语素在构成双音节词的情况后，得出的结论是，组成的二字词中只有4.3%的词，词义与字义无关。而且，87.8%的名词在组合时字义保持不变，93.2%的动词在组合时字义保持不变，87.0%的形容词在组合时字义保持不变。这说明字对组词的重要作用。

一、构词能力

我们首先提出“字种的构词能力”这一概念：字种的构词能力，即在一定语料范围内，能参与的最大构词数。这个概念与张凯（1997年）提出的构词率是有区别的，张凯认为：凡一个字能构成一个单音节词，计构词率为1；构成一个双音节词，计构词率为0.5；构成一个三音节词，计构词率为0.333；构成一个四音节词，计构词率为0.25；构成一个五音节词，计构词率为0.2；构成一个六音节词，计构词率为0.166。所以构词率是按下面的公式计算的：

$$\text{构词率} = \text{单音} + \frac{\text{双音}}{2} + \frac{\text{三音}}{3} + \frac{\text{四音}}{4} + \frac{\text{五音}}{5} + \frac{\text{六音}}{6}$$

这种算法主要是考虑到所有的词的构词率数累加起来，在理论上等于词库中词条总数。但是这种算法比较复杂，而且一个字组成一个二字的词，还是三字的词，实际上对这个汉字来说，并没有本质的区别，因此我们采取简单算法，1个字参与1个词的构词，其构词能力就计1。

根据前面的统计，我们知道80年代教材共出现了19 383个词种，90年代教材共出现了19 031个词种。从统计结果看，80—90年代教材中，构词能力最强的字种都是“子”，其在教材中组成了“孩子、儿子、桌子”等416个词种，在90年代教材中组成了351个词种。在两套教材中，也有一些字种，构词能力比较差，最少的只能组成一个词种，例如：80年代教材中的“墅”，只能组成“别墅”这一个词种；90年代教材中的“鏖”，只能组成“鏖战”这一个词种。除了构词能力为1和100以上之外，我们以10为区间，分别统计各个构词能力区间下字种的数量，统计结果如表4-5。

表4-5　80—90年代字种与构词能力关系表

字种数	构词能力											
	1	2～10	11～20	21～30	31～40	41～50	51～60	61～70	71～80	81～90	91～100	101以上
80年代教材	1123	2084	566	228	109	48	31	19	16	17	2	21
90年代教材	1102	2097	545	223	103	53	40	29	8	11	4	24

从表4-5我们可以看出，两套教材都表现出同样的趋势：构词能力越强的字种，其数量也越少。值得注意的是，只组成一个词种的字种，在两套教材中都占了相当大的比重。

从理论上说，这些构词能力较强的字种应该尽可能出现在较低的年级，而构词能力较差的字种，可以在稍高的年级出现，这样才可以让学生较早地掌握举一反三，用字构词的能力。根据这个出发点，我们来看一下各个年级的情况。

我们首先统计出各个字种首次出现的年级，在此基础上，匹配各个字种构词能力的属性。其计算公式如下：

各年级字种平均构词能力=Σ字种构词能力/字种数

我们对两套教材各个年级的平均构词能力进行统计，如图4-20。

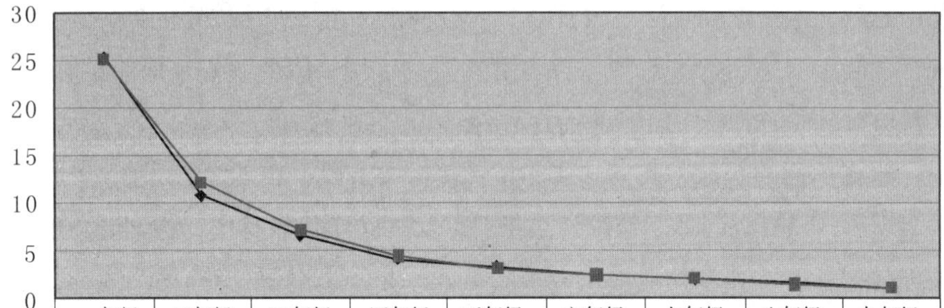

	一年级	二年级	三年级	四年级	五年级	六年级	七年级	八年级	九年级
80年代	25.4	10.8	6.6	4.2	3.3	2.5	2	1.6	1.2
90年代	25.1	12.2	7.2	4.5	3.2	2.5	2.1	1.5	1.2

图4-20　80—90年代教材各年级字种平均构词能力图

从图4-20我们可以看出，随着年级的增加，字种的平均构词能力在减少。这说明低年级确实把构词能力较强的字种的学习放在一个比较重要的位置上。

考查各年级字种平均构词能力应着眼于整个一至九年级。对各个年级不同组词能力的字种分布的考查，只是衡量了某一年级学习字种可以构成词种的潜力。但这并不是说，某个年级字种的平均构词能力越强，其在这一年级实际构成的词种也就越多。我们还需要进一步考查字种数和词种数之间的关系，也就是说某一年级一个字种到底构成多少个词种。这个指标用每年级字种平均构词数量表示。其计算公式如下：

每年级字种平均构词数量=词种数/字种数

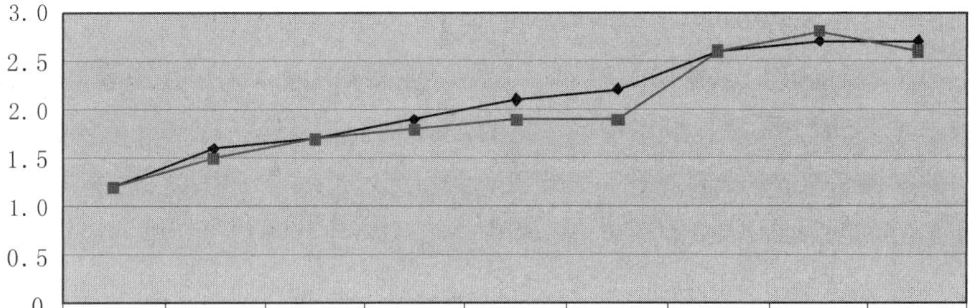

	一年级	二年级	三年级	四年级	五年级	六年级	七年级	八年级	九年级
80年代	1.2	1.6	1.7	1.9	2.1	2.2	2.6	2.7	2.7
90年代	1.2	1.5	1.7	1.8	1.9	1.9	2.6	2.8	2.6

图4-21　80—90年代教材各年级字种平均构词数量图

从图4-21我们可以看出，两套教材基本上随着年级的增加，字种平均构词数量也在增加。我们以80年代教材的字种“书”为例，在一年级只能构成“书本”等3个词语，在二年级构成“书桌”等4个词语，在三年级构成“书包”等5个词语，在四年级构成“图书”等20个词语，在五年级构成“书记”等6个词语，在六年级构成“书刊”等13个词语，在七年级构成“楷书”等19个词语，在八年级构成“书籍”等15个词语，在九年级构成“尚书”等28个词语，这种构词能力是逐渐增强的。如果细分，可以分成一至六年级，七至九年级两个阶段。一至六年级平均构词数量是稳步增加的，而七至九年级增加幅度要更大。两套教材也微有不同。80年代在九年级上，基本上与八年级是持平的，而90年代教材则略有下降。这种两段式的划分，说明七至九年级是学习构词的重要阶段，在完成小学阶段的学习后，学生虽然已经掌握了大量具有较高构词能力的字种，但是其构词的效果并没有得到最大的发挥，因此在初中阶段，有意识地强化学生用字构词的能力，是很有必要的。

从构词法上来看，汉语的词语可以分为单纯词和合成词，单纯词是由一个语素构成的词，虽然有时候一个语素可以由多个字组成，例如“葡萄”“葫芦”，但是大部分情况下，一个语素相当于一个字。合成词主要有复合和派生两种形式，前者如“课堂”“黑板”，后者如“桌子”“老虎”，这些词都是由两个或者两个以上的字组成。考虑到母语教学大部分是按照由字到词的顺序进行的，而很少是以词作为教学的基本单位，我们可以把词语分为单字词和多字词。多字词大部分是合成词，也有少量的单纯词。在现代汉语词汇系统中，多字词占了大多数，考查《现代汉语词典》（第5版）的结果，共有词语61 622个，其中单字词有7880个，多字词有53 742个，这说明，要想达到掌握现代汉语词语，需要积极扩展用字组词的能力。《现代汉语词典》（第5版）出现的61 622个词语，共使用了8108个字种，据此我们可以推算出，《现代汉语词典》（第5版）的字种平均构词数量为7.6。我们把这个指标与两套教材各个年级的字种平均构词数量相比，发现教材的指标远远低于《现代汉语词典》（第5版）的指标，即使最高的九年级，80年代教材这个指标只是2.7，90年代教材为2.6。当然，这个指标只是一个年级的，所以肯定会低于基于大规模语料的《现代汉语词典》（第5版）的数据。如果我们把整套教材纳入考查范围，根据教材词种数为19 383，字种数为4378，可以得出字种平均构词数量为4.4；90年代教材词种数为19 031，字种数为4247，可以得出字种平均构词数量为4.5，这两个指标仍旧是远低于《现代汉语词典》（第5版）的数据。考虑到两套教材中还有大量的人名、地名等专有名词，这些一般不会出现在《现代汉语词典》（第5版）的词汇系统中，扣除这个因素，两套教材字种平均构词数量还会低于现有的4.4、4.5的水平，那就更低于《现代汉语词典》（第5版）7.6的这个指标了。这说明，在基础教育阶段，在扩展组词能力的学习上，仍旧有很大的提升空间。

二、构词词形

下面我们从第二个角度，来看组成的词是什么样子的。词分为单纯词和合成词的分法主要是从语素的角度来分析，而从字的角度来分析词，主要是看音节的多少。根据构词音节的多少，我们首先对两套教材的词语的数量进行统计，结果如图4–22和图4–23。

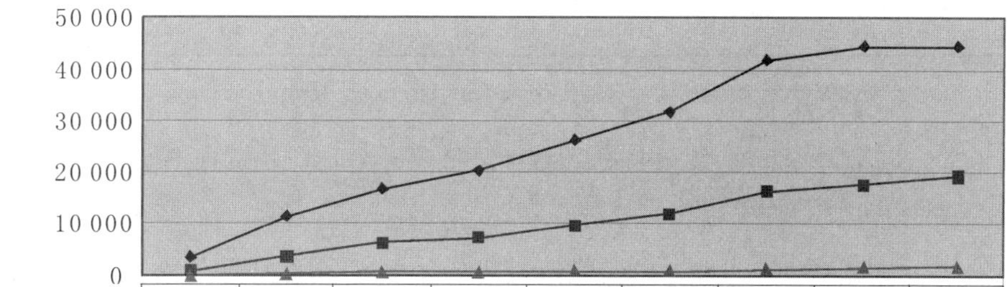

	一年级	二年级	三年级	四年级	五年级	六年级	七年级	八年级	九年级
单音节	3 517	11 489	16 622	20 212	26 368	31 501	41 715	44 384	44 239
双音节	1097	3892	6269	7418	9818	12 131	16 342	17 783	19 182
多音节	91	305	561	761	916	1 011	1 374	1 739	1 751

图4-22　80年代教材各年级不同词长词语数

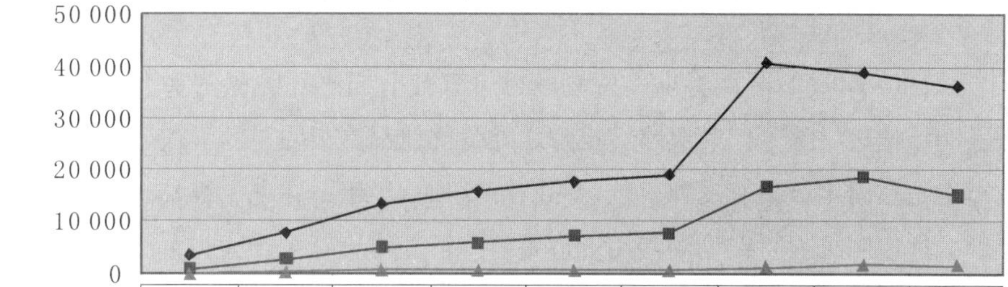

	一年级	二年级	三年级	四年级	五年级	六年级	七年级	八年级	九年级
单音节	3515	7894	13 194	15 745	17 825	19 131	40 629	38 588	35 922
双音节	1054	2764	5143	6150	7385	7846	16 711	18 514	15 059
多音节	80	219	514	666	555	777	1406	1799	1636

图4-23　90年代教材各年级不同词长词语数

从图4-22和图4-23我们可以看出几个特点：

（1）各种不同词长的词语在各个年级都出现了。

（2）两套教材的单音节词语在各个年级都是占多数，次之是双音节词语，最少的是多音节词语。

（3）词语无论音节多少，两套教材在一至六年级都是呈现逐级增加的态势。在七至九年级，80年代的教材除了单音节词语数在九年级略有下降之外，其他双音节词语、多音节词语都是呈递增趋势；而90年代教材，单音节词在七年级猛然提到一个最高位，然后逐级下降，但是仍旧维持在比一至六年级高的一个位置，双音节词语和多音节词语则是在七至八年级递增，九年级下降，也是仍旧维持在比一至六年级高的一个位置。

在两套教材中，单音节词语和双音节词语是主体，那么两者之间的比例关系又有什么变化呢？

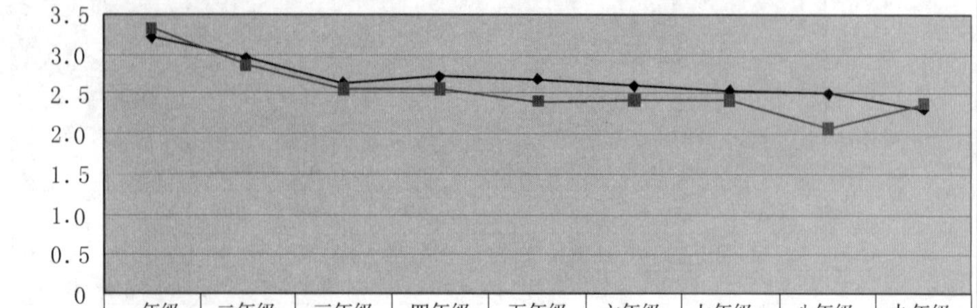

	一年级	二年级	三年级	四年级	五年级	六年级	七年级	八年级	九年级
80年代	3.2	2.95	2.65	2.72	2.69	2.6	2.55	2.5	2.31
90年代	3.33	2.86	2.57	2.56	2.41	2.44	2.43	2.08	2.39

图4-24　80—90年代教材各年级单双音节词语数量比关系图

从图4-24我们可以看出，两套教材单双音节词语数的比例基本呈现下跌趋势。80年代教材除了四年级略有反弹之外，其他都是很明显的下跌趋势。90年代教材也是在四年级略有反弹，然后一直下跌到八年级，在九年级又有一个较高的反弹。这说明，教材在词语使用上也是延续了低年级以单音词为主，高年级以双音词为主的编排思路，这体现了教材编写的科学性。

然后我们看一下两套教材各年级不同音节数的词种音节的变化，统计结果如图4-25和图4-26。

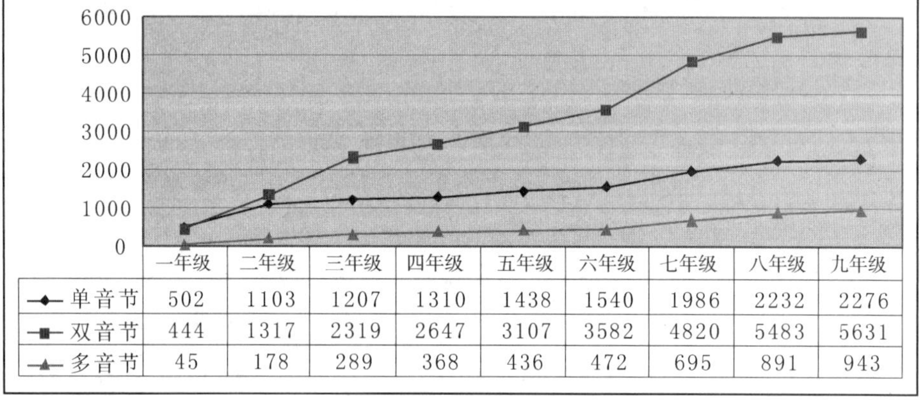

	一年级	二年级	三年级	四年级	五年级	六年级	七年级	八年级	九年级
单音节	502	1103	1207	1310	1438	1540	1986	2232	2276
双音节	444	1317	2319	2647	3107	3582	4820	5483	5631
多音节	45	178	289	368	436	472	695	891	943

图4-25　80年代教材各年级不同词长词种数

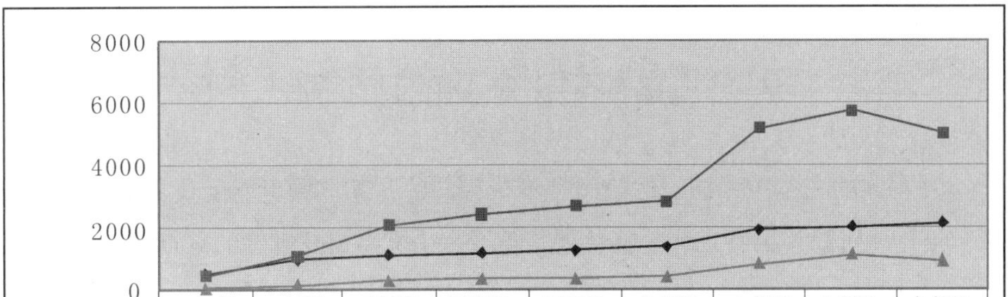

	一年级	二年级	三年级	四年级	五年级	六年级	七年级	八年级	九年级
单音节	482	953	1104	1181	1273	1351	1928	2022	2125
双音节	438	1085	2059	2435	2682	2823	5147	5743	4998
多音节	40	137	281	335	336	392	796	1103	894

图4-26　90年代教材各年级不同词长词种数

从图4-25和图4-26我们可以看出几个特点：

（1）除了在一年级单音节词种最多外，两套教材在其他年级都是双音节词种占多数，次之是单音节词种，最少的是多音节词种。

（2）词种无论音节多少，80年代教材都是呈现逐级增加的态势。而90年代教材，只有单音节词种是逐级增加的，双音节词种和多音节词种在七至八年级是递增的，在九年级开始下降，整体上保持比一至六年级高一个层级。

下面我们看一下在两套教材中单音节词种和双音节词种之间比例关系的变化。统计结果如图4-27。

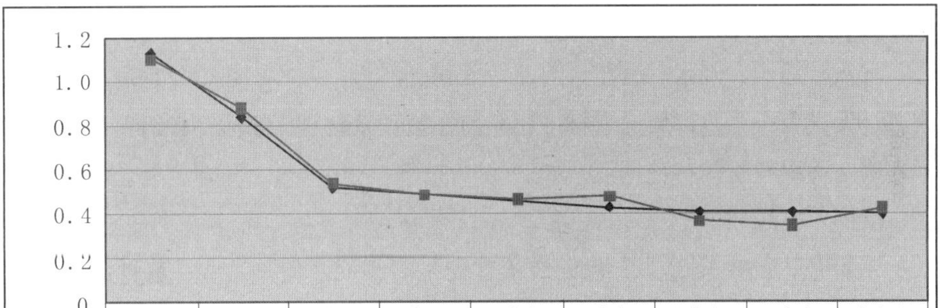

	一年级	二年级	三年级	四年级	五年级	六年级	七年级	八年级	九年级
80年代	1.13	0.84	0.52	0.49	0.46	0.43	0.41	0.41	0.4
90年代	1.1	0.88	0.54	0.49	0.47	0.48	0.37	0.35	0.43

图4-27　80—90年代教材各年级单双音节词种数量比关系图

从图4-27我们可以看出，80年代教材单双音节词种数的比例基本呈现下跌趋势，90年代教材除了六年级略有反弹之外，其他都是很明显的下跌趋势。这说明，教材在词种使用上也延续了低年级以单音词为主，高年级以双音词为主的编排思路，这体现了教材编写的科学性。

第五节 教材的特色词

在不同的文本中，词语的使用是不尽相同的，某些词更能反映文本的用词特征，这些词可以称为特色词。特色词是学习一个文本需要掌握的重点之一。

一、确定特色词的方法

苏新春在研制《现代汉语常用词表》时采用了频级统计法来测定一个词的通用度。语料中相同频次的就算作一个频级。频次最高的算作频级的第一位，将所有频级由多到少地降序排列，这样就得到原始频级。使用这种方法的初衷，是为了解决不同性质的语料库统一折算的问题，“要将多个语料库的频次综合起来统一考察时，对频级进行折算就有价值了。将多个分语料库的频次分开计算频级，而不是归并为一个大的语料库来计算总的、单一的频次和频级，能保证较小规模语料库的频次不会被较大规模语料库的频次所淹没，小语料库的频次会以频级的方式将它的价值反映在总语料的频级排位中”[①]。在实际中，也可以用于不同的语料之间的比较，提取语料的特色词。如苏新春等（2008年）利用频级差研究了基础教育新课标历史和地理教材的特色词汇。具体方法是以地理教材排序靠前，历史教材排序靠后，频级差异最大的词来确定地理教材的特色词汇，如“气温、气候、地形、降水、分布、河流、面积、海洋、差异、热带、地球、陆地、旅游、天气……”；以历史教材排序靠前，地理教材排序靠后，频级差异最大的词来确定历史教材的特色词汇，如“他、战争、人民、今、革命、社会主义、建立、事情、统治……”[②]。

从特色词的性质看，特色词应该首先是高频词。但是某些一般性的词语在各种语料中都会高频出现，因此还需要进一步限制，才能排除掉这部分词语。传统的TFIDF（Term Frequency & Inverse Documentation Frequency）算法首先是采取考虑词语出现的文本数的方式来进行赋值。如果一个词在一组文档中出现的范围越少，那么这个词成为特色词的能力就越强，应该被赋予较高的权重。而频级差异法通过两个文本之间的比较，为排除掉这些一般性的高频词提供了可能。我们

---

① 苏新春：《计量方法在词汇研究中的作用及频级统计法》,《长江学术》2007年第2期。

② 国家语言资源监测与研究中心：《中国语言生活状况报告2008》下编，商务印书馆，2009，第440~462页。

也可以看到，在用频级差异法筛选出来的历史教材特色词汇中，排第一位的是“他”，这个是一般性的词语，不应该成为特色词汇。这说明目前的频级差异法还有可以进一步改进的空间。

从文本比较的角度看，文本的特殊性体现在与一般通用文本的差异上，而并非任意两个文本之间进行比较就可以得出互相的特色词汇。因此，从特色词汇的含义来说，特色词汇应该是相对于一般词汇而言的，词汇的频级差也应该是文本的词汇频级与通过海量语料统计得出的对应的通用词汇频级相比较得出的，这样才可以排除掉像“他”这样的一般词汇。

词汇的频级差异，是否要用差来表示也可以讨论。如果用频级差，确实可以表现出两个文本之间词汇的差异，但是这会掩盖词汇本身的频级。因此用文本词汇频级与通过海量语料统计得出的对应的通用词汇频级之比是更稳妥的办法。如果这个比值是1，说明文本词汇的频级与通用词汇的频级相当，如果小于1，说明文本词汇的频级排名更靠前，如果大于1，则说明文本词汇的频级排名更靠后。因此，只有小于1的，才有可能是文本中的特色词汇。从理论上讲，比值越靠近1，说明文本词汇的使用与通用词汇的使用越一致。因此，我们倾向于从远离1，而且小于1的词汇中挑选特色词汇，至于小到什么程度，也是见仁见智的问题，我们在这里把这个频级比的界限定为0.5，从小于0.5的词汇中挑选特色词汇。

用来作为基准比较的通用词汇的频级材料，有如下三种可以作为参考：

（1）《现代汉语频率词典》。该词典于1986年出版。北京语言学院语言教学研究所1979—1985年组织70多人用人工和电子计算机结合的方式，对200万余字的语料进行了考查，并把频率最高的前8000词编成词表。这个词表用定量手段揭示了汉语词汇的基本面貌，并为语文教学提供了重要的参考依据。

（2）《现代汉语语料库词语频率表》。该词表是教育部语言文字应用研究所肖航研发，语料库在线网站（http：//www.cncorpus.org）提供词表的电子版下载。该词表只列入出现次数大于50次的词，共收词14 629个。收词依据的语料规模为2000万字。语料以手工录入的1993年前印刷版本语料为主，并收录了部分采用人工录入的1993—2002年的印刷版本语料和少量2002年以后网络电子文本语料。

（3）《现代汉语常用词表（草案）》。该词表2008年发表，收词56 008个，该词表是对国家语委“现代汉语通用语料库”中经分词标注的4500万字语料、《人民日报》2001—2005年约1.35亿字的分词标注语料和厦门大学的现当代文学作品语料库约7000万字的语料进行研究而编制的。本表研制过程中，还同国家语委“现代汉语通用语料库”核心语料库、厦门大学的新词语语料库、《现代汉语规范词典》《现代汉语词典》《新华词典》等所收词语进行了比对，并查验了该词在人民网《人民日报》报系网页、谷歌（Google）简体中文网页、百度网等常用网页上的使用情况。

这些词表或者词典，在处理的时候都考虑到了所依据语料的多样性，而且所依据的语料规模也比较大，其收词的频率，经处理后都达到作为通用词汇的频级。不过，我们的目的是筛选出80—90年代语文教材的特色词汇，从这一点上看，“现代汉语语料库词语频率表”所依据的语料和我们教材所处的时代更有一致性，因此，我们所采用的通用词汇的频级就依据“现代汉语语料库词语频率表”。

在把我们经分词得来的80—90年代教材词语与“现代汉语语料库词语频率表”所收词语进行比较的时候，会出现教材词语在“现代汉语语料库词语频率表”没有收录的情况。这一方面是因为“现代汉语语料库词语频率表”只列了出现50次以上的词，所以两者不是一一对应。但是即使“现代汉语语料库词语频率表”列入了所有词，也仍旧可能会出现这种情况。

苏新春对“通用语料库”词表、“核心语料库”词表、《现代汉语词典》词表、《现代汉语常用词表》、“2005年度9亿字词表”、2000—2005年《人民日报》词表等进行过比较，发现“还没有一种词表具有完全的覆盖力，即所有的词表之间都有着一个不交集的部分，每个词表都有自己独有的词语”[①]。因此，教材词语在通用词表中不会完全匹配是一个无法避免的问题。教材中的词语如果没有在通用词表中出现，这部分词语可能是教材的特色词语，也有可能是由于各种原因没有被通用词表收入的词语，这需要我们具体情况具体分析。

特色词汇首先必须是高频词这一点也必须重视。如果只考虑频级差的话，可能会把一部分低频词汇列入筛选的对象。当然，何为高频，何为低频也是一个见仁见智的问题，在这里，我们把文本中频级位列总词汇前10%的列为高频词，从中筛选教材的特色词汇。

对语文教材这种性质的语料而言，其选文是经过有意识的筛选的，可能会出现在某一册的某一篇课文中，某个词语多次复现，但是在其他课文上基本不出现的情况，这会造成局部的高频。我们对这种情况也进行了限制，要求该词语在4个以上（包括4个）不同年级的课文中出现。

① 苏新春：《计量方法在词汇研究中的作用及频级统计法》，《长江学术》2007年第2期。

二、特色词的分布

80年代教材共有19 383个不同词种，90年代教材共有19 031个不同词种。根据我们前面提出的前10%的频级条件，两套教材首先筛选出前2000个词作为考查对象，然后根据频级比小于0.5或者“现代汉语语料库词语频率表”失收、至少在四个年级出现这些条件，我们又进行了筛选。筛选结果如下：

80年代教材共有963个特色词语，扣除8个没有出现在“现代汉语语料库词语频率表”的词语，如：吱、亲爱、不由得、哗、嗡、下子、真是、孩，共计955个；90年代教材共有871个特色词语，扣除13个没有出现在“现代汉语语料库词语频率表”的词语，如：真是、下子、嗡、桃树、榕树、亲爱、木船、梨花、哗、红领巾、孩、嗒、不由得，共计858个。

根据“名词、动词、形容词、区别词、副词、数词、量词、介词、感叹词、语气词、拟声词”的词类体系，我们画出80—90年代教材各个特色词语的词类分布如图4-28。

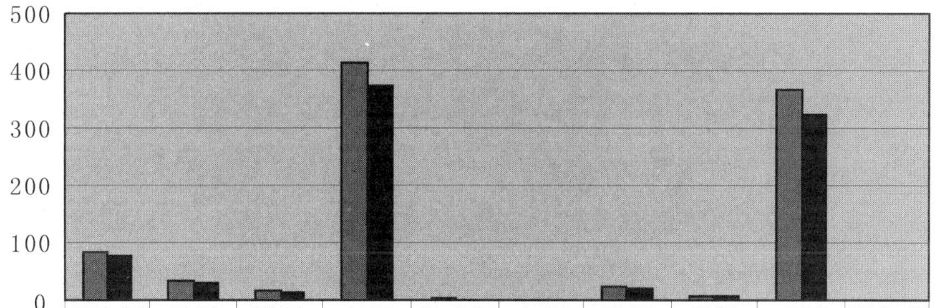

	形容词	副词	数词	名词	拟声词	介词	量词	代词	动词	语气词
80年代	86	35	19	415	5	4	25	8	367	2
90年代	78	30	13	372	2	0	23	8	326	2

图4-28　80—90年代教材不同词性的特色词语分布数量图

从图4-28我们可以看出，80—90年代的教材中属于名词、动词的特色词语最多，而形容词、副词、量词、数词、拟声词、语气词都很少，感叹词、区别词没有出现。介词在80年代教材中少量出现，而在90年代教材中没有出现。

三、特色名词的语义类

在所有的词类中，名词是语义色彩比较明显的一个词类。为了更清楚地对教材的特色词进行分析，我们把其中80年代的415个名词、90年代的376个名词和《现代汉语分类词典》进行了匹配。《现代汉语分类词典》是苏新春（2013年）的成果。该词典“是按词的意义来分类编排的词典。共收词条8.3万多个，主要是以科学的现代化的语料库为基础选择通用程度较高的语文性词语。8.3万多个词条按五级语义层的分类体系编排，共有一级类9个，二级类62个，三级类508个，四级类2057个，五级类12 659个，上层分类反映了整个社会生活与汉语词汇的宏阔概貌，底层分类将同义词、近义词、反义词语汇聚在一起，细致地反映出词语的同义、近义、反义关系”。《现代汉语分类词典》中没有收录具体的人名和姓氏，因此，名词类的特色词语在排除了人名和姓氏之外，80年代教材剩404个，90年代教材剩349个。

《现代汉语分类词典》中共有一级类9个：生物、具体物、抽象事物、时空、生物活动、社会活动、运动与变化、性质与状态、辅助词。与名词有关的有4个：生物、具体物、抽象事物、时空。80年代404个、90年代351个名词类特色词在这4个类别中的分布如图4-29。

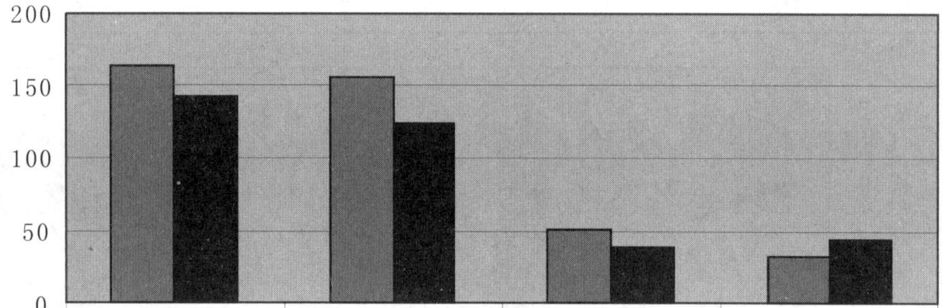

	具体物	生物	时空	抽象事物
■80年代	165	156	51	32
■90年代	142	124	39	44

图4-29　80—90年代教材名词类特色词语的语义分布数量图

从图4-29我们可以看出，80年代教材名词类特色词语的语义类别按照多少排序分别是具体物>生物>时空>抽象事物，其中具体物和生物远大于时空和抽象事物；而90年代教材略微做了一点调整，抽象事物类略多于时空类词语，形成“具体物>生物>抽象事物>时空”这样一个序列。

我们进一步把80—90年代教材中各语义类别的词与《现代汉语分类词典》中这些类别的词语的数量做了对比。在《现代汉语分类词典》中，语义为具体物的词共有13 457个，生物类的共有9920个，时空类的共有3382个，抽象事物类的共有17 008个，我们计算一下教材和《现代汉语分类词典》对应语义类词语的数量比，并画出统计如图4-30。

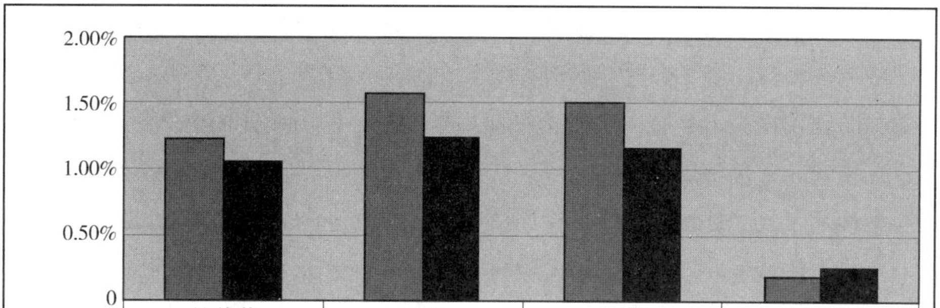

	具体物	生物	时空	抽象事物
80年代	1.23%	1.57%	1.51%	0.19%
90年代	1.06%	1.25%	1.15%	0.26%

图4-30　80—90年代教材各语义类别特色名词与《现代汉语分类词典》对应词语的数量比图

教材和《现代汉语分类词典》对应义类词语的数量比是一个反映相对数量的指标，体现80—90年代教材在词语选择上的倾向性。从图4-30上我们看出80—90年代的这个数量比呈现了生物>时空>具体物>抽象事物的序列。下面分别讨论：

（1）抽象事物。在这4个语义类别的特色词语中，抽象事物无论是从出现的绝对数量还是相对数量上来看，都是最少的。这与语文教材本身的性质有关。语文教材是一种基础类教材，学生还处在心智逐渐成熟的阶段，而对抽象事物的理解要求有较高的智力水平和社会经验，这是学生很难在基础教育阶段达到的。而且我们看到，在80年代的32个抽象事物的特色词语中，有7个（功课、课、报、日记、书、信、文）二级类为科教类的词语、5个（歌声、歌、图画、画、广场）二级类为文体类的词语，占到80年代抽象事物词语的37.5%；在90年代的44个抽象事物的特色词语中，有15个（课、功课、报纸、报、学问、消息、诗、作文、信、文书、书籍、书、字、文、汉语）二级类为科教类的词语、3个（歌声、歌、广场）二级类为文体类的词语，占到90年代抽象事物词语的38.6%。这些词语都与学生生活密切相关，因此，真正反映抽象事物的特色名词很少，这恰恰是语文教材收词特点的一种反映。

（2）时空类词语属于出现绝对数量很少，而相对数量较多的一类特色词。80年代的教材中收录这类词语有“傍晚、北、背后、春、春天、从前、大地、底下、东、冬天、洞、对面、跟前、工地、工夫、故乡、后边、后面、脚下、今、空中、里、两旁、门口、南、旁、旁边、前边、秋、秋天、身边、时候、四周、天、天空、外边、晚上、西、夏天、星期、野、夜、夜里、右边、早晨、早上、阵地、钟头、周、左边、左手”共51个；90年代教材有“傍晚、北、春、春天、大地、底下、东、冬天、洞、跟前、工夫、故乡、后边、脚下、今、空中、里、两岸、南、年纪、旁、旁边、前边、秋天、时候、四周、天、天空、西、夏天、小时候、夜、夜里、早晨、早上、阵地、钟头、左手、座位”共39个。这些词语从性质上看，并无特别之处。之所以被筛选出来成为特色词语，只是因为其在教材中的使用量比“现代汉语语料库词语频率表”更多。这也可以看作是一种语文教材用词上的特色。之所以在语文教材中有更高的使用量，可能是跟语文教材中多收与叙事有关的篇目有关。叙事性的文章多要求“时间、地点、人物、起因、经过、结果”六要素齐备，而时间、地点则多属于时空类语义，因此教材中这些词的使用量相对大也就不奇怪了。

（3）生物类是属于出现绝对数量很多，相对数量也很多的一类特色词。在《现代汉语分类词典》中，生物类的二、三级类见表4-6。

表4-6　80—90年代教材生物类特色词语二、三级语义类统计表

		80年代	90年代
人：59个/43个	才识	1	1
	泛称	1	0
	籍属	2	2
	年龄	10	7
	品性	4	1
	亲属	17	13
	社交	11	9
	体格	1	0
	性别	2	1
	职业	10	9
动物：34个/25个	虫类	9	6
	禽类	5	4
	兽类	9	6
	水生动物	4	3
	畜类	7	6

（续表）

		80年代	90年代
植物：25个/20个	花草	3	4
	经济作物	2	1
	粮食	4	4
	林木	8	7
	蔬果	8	4
生物部分：38个/36个	分泌物	1	2
	躯体部分	31	30
	植物部分	6	4

从二级分类上看，生物类特色词中表示人的词语最多，这也是与语文教材中多收与叙事有关的篇目有关。叙事性的文章多要求“时间、地点、人物、起因、经过、结果”六要素齐备，因此各种角色的人类名词都会出现在教材中，而且表现出与一般语料不同的高使用量。在表示人的特色词中，有四类最多：亲属、年龄、社交、职业。

80年代教材中主要有以下表示人的称谓：

亲属：妈妈、弟弟、儿女、叔叔、爷爷、哥哥、姐姐、妹妹、爹、夫、母亲、哥、儿、姑娘、爸爸、妇、父亲

年龄：老奶奶、老人、老太婆、老头、小孩、少年、孩、孩子、小朋友、小鬼

社交：敌人、朋友、老爷、皇帝、君、客、臣、穷人、共产党员、官、伙伴

职业：向导、老师、战士、总理、主席、班长、伙计、指导员、将军、猎人

90年代教材中主要有以下表示人的称谓：

亲属：爸爸、伯伯、弟弟、爹、儿、父亲、哥、姑娘、姐姐、妈妈、母亲、奶奶、叔叔

年龄：大人、孩子、老太太、老头、老爷爷、小鬼、小孩

社交：敌人、共产党员、伙伴、君、客、客人、朋友、同学、战友

职业：班长、将军、老师、特务、先生、战士、指导员、主席、总理

亲属和年龄在本质上是反映了一种对关系远近的认同，所以二者在一些词语上存在着转换关系。这些词语往往是学生在日常生活中经常使用的词语，在教材

中用来组织话题会更容易被学生认可，所以在教材中这两类语义的词语使用量都很高。

社交和职业在本质上反映了一种对彼此之间社会属性的认同，所收词语往往反映当时的社会背景。从收录的词语看，有很多带有阶级属性的词语，如："共产党员、敌人、穷人、老爷、皇帝、臣"，也有很多与军事有关的词语，如："战士、班长、指导员、将军"，这反映了当时的教材注重革命传统教育的倾向。

生物部分数量居第二位，但是仔细分析的话，里面表示躯体部分的词语占了绝大多数。这些表示躯体的词语包括人体或者动物部分，如："手、脚、尾巴"，也包括植物部分，如："果实、叶子"等，并不是单纯的一类。不过，这些词语也是与日常生活非常相关的。

动物类词语之所以能够成为特色词，是因为在语文教材中，经常会出现由动物充当主人公的篇目，这样的形式，尤其在低幼年级，更容易吸引学生的兴趣。从动物选择上，也多以选取日常生活中常见的动物为主。

植物类词语之所以会成为特色词，这可能跟教材中出现与农业生产或者自然环境描写相关的篇目有关。

（4）具体物。根据《现代汉语分类词典》的二级分类，我们统计如表4-7。

表4-7　80—90年代教材具体物类特色词语二级语义类统计表

	80年代	90年代
自然物	52	50
建筑物	42	32
生活用品	28	24
器具	12	7
材料	11	11
食用品	10	8
文化用品	5	6
概称	5	1

从表4-7我们可以看出，自然物、建筑物、生活用品分列前三位。自然物主要包括"岸、冰、波浪、草地、春风、大雨、岛、风、风雨、沟、光、海、河、湖"等，多是与自然环境有关的词语。这一方面是教材选文写景状物的需要，另

一方面也起到了让学生关注自然生活的作用。建筑物主要包括“车站、城、厨房、窗、窗户、堤、殿、房、房子、公园、宫、花园、教室、窗”等，多与学生日常生活的居所有关。生活用品如“口袋、布、衣、鞋、衣服、衣裳、衬衫、帽子、帽、桌子、桌、床、炕、碗、钟、钩、火柴、灯、锅、帐、绳子、袋、瓶、缸、盆、壶、筐、电灯”等，包括了日常所用之物。

从对名词类特色词的分析中我们会看到，语文教材的词语受到教材选文广泛性的影响，所以特色词的种类也十分繁多，甚至在某种程度上与一般语料有一定的重合性。这其实也是语文教材选词特点的反映。语文教材特色词的特色还表现在词语的选择是有倾向性的，越是与日常生活密切相关的语义类，出现的词语数量也越多。

第五章　教材练习分析

有无练习是现代教材与传统教材的重要区别之一。传统的蒙学教材，如《三字经》、《百家姓》、《千字文》、《幼学琼林》、《龙文鞭影》等，或是组字成句，或是摘取语篇，都是以课文为主的，没有课后的练习。新中国成立后的编写教材，课后练习在不同时期的编排呈现出不同的特点。郑宇对1949年以来小学语文教材中课文后练习题进行了分析，分成了四个阶段：第一阶段（1949—1963年），课文后的练习从无到有，强调思想政治教育，强调语文知识的系统传授。第二阶段（1963—1978年），课文后的练习简约、明确，强调“双基”训练。第三阶段（1978—2000年），课文后的练习从简单走向繁复，注意体现训练过程，强调学习能力的培养。第四阶段（2000年至今），从2000年开始的课程改革，语文课改的根本点是促进每一个学生的全面发展，强调体验、感悟和积累，强调语文素养的形成，促进学生学习方式的改变。[①]

关于练习的重要性，国内外很多学者都做出过论述。李杨认为，“训练在第二语言教学中是获得目的语能力的必经过程，也是认知及开发智力的手段。与自然状态下盲目、无序、无时限地习得语言不同，正规的语言学习是按语言规律、教学规律、学习规律将学习活动变成一种完全自觉的和循序渐进的活动，其时限、条件与学习目标的规定性要求训练尽可能是高效的。因而训练在教学的众多环节中处于由知识的巩固转化为能力的关键性阶段。可以说，教与学的效果都要由训练来实现。语言主要不是教会的，而是练会的。因此，练习编得好坏，至关重要”[②]。杨惠元认为，“‘教’的结果只是‘懂’，‘练’的结果才是‘会’。要完成从‘懂’到‘会’的转化，关键是练习。优质的学习内容要通过练习学会，科学的学习方法要通过练习掌握，熟练运用要通过练习达到，语言交际能力要通过练习提高，‘教’和‘学’的效果要通过练习实现。新一代教材应

---

① 郑宇：《从课文后练习的编排看当代小学语文教育的走向》，《课程·教材·教法》2006年第3期。

② 李杨：《对外汉语教学中高级课程习题集·序》，北京大学出版社，1994。

该是一部精心编排的练习集”[①]。美国教育心理学家桑代克（Thomdik，1898年）曾提出三条著名的学习律：预备律、练习律、效果律。练习律指出“练习是学习行为中的一种强化现象，强化重复越多，学习效果就越好”。

教学是学习者、施教者在教材的基础上完成的一个双向活动。练习无论是对教材、学习者，还是对施教者都是非常重要的。

教材是由多个模块按照一定原则编排而成的。这些模块包括注释系统、课文系统、知识系统和练习系统。在这些模块中，课文系统和练习系统是最重要的两个模块。对课文的学习多是在课内完成的，是一种师生互动，以老师为主导的教学模式，而练习系统则是以学生为主体在课外完成的，因此两者形成了互补；另外，课文内容所蕴含的知识点是隐性的，而练习所操练的知识点是显性的，可以把最需要学生掌握的内容集中起来进行训练。这是对课堂内容的补充，可以巩固学习者对课文的学习效果。

人类所掌握的各种后天技能都是反复操练的结果，只有反复操练，才能在刺激和反应之间建立一种牢固的链接。语言技能也不例外。在语言学习中，对于教师在课堂讲授的内容，只是形成了很弱的思维链接，学习者必须通过一定量的练习予以强化，才能将其纳入自己已有的知识结构中。从人类学习的知识系统来看，主要包括了陈述性知识和程序性知识。陈述性只是关于事物及其关系的知识，或者说是关于“是什么”的知识，包括对事实、规则、事件等信息的表达。程序性知识是关于完成某项任务的行为或操作步骤的知识，或者说是关于“如何做”的知识。它包括一切为了进行信息转换活动而采取的具体操作程序。在两种知识转化的过程中，练习起到了非常重要的作用，而且只有通过练习，学习者才能把语言知识转化为语言技能，实现交际能力的提高。

对于施教者而言，教师可以从语言练习中得到很多反馈信息，可以对教学效果进行评估，这样才可以进一步对教学方法和方式进行调整，达到更好的教学效果。

因此，好的练习系统应该贯彻为学生服务、为教师服务、为教学内容服务的原则。

① 杨惠元：《论〈速成汉语初级教程〉的练习设计》，《语言教学与研究》1997年第3期，第31页。

第一节 练习题的题型

就语文教材而言，题型是指为实现对某个语言项目或者语言能力的掌握，而采取的不同的练习方式。题型是与语言要素的训练不同的一种练习方式。比如对于词语的练习，我们可以采取抄写、造句、翻译、连线等方式，这些都是属于题型的范畴，而从语言要素的角度，则属于对词语这个语言要素的训练。从二者的关系上看，对语言要素的训练是目的，而练习的题型是达到这一目的的方式，或者说为达到目的采取了什么样的手段。

一、练习题型的分析模板

目前从研究的角度对题型的类别做出明确划分的成果还不多，例如：

苏新春等将练习题型概括为12类：诵读类、抄写类、连线类、填充类、比较辨析类、口头表达类、问答类、写作训练类、动手实践类、理解体会类、积累类、翻译释义类。[①]

贾建花将练习题型分为26类：背诵、辨析、抄写、搭配、分类、复述、改错、回答问题、解释词语、解释说明、朗读、连线、谜语、排序、判断、情景对话、说话、填空、听写、涂颜色、写短文、写段意、选择、游戏、造句、组词。[②]

其中，苏新春等是母语教材练习题型进行的分类，而贾建花是对华文教材练习题型进行的分类。我们可以看出二者在分类上存在较大的数量差异。不同性质的教材确实可能有不同的题型，例如数学教材中经常出现计算题，英语教材中经常出现完形填空题，对外汉语教材中经常出现语音辨析题。这些题型在一般的母语语文教材中是不会出现的。所以针对不同性质的教材可以有不同的划分题型的形式。但是针对某种类型教材的练习题型进行划分应该遵循“穷尽性、排他性、层次性”的原则。所谓穷尽性指的是一种分类框架应该包含了所有的题目，所有的题目都应该在这个框架中找到自己的位置。所谓排他性指的是所有的题目应该在一个框架中找到唯一的位置。所谓

① 苏新春等：《对四套新课标语文教材课后练习的四维分析研究》，《江西科技师范学院学报》2010年第1期，第68页。

② 贾建花：《三套华文教材练习对比研究》，厦门大学硕士学位论文，2014。

层次性指的是各个分类应该从属于不同的层级，而不是在一个平面上简单地展开。

在分类的时候，层级性是需要首先考虑的问题。首先，教材所要传授的内容可以划分一个个的知识点，这些知识点是可穷尽的。我们可以通过反复的练习使学生对知识点形成一种固定的认识，演变出一种下意识的能力，并在人脑中形成一个固定的知识单元。起这种作用的练习我们称之为固化性练习。其次，人的思维中，除了有一个固有的知识体系外，还需要一个能够调动多个知识模块进行创造性思考的部分，这是一种创造能力，是不可穷尽的。我们把这种能力称之为发散性能力，所对应的练习称之为发散性练习。

需要说明的是，固化性练习和发散性练习与我们通常说的主观题、客观题不尽相同。通常意义上的主观题、客观题是以是否有标准答案作为划分依据的，而不是以思维方式的不同作为判断依据的。例如选择判断题，虽然属于通常意义上的客观题，但因为做出判断需要调动多方面知识，所以在我们的分类系统里属于发散性练习。

针对我们所研究的两套教材，我们将其中的练习题型划分为两个大类，十个小类。第一大类固化性练习：读背、抄写、填听默写、组词造句、翻译解释。第二大类发散性练习：选连判、分段排序、问答、讲述、写作。

关于这个分类体系，我们需要做几个说明：

（1）读背是两个过程，但是二者之间关系很紧密。背往往是在大量诵读的基础上才能完成的，所以归为一类。

（2）填听默写是填空、听写、默写的缩写，这三类都是在无现成依据的情况下，依据人脑知识单元的储存进行的书写。这是一个输出的过程，而抄写是对书面材料的一个模仿，是一种输入过程，所以填听默写和抄写不归为一类。

（3）组词造句之所以归为一类，是因为虽然词语和句子是大小不同的语言单位，但是考查的都是组合能力，而且词语的构造和句子的构造本身有相通之处。

（4）选连判是选择、连线、判断的缩写。三者虽然形式上很好区分，但是其核心都是一种判断能力，所以归为一类。

（5）分段排序。分段包括划分段落，排序指的则是对打乱顺序的几个段落重新整理顺序，二者都是建立在对语段之间关系的认识上，所以归为一类。

（6）第一大类中，读背、抄写、填听默写是最有固化性特点的分类形式。第二大类中，分段排序、问答、讲述、写作是最有固化性特点的分类形式。组词造句、翻译解释、选连判（连线、判断）则既具有固化性练习的特点，也具有发散性练习的特点。根据其侧重点不同，我们分别归入两个大类。

还需要说明的是，从具体的练习题目看，教材的练习存在着比较复杂的情况。有的同一题型会有不同的表现形式。例如同属于问答题，经常会以“说一说”“想一想”“讨论一下”等多种表达方式出现，这种应该统一归到问答类；还有一个题目经常包含多个题型，例如课文后面经常有“听写，并用带点的词语造句”这样的题目，我们分别归入到填听默写类和组词造句类。

二、固化性练习和发散性练习的编排

根据以上的分类原则，我们首先对各个年级固化性练习和发散性练习的数量进行了统计，结果如图5–1和图5–2。

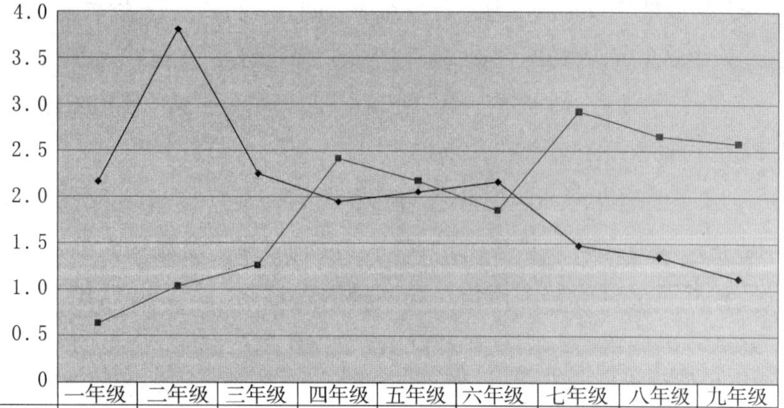

	一年级	二年级	三年级	四年级	五年级	六年级	七年级	八年级	九年级
—◆—80年代固化性练习	2.16	3.8	2.25	1.95	2.05	2.16	1.48	1.35	1.12
—■—80年代发散性练习	0.63	1.03	1.26	2.41	2.17	1.86	2.92	2.65	2.58

图5–1　80年代教材各年级固化性练习和发散性练习分布图

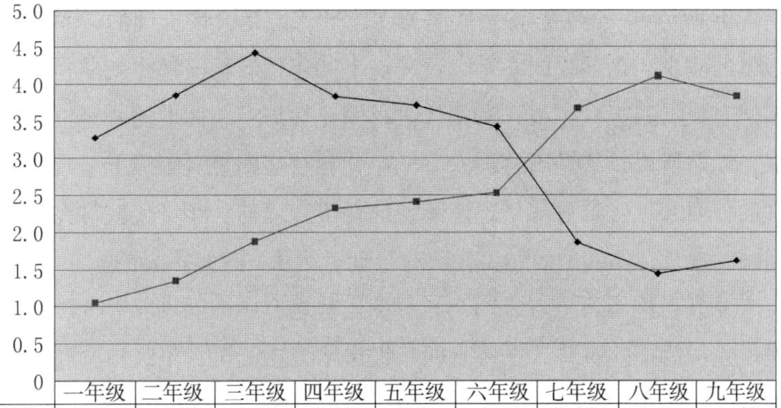

	一年级	二年级	三年级	四年级	五年级	六年级	七年级	八年级	九年级
90年代固化性练习	3.28	3.84	4.42	3.83	3.71	3.42	1.86	1.44	1.62
90年代发散性练习	1.04	1.35	1.87	2.33	2.4	2.53	3.67	4.1	3.83

图5-2　90年代教材各年级固化性练习和发散性练习分布图

从图5-1和图5-2我们可以看到，从整体上看，80—90年代的教材在整体走势上都呈现固化性练习逐渐减少，发散性练习逐渐增多的态势。这一点是符合学生的学习规律的，胡明扬指出“儿童学习第一语言口语的一个特点是‘输入’大大早于‘输出’，并且在量上‘输入’也远远大于‘输出’”[①]。在低年级段，学生以记忆性学习为主，是打基础的阶段。固化性练习较多可以帮助学生掌握更多的基础知识，为下一阶段调动多种知识解决更复杂的问题打下良好的基础。

不过两套教材在具体走势上也有一些分歧，80年代教材的练习基本分成三个阶段。一至三年级是固化性练习占绝对优势的阶段，四至六年级固化性练习和发散性练习开始互有参差，七至九年级发散性练习开始占绝对优势；而90年代教材则分为两个阶段，一至六年级为第一个阶段，表现为固化性练习占绝对优势，七至九年级为第二个阶段，表现为发散性练习占绝对优势。因此，两套教材的主要差别在于从固化性练习为主转变为发散性练习的转折点到底放在哪个阶段上。从固化性练习的主要内容来看，其训练目的在于对字词句的掌握上。结合我们前面章节的分析，我们知道，整个小学阶段需要完成2500个汉字的学习，而初中阶段需要完成1000个汉字的学习。由此可见，小学一至六年级整个阶段都是学习汉字的重点时期。因此，在完成这个任务之前，学生还没有足够的能力去完成一些综合能力更强的练习，教材练习的编排也没有必要为了实现更多的“输出”而牺牲更多的更重要的知识“输入”。从这一点上看，教材在七至九年级发散性练习开始占优势地位是合理的选择。

① 胡明扬：《语言和语言学习》，《世界汉语教学》1993年第1期，第2页。

从固化性练习上看，两套教材的走势也有所不同，80年代教材在一至三年级呈现倒V形。一至二年级大量增加固化性练习是合情合理的，而三年级出现了大幅度的减少，是不妥的安排。这一点上90年代教材安排得就非常合理，呈现出递增的态势。四至六年级，80年代教材固化性练习总体上比一至三年级低了一个等级，如前所说，这是不合理的。80年代教材在四至六年级上呈现递增态势则是合理的，而90年代教材却呈现递减，这是不合理的。80年代教材在七至九年级呈现递减，这是合理的，而90年代教材呈现了起伏，这是不妥的。

从发散性练习上看，两套教材的走势也有所不同。80年代教材在一至六年级呈现先扬后抑的态势，在一至四年级递增，在五至六年级抬升到一个等级后，再递减。而90年代在一至六年级整个阶段都是呈现递增的态势。总的来说，90年代在一至六年级的安排是合理的，而80年代教材之所以在五至六年级出现了递减，可能跟固化性练习在五至六年级递增有关。当教材的练习总量不变的情况下，固化性练习的增多，必然会引起发散性练习的减少。七至九年级两套教材的安排都不尽合理，80年代教材发散性练习递减，90年代教材高低起伏，都不满足发散性练习应该逐渐增加的要求。

总之，目前两套教材在练习的分配上既有合理之处，这表现在整体上固化性练习在减少，发散性练习在增加，也都有不合理之处：一至六年级从练习总量上看，应该呈现出一个递增的态势，这样才能满足固化性练习和发散性练习都是递增的态势，而七至九年级的练习总量则可以保持相对稳定，这样也可以满足固化性练习递减，而发散性练习递增的态势。

下面我们深入到十个次级分类，来看一下各个题型的安排。统计结果如表5-1和表5-2。

表5-1　80年代教材各年级各类型固化性练习和发散性练习统计表

		平均	一年级	二年级	三年级	四年级	五年级	六年级	七年级	八年级	九年级
80年代固化性练习	读背	1.09	1.17	2.09	1.40	1.11	1.05	1.5	0.42	0.5	0.35
	抄写	0.17	0.28	0.46	0.22	0.11	0.08	0.27	0.07	0.02	0
	填听默写	0.26	0.38	0.59	0.35	0.13	0.23	0.11	0.25	0.13	0.08
	组词造句	0.22	0.31	0.39	0.13	0.22	0.23	0.27	0.22	0.12	0.1
	翻译解释	0.35	0.02	0.23	0.15	0.39	0.45	0.39	0.42	0.58	0.58

（续表）

		平均	一年级	二年级	三年级	四年级	五年级	六年级	七年级	八年级	九年级
80年代发散性练习	选连判	0.02	0	0.03	0	0	0	0	0.12	0	0
	分段排序	0.16	0	0	0	0.44	0.42	0.23	0.18	0.17	0.07
	问答	1.6	0.59	0.99	1.26	1.88	1.67	1.57	2.1	2.2	2.35
	讲述	0.07	0.03	0.01	0	0.09	0.07	0.05	0.21	0.13	0.03
	写作	0.06	0	0	0	0	0.02	0	0.3	0.15	0.13

表5-2　90年代教材各年级各类型固化性练习和分散性练习统计表

		平均	一年级	二年级	三年级	四年级	五年级	六年级	七年级	八年级	九年级
90年代固化性练习	读背	1.65	1.96	2.35	2.75	2.37	2.21	2.24	0.56	0.28	0.66
	抄写	0.38	0.24	0.27	0.67	0.63	0.71	0.66	0.13	0.10	0.13
	填听默写	0.35	0.6	0.65	0.13	0.15	0.19	0.11	0.58	0.43	0.23
	组词造句	0.26	0.36	0.37	0.42	0.42	0.33	0.18	0.14	0.10	0.06
	翻译解释	0.27	0.04	0.18	0.4	0.25	0.25	0.21	0.30	0.26	0.49
90年代发散性练习	选连判	0.08	0.08	0.02	0.05	0	0.02	0.03	0.16	0.28	0.04
	分段排序	0.16	0	0	0.07	0.52	0.23	0.18	0.16	0.23	0.06
	问答	2.10	0.9	1.29	1.7	1.73	2.15	2.08	2.64	2.92	3.36
	讲述	0.14	0.06	0.04	0.05	0.08	0	0.18	0.34	0.33	0.13
	写作	0.12	0	0	0	0	0	0.05	0.38	0.34	0.23

从表5-1和表5-2两套教材来看，表现出一定的共性。例如两套教材中固化性练习以读背居多，发散性练习以问答居多。在这两种题型中，以读背和问答居多，也是有一定道理的。读背是强化记忆的重要手段，在我国传统教育模式当

中，读背是常用的一种学习方式，韩愈也曾经说过，“口不绝吟于六艺之文，手不停披于百家之编”，民间也有“书读百遍其义自见”、“熟读唐诗三百首，不会作诗也会吟”的说法。从学习的角度看，有效的读背可以同时刺激视觉和听觉，并对大脑中的记忆单元形成刺激，一些词语和句子的正确用法会因为长期读背而固化下来，这会形成一种语感。从输入输出的角度看，读背在早期是一种最有效的输入方式，可以批量输入规范性的语言模式，作为日后输出的基础素材。问答题是非常常见的一种练习方式，甚至可以说是贯穿在整个课堂教学中。问答多为师生之间的一问一答，是师生之间互动的一种有效方式。其问题可大可小，内容多种多样，因此在发散性练习中占有绝对优势也不足为怪。不过也需要指出的是，固化性练习有集中于读背练习的趋势，而发散性练习有过分集中于问答练习的趋势，这造成了题型种类偏少而缺少丰富的变化。长期用固定的练习模式对学生进行刺激性训练，会削弱学生的兴趣，甚至使学生产生厌倦心理。所以我们应该适当加强其他形式练习的数量。

从表5-1和表5-2我们可以看出，读背练习是固化性练习的主要形式，我们画出读背练习的曲线图，如图5-3。

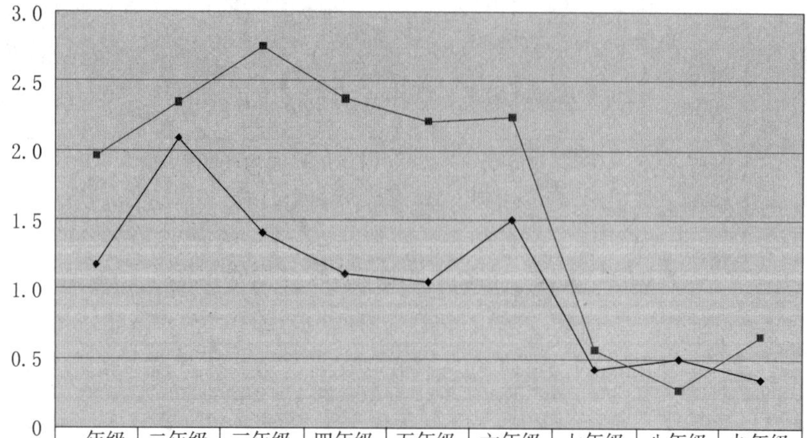

	一年级	二年级	三年级	四年级	五年级	六年级	七年级	八年级	九年级
80年代	1.17	2.09	1.4	1.11	1.05	1.5	0.42	0.5	0.35
90年代	1.96	2.35	2.75	2.37	2.21	2.24	0.56	0.28	0.66

图5-3　80—90年代教材各年级读背练习统计图

从图5-3我们可以看出，两套教材相比，90年代教材读背练习数量要多于80年代教材，反映了90年代教材更重视把读背练习当成一种学习的手段。不过两套教材的相似性也很明显，两套教材在读背题型上，大趋势都是向下的，说明固化性练习比较适合低年级的学习。从读背题型我们也看出，其趋势并不是平稳向下。80年代教材是一至二年级递增，90年代教材是一至三年级递增。如果我们把小学划分为一至三年级和四至六年级两个阶段的话，90年代教材的指标会更合理一些。在一至三年级随着学生识字能力的提高，可以加大读背的量，来快速巩固语言的学习。另外，两套教材在六年级的时候，读背练习都大幅度增加，这也是考虑不周的一种体现。

问答练习是发散性练习的主要形式，我们画出问答练习的曲线图，如图5-4。

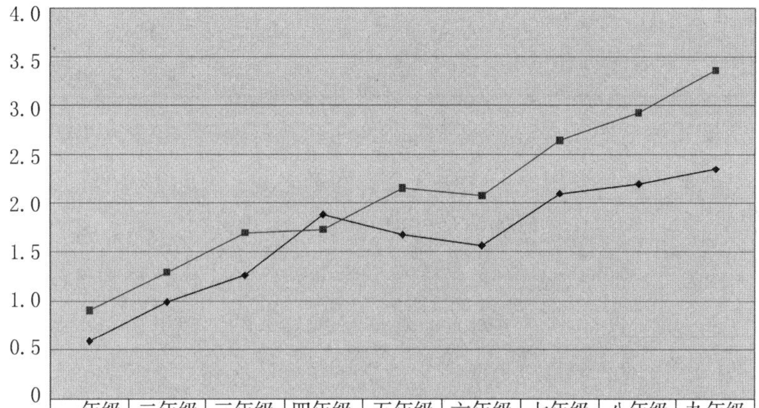

	一年级	二年级	三年级	四年级	五年级	六年级	七年级	八年级	九年级
80年代	0.59	0.99	1.26	1.88	1.67	1.57	2.1	2.2	2.35
90年代	0.9	1.29	1.7	1.73	2.15	2.08	2.64	2.92	3.36

图5-4　80—90年代教材各年级问答练习统计图

从图5-4我们可以看出，两套教材相比，90年代教材问答练习数量要多于80年代教材，反映了90年代教材更重视把问答练习当成一种学习的手段。两套教材的相似点也非常突出，大趋势上都是一路向上，随着年级的增加，数量也越来越大。这说明对高年级而言，问答是很有效的练习方式。不过从指标上看，80年代教材在五、六年级出现了指标的下滑，这也是没有合理安排的一个体现。

三、语体、体裁因素对练习的影响

为了更清楚地了解到底什么样的课文倾向于采取什么样的练习形式，我们引入使用语言、课文体裁两个参考因素，对两套教材的读背、问答练习进行分析。统计结果如表5-3、表5-4。

表5-3　80—90年代教材读背练习与体裁、语言关系统计表

	实用体裁				文学体裁				语言	
	记叙文	应用文	说明文	议论文	小说故事	散文	诗歌	戏剧	白话	文言
80年代	1.05	0.5	0.63	0.36	1.26	1.22	1.12	0.5	1.07	0.84
90年代	2.03	1.375	0.73	0.27	2.06	2	1.45	0.5	1.68	1.29

表5-4　80—90年代教材问答练习与体裁、语言关系统计表

	实用体裁				文学体裁				语言	
	议论文	记叙文	说明文	应用文	戏剧	散文	小说故事	诗歌	白话	文言
80年代	2.11	1.86	1.75	1.5	2.5	1.96	1.5	1.21	1.61	1.49
90年代	3.18	2.01	2.43	2.5	3	2.40	1.85	1.79	2.13	1.68

从实用体裁的课文看，读背练习在两套教材的记叙文都是出现最多的，议论文是出现最少的，应用文和说明文介于两者之间；而问答练习在议论文中出现最多。问答练习出现在其他体裁的情况，两套教材并不一致。80年代教材呈现出议论文>记叙文>说明文>应用文这样一个序列，而90年代教材则是议论文>应用文>说明文>记叙文这样一个序列。记叙文是最基本的体裁类型，也是字词句学习的重要载体，出现的数量也最多。记叙文中包含了大量的名家名篇，是学习的重要内容。通过大量读背，可以让学生掌握基本的写作技巧和语言规范，为以后学习较深的内容打下基础。而议论文讲求论点、论据、论证，注重内在的推理性和逻辑性，所以议论文比较适合以问答题的形式来进行考查。因此，两套教材中，读背题记叙文最多，问答题议论文最多是合情合理的。不过需要说明的是，记叙文是各个年级的学习重点，这贯穿了学习的整个阶段，其重要性是其他几种体裁不可比拟的，因此，问答题虽然可以在议论文中放在首要位置，但是像90年代教材那样，问答题在各种体裁中呈现议论文>应用文>说明文>记叙文这样一个序列是不合理的。而80年代教材中，问答题呈现的议论文>记叙文>说明文>应用文这样一个序列才是合情合理的安排。

从文学体裁看，两套教材中，读背题都是呈现小说故事类>散文>诗歌>戏剧这样一个序列。问答题呈现戏剧>散文>小说故事>诗歌这样一个序列。在文学体裁中，小说故事、戏剧都是以情节和人物刻画见长，而散文和诗歌则以语言和意境见长。因此，散文和诗歌适合多读多背，小说故事、戏剧适合多思多想。从这个角度考虑，散文、诗歌应该是读背题的首选，而小说故事、戏剧应该是问答题

的重要依托。小说故事是远比戏剧重要的体裁，问答题首先要以小说故事为主。因此，两套教材读背题和问答题的编排都是有缺陷的。

从语言来看，在两套教材中，读背题和问答题在白话文中要比在文言文中出现得多。白话文是一种言文一致的书面语，学生日常就生活在一个白话文的环境中，这对语感的形成十分方便。而文言文则是一种以先秦口语为基础加工而成的书面语系统，在语言和词汇上与今天的口语有较大的差异，其用词多佶屈聱牙，其语义则古今异义，其句式则灵活多变。所以只有多读背，才能让学生培养对古汉语的语感。而且课文中的文言文多为名家名篇，其语言多精心锤炼，其内涵多意味隽永，只有多多诵读，才能领会其中的深刻含义。从这种角度讲，文言文应该更多地采取读背的方式进行练习，两套教材在这一方面做得都还不足。

第二节 对语言要素类练习题的考察

语言是由大小不一的组成单位根据一定规则构成的符号系统。对教材练习题的分析，我们可以从语言要素的角度进行。

一、语言的单位及练习的分类

西方语言学界将语言单位划分为语素、词、词组、句子四个级别。汉语学界有很多学者把汉语也照此分成了四级。聂焱对持此意见的代表观点进行了总结，主要观点如下：[①]

张静主编的《现代汉语》认为：词素、词、词组、句子是四种大小不同的语法单位。词素和词属于语法范畴，词组和句子属于句法范畴。

武占坤主编的《现代汉语》认为：语言的单位有词素、词、词组和句子。

季永兴著的《现代汉语语法结构分析》认为：语法单位有四级：语素、词、词组、句子。

黄伯荣、廖序东主编的《现代汉语》认为：语法单位可以分为四级：语素、词、短语、句子。

张斌主编的《汉语语法学》认为：与意义有关的声音有两种，一种是区别意义的，即音位；一种是体现意义的，那就是大大小小的语法单位，如句子、短

① 聂焱：《汉语语法、语言单位研究综述》，《固原师专学报》（社会科学版）2004年第4期，第69~70页。

语、词、语素。语素是最小的语音语义结合体。

但是中国和西方在语言的组织上，有不小的差别，所以中国语言学界对汉语语言单位的讨论一直没有停止。在传统的蒙学教育中，汉字占有很重要的地位，所以也有诸多学者把字作为汉语的重要一级单位。汉代王充《论衡·正说》："文字有意以立句，句有数以连章，章有体以成篇。"刘勰《文心雕龙·章句》："夫人之立言，因字而成句，积句而成章，积章而成篇。"中国现代语言学的发轫之作《马氏文通》中，分"字、读、句子"三级，也把字作为单独的一个构成单位。胡双宝指出，1982年王力先生在给周士琦编《实用解字组词词典》写的序里说："汉语基本上是以字为单位的，不是以词为单位的。要了解一个合成词的意义，单就这个词的整体去理解它还不够，还必须把这个词的构成部分（一般是两个字）拆开来分别解释，然后合起来解释其整体，才算是真正彻底理解这个词的意义了。"[①] 对字在汉语中的重要地位做出系统阐发的是徐通锵，他提出："语言中只要是和概念或判断相联系的音义结合的单位，它就有可能是这种语言最重要、最基本的结构单位。"这种单位有如下特点："现成性，拿来就能用；离散性、封闭性，很容易和其他的结构单位区别开来；在语言社团中具有心理现实性。""汉语中的字是现成的，拿来就能用……字有明确的封闭性、离散性特点，一个音节表达一个概念，形成1个字·1个音节·1个概念的结构格局，字在汉语社团中具有心理现实性，不管是谁，受过教育还是没有受过教育，都知道一句话中有几个字。字是汉语音义关联的基点，人们可以把一个音节表达一个概念的字组织起来，造成交际所需要的句子。"这就把汉字放到了汉语基本语言单位的位置上。从汉语作为母语的教学实践来看，也是从一个个汉字，而不是从词开始的，在教学大纲中，对学习汉字的要求也放在了一个非常重要的位置上，所以我们在这里也把字作为语言的一级单位。

在语言中，除了字词句之外，还有更大的语言单位，例如段落、语篇等。甚至句子也可以细分为单句、复句、句群等。但是考虑到基础教育中，对这些单位的详细划分并没有做出明确的要求，它们之间的区别并不是学习的重点，所以我们采取比较粗略一点的划分方法，将语言单位分为字、词语、句子、语篇这四个级别。这种划分方式，对于处理教材而言，也是比较适用的，在两个年代的大纲中，字词句篇也是作为平级单位出现的。例如1980年《小学大纲》中提到"要符合小学语文学习的规律，注意听说读写之间的内在联系和字词句篇之间的内在联系"。

① 胡双宝：《汉语的基本结构单位是词还是字》，《语文研究》2001年第2期，第13页。

对教材中语言单位的练习，苏新春等做过相关的研究，作了如下分类：①

语文知识是练习的一个重要内容，也是语文课教学的一个重要内容。可分为字、词、句、修辞、篇章、综合知识六类。每类又可再做细分，共40个小类，具体分布如下：

（1）字：a. 字母表，b. 声母，c. 韵母，d. 整体拼音，e. 字音，f. 声调，g. 笔顺，h. 偏旁部首，i. 整字，j. 字义，k. 标点符号。

（2）词：a. 词语，b. 词义，c. 组词，d. 词语运用，e. 词义关系。

（3）句：a. 标点符号，b. 句子成分，c. 句型句式，d. 语气语调，e. 语序，f. 句法功能搭配。

（4）修辞：a. 比喻，b. 排比，c. 比拟，d. 夸张，e. 对偶，f. 通感，g. 借代，h. 设问反问。

（5）篇章：a. 结构，b. 写作方法，c. 写作手法，d. 说明方法，e. 表达方式，f. 语用规则，g. 语体色彩。

（6）综合知识：a. 查字典的方法，b. 文学常识，c. 语文常识。

a～c类是基本的语言文字知识，内容相对稳定；d～f类知识点多且分散。

语言单位和语言知识不是一个平面的东西，语言知识更加广泛，与语言单位有关的知识也可以包括在语言知识中，而且语言知识还有些不能完全用语言单位涵盖，例如修辞是对语言单位的具体应用，可以涵盖在语言知识里，但是不能在与语言单位中平级单独列为一项。

因此，我们根据语言单位的不同，将相关的练习分为字的练习、词语的练习、句子的练习和语篇的练习。

二、字的练习

字是一个音形义的结合体，这决定了字与字在音形义之间会发生相互的关联。在两套教材中，对字的练习主要有下面几种方式：

（1）根据拼音写汉字。

（2）给汉字注音。例如初中第二册第19课《荔枝蜜》的练习三：

给下边的字注音：螫　啖　黝　嘤　蠕　酿　渺　掐

（3）区别字义字形。例如初中第一册第17课《驿路梨花》的练习：

① 苏新春：《对四套新课标语文教材课后练习的四维分析研究》，《江西科技师范学院学报》2010年2月第1期，第67页。

区别下边每组两个字的字形、字义的不同。

瓣	篾	莹	茸
辨	蔑	营	茸

（4）组字成词。

（5）相关的一些文字学知识的介绍，例如初中第二册第26课《扁鹊见蔡桓公》练习四：

古汉语中，常有用一个读音相同或者相近（有时形体也相近）的字来代替另一个字使用的现象，叫作“古字通假”（“通”是通用，“假”是借用），《卖炭翁》里的“直”用“值”，本文的“还”用“旋”、“汤”用“烫”、“齐”用“剂”，都属于这种通假字。阅读古代作品时，要注意这个现象，便于确切了解文章的意思。

（6）填空题。例如80年代小学第二册练习二：

填空：地里的玉米又（ ）又（ ）。树上的桃子又（ ）又（ ）。地里的西瓜又（ ）又（ ）。

在80—90年代的大纲中，对字的要求是最为详细的。基本上可以分为两个部分，一个是学习汉字的数量，另一个是汉字教学的要求。具体如下：

1980年《小学大纲》对汉字的学习数量提出：“在小学阶段要使学生学会常用字3000个左右，一、二年级以识字为重点。前三年学会2500个左右，为四、五年级较快地提高读写能力打下基础。”并且提出了教学的要求是“在识字教学中要求学生能够读准字音，认清字形，了解字义，学过的词要懂得意思，大部分会用；掌握汉字的基本笔画、笔顺规则、偏旁部首和间架结构。识字教学要改进方法，提高质量。要根据学生认识事物的规律、学习语文的规律和汉字本身的规律，教给学生识字方法，培养识字能力。在教学中要把汉字的音、形、义紧密地结合起来，着重指导学生认清字形”。学习和练习的关系也有明确的说明：“学过的汉字要力求在阅读和写作练习中经常出现，反复运用，使学和用结合起来。”

1980年《中学大纲》对汉字的学习数量的要求是“初中一年级在小学的基础上，进一步扩大识字量”，对教学的要求是“辨别字形、字音、字义，注意不写错别字……学习一点文字和构词的知识，提高识字用字和解词用词的能力”。

1992年《小学大纲》对汉字学习的数量提出：“在小学阶段，要使学生学会常用汉字2500个左右。要能读准字音，认清字形，了解字义，并能正确地书写、运用。前三年完成大部分识字任务。”对教学的要求提出：“识字教学要改进方法，提高质量要在语言环境中教识字，把字的音、形、义结合起来；要注意引导学生通过观察图画和实物，联系生活实际识字，把识字和认识事物结合起来；学过的字力求在语言训练中反复运用。把识字和听说读写结合起来；在识字的过程中重视写字的指导，把识字和写字结合起来。”

1992年《初中大纲》对学习的数量的要求是“在小学的基础上扩大识字量，达到3500个汉字”，对教学内容的要求是使学生懂得“汉字构字常识（主要是形声字），同音字、形似字、多音多义字”。

我们对80—90年代各个年级教材中的汉字练习做了统计，并画出曲线图，如图5-5、图5-6。

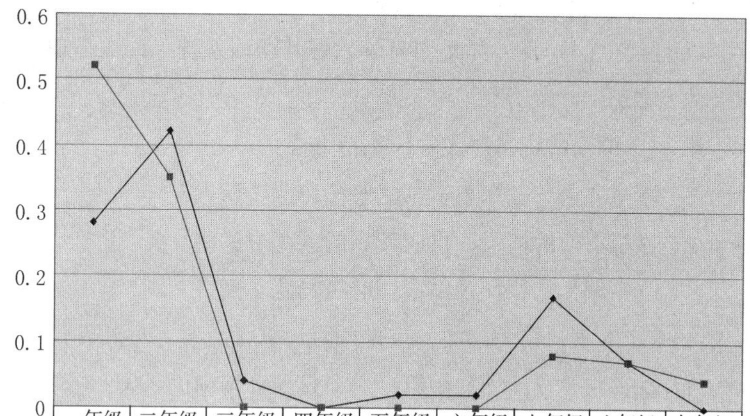

	一年级	二年级	三年级	四年级	五年级	六年级	七年级	八年级	九年级
80年代	0.28	0.42	0.04	0	0.02	0.02	0.17	0.07	0
90年代	0.52	0.35	0	0	0	0	0.08	0.07	0.04

图5-5 80—90年代教材各年级字练习趋势图

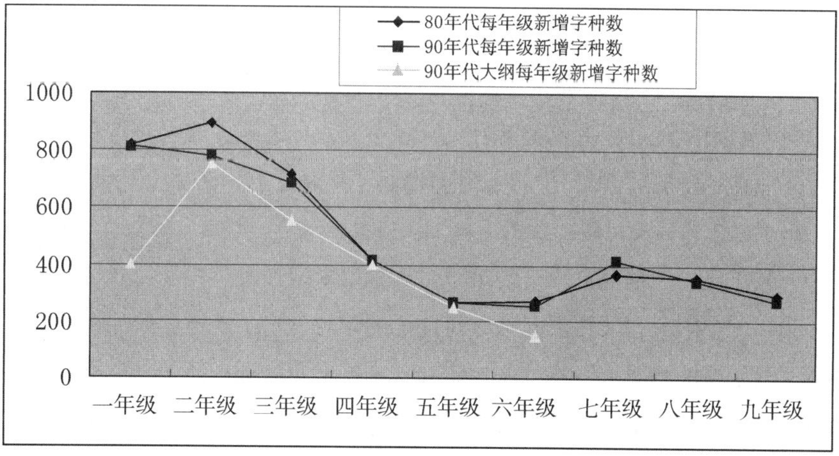

图5-6 80—90年代教材各年级新增字种数趋势图

从理论上讲，教材每册汉字练习的数量应该与每册新出现汉字的数量呈正相关关系。

从两套教材各年级汉字练习曲线图（如图5-5）和各年级新增字种曲线图（如图5-6）的比较中我们可以看出，它们的基本走势是一致的，这表现出教材的编写者良好的掌控能力。当然，我们也看到，汉字的练习在某几个年级的分布基本为0。小学阶段，一直都是汉字学习的重点时期，缺乏对汉字的练习，会影响学生对汉字的掌握。

三、词语的练习

学习任何一门语言，都必须充分掌握其词语系统。词语是理解概念、形成句子的基本单位。

从教材中词语的练习形式看，包括下面几种方式：

（1）抄写词语。例如小学第一册第13课《秋天》。

（2）抄写下面的词语，再用带点的词练习说话。

（3）解释词义。例如初中第一册第28课《寓言三则》：

解释下边加点的词的意义，说说这些词现在的意义和用法有了什么变化。

（4）选词填空。例如初中第一册第11课《济南的冬天》：

在下边各题的括号里，选出你认为恰当的词。

天刚放亮，天上还有（稠密、疏落、凌乱、飘落）的星星。

青少年要有（终身、崇高、蓬勃）的理想，不能虚度年华。

小石子投进水里，激起了一圈圈的（圆圈、波浪、波涛、涟漪、水波）。

春天来了，公园里的牡丹争相（吐艳、娇艳、弥漫、吐芳）。

（5）用词造句。例如初中第二册第7课《任弼时同志二三事》：

用下面的词组造句：有说有笑、踱来踱去、欢天喜地、深思熟虑、无微不至

（6）写反义词。例如初中第五册第12课《反对自由主义》：

写出下边各词的反义词：松懈、庸俗、消极、谦虚、冷淡、敷衍、赞扬、坦白

80—90年代的大纲都对词语的学习做出了要求。

1980年《小学大纲》在不同部分对词语的学习做出了规定。例如：

在“教学目的和要求”部分中规定：“掌握常用的词汇”。

在“阅读教学”部分中规定：“要重视词汇教学，帮助学生正确理解课文内容，积累词语并正确地运用词语。词汇教学包括三方面的内容：一是正确地读

出和写出生词，二是懂得词语的意思，三是能在口头语言和书面语言中正确地运用。词义教学很重要。只有讲清学生不理解的词语和对表现中心思想有较大作用的词语，学生才能深刻地理解课文的思想内容。解词要力求简明确切，通俗易懂，联系实际。要逐步培养学生结合上下文加深理解词义的能力。教师要重视指导学生运用词语，使学生在运用中对词语获得确切的理解，并牢固地掌握。教师要采取多种方法帮助学生积累生动活泼的词语，使他们学习运用丰富的词语，正确地表达自己的思想。”

在“基础训练”部分中规定：“小学阶段各年级的基础训练，一、二年级以巩固识字为重点，并进行词和句的训练；三年级以词和句的训练为重点，重视连句成段，连段成篇，运用常见的标点符号的训练；四年级继续进行句子训练，以篇章结构为重点；五年级以篇章结构、练习写作为重点。”

1980年《中学大纲》“在各年级读写训练要求和课文目录”中对不同年级做出了规定：

初中一年级：在小学的基础上……进一步丰富词汇，提高用词造句的能力。……学习一点文字和构词的知识，提高识字用字和解词用词的能力。学习一点语法知识，掌握词的分类。

初中二年级：继续丰富词汇，提高用词造句的能力……学会辨别词义和词的不同色彩……掌握一些文言词汇，初步理解古今词义的变化。

初中三年级：进一步丰富词汇，提高用词造句的能力……继续理解古今词义的变化和掌握一些文言词汇。

1992年《小学大纲》在不同部分对词语的学习做出了规定。例如：

在“教学目的和要求”部分中规定：“掌握常用的词汇。”

在“阅读”部分中规定：“要重视词汇教学。词汇教学包括三方面的内容：一是正确地读出和写出学过的词语，二是懂得词语的意思，三是注意积累词语并能在口头和书面表达中正确运用。教师要指导学生逐步学会联系上下文理解词语，对于含义比较深刻的词语，要理解它们在课文中的意思和对于表达思想感情的作用。教师要采取多种方法，引导学生运用恰当的词语表达自己的思想感情。”

在“作文”部分中规定：“注意选词用语，要用恰当的词语表达自己的意思。”

在“各年级的具体教学要求”部分对各个年级词语的掌握做出了不同的要求：

一年级：学过的词语能正确读、写，懂得意思，大部分能在口头语言中运用，一部分能在书面语言中运用。

二年级：学过的词语能正确读、写，大部分能运用。能初步辨析近义词和反义词。

三年级：学过的词语能正确读、写，大部分会用。能初步辨析近义词和反义词。学习积累词语。

四年级：学过的词语能正确读、写，大部分会用。初步培养辨析词语的能力。进一步学习积累词语。

五年级：学过的词语能正确读、写，大部分会用。继续培养辨析词语的能力。注意积累词语。

六年级：学过的词语能正确读、写，大部分会用。提高辨析词语的能力，注意积累同语。

1992年《初中大纲》在“教学内容”部分提到“词的分类、多义词、同义词、反义词词义的褒贬短语、短语的结构（并列、偏正、动宾、动补、主谓）”。

我们对80—90年代各个年级教材中的词语练习做了统计，并画出曲线图，如图5-7。

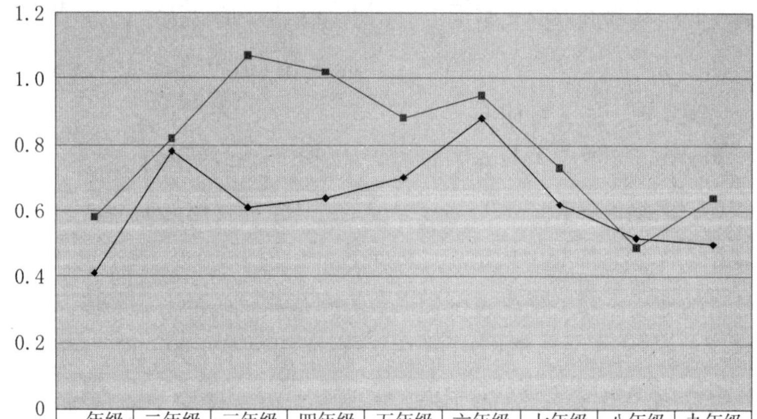

	一年级	二年级	三年级	四年级	五年级	六年级	七年级	八年级	九年级
80年代	0.41	0.78	0.61	0.64	0.7	0.88	0.62	0.52	0.5
90年代	0.58	0.82	1.07	1.02	0.88	0.95	0.73	0.49	0.64

图5-7　80—90年代教材各年级词语练习趋势图

从理论上讲，教材每册词语练习应该主要是对新出现的词语进行训练，因此在理论上应该与每册新出现词语的数量呈正相关关系。在第四章第一节“词语的使用量”部分，我们统计过这个数据，特引用其变化曲线如图5-8。

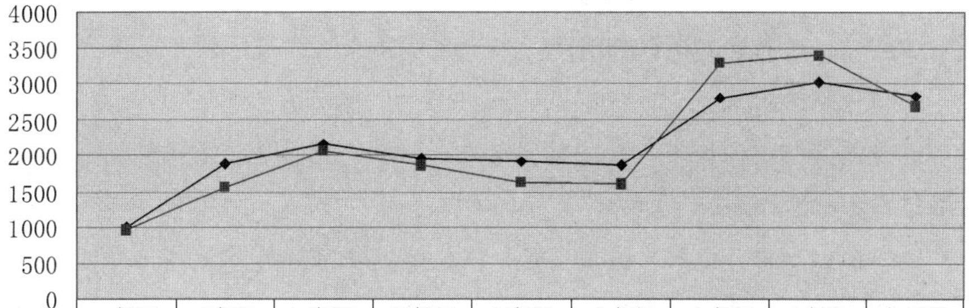

	一年级	二年级	三年级	四年级	五年级	六年级	七年级	八年级	九年级
80年代	991	1880	2148	1954	1901	1871	2790	3025	2823
90年代	960	1546	2067	1857	1617	1609	3284	3395	2696

图5-8　80—90年代教材各年级新增词种数趋势图

从图5-8两条曲线我们可以看出二者的走势有一定的重合度：两条曲线一至三年级基本呈现递增的态势，四至六年级呈现递减的态势，七至九年级基本也是呈现递减的态势。这跟我们的词语练习的数量与每册新出现词语的数量呈正相关关系的理论设想是一致的。但是二者也有根本的不同，如果我们把整套教材划分为一至六年级，七至九年级两个阶段的话，词语练习数量在一至六年级比七至九年级位阶要高。而新增词种数则正好相反，一至六年级比七至九年级位阶要低。这跟我们的理论设想词语练习的数量与每册新出现词语的数量呈正相关关系是矛盾的。之所以形成这样的反差，这可能跟教材的编写者的编纂理念有关：词语的学习应该主要在小学阶段完成。

四、句子的练习

句子是语言运用的基本单位，它由词语组成，能够表达一个完整的意思。从两套教材的句子练习来看，主要包括下面几种形式：

（1）句了翻译。例如：初中第一册第28课《寓言三则》的练习：

把下边几句话翻译成现代汉语：

况拾遗求利以污其行乎！

若断斯织也，则捐失成功，稽废时日。

久行怀思，无它异也。

乃捐金于野，而远寻师学。

（2）把分句调整顺序，组成一个复句。例如初中第三册第20课《批评和自我批评》的练习：

把下边几句话的顺序调整一下，组成一段完整的议论：

①但是，一定要和实际相结合，要分析研究实际情况，解决实际问题。

②这是唯物主义。

③按照实际情况决定工作方针，这是一切共产党员所必须牢牢记住的最基本的思想方法、工作方法。

④不然，我们开会就只能讲空话，不能解决任何问题。

⑤实事求是，是毛主席思想的出发点、根本点。

⑥马列主义、毛泽东思想的基本原则，我们任何时候都不能违背，这是毫无疑义的。

（3）给句子加上标点符号。例如初中第三册第23课《愚公移山》的练习：

给下边一段文言文加上标点符号：

生甲掩卷而长息曰甚矣愚公之愚年且九十而欲移山山未移而身先死焉能自享其利乎生乙曰愚公之移山也盖为子孙造福非自谋其私也故以利己之心观之必谓愚公为不慧若以利人之心观之则愚公实大智大勇之人也生甲无以应生乙复曰今欲变吾贫穷之中国为富强之中国其事之难甚于移山若我十亿中国人人人皆为愚公则山何苦而不平国何苦而不富生甲动容曰善哉君之所言愚公不愚我知之矣

（4）句法的分析。例如初中第三册第25课《李愬雪夜入蔡州》的练习：

在否定句中，有否定词“不”，而宾语又是代词，宾语一般要放在动词的前面。例如：“不我恩”，宾语“我”放在动词“恩”的前面。看看这篇课文里有没有这样的用法。

（5）仿照句式造句，例如90年代初中第一册第6课《最后一课》的练习：

仿照下列句式造句：

那天早晨上学，我去得很晚，心里很怕韩麦尔先生骂我，况且他说过要问我们分词，可是我连一个字也说不上来。（……况且……可是……）

平常日子，学校开始上课的时候，总有一阵喧闹声，就是在街上也能听到。（……总有……就是……）

这套衣帽，他只在督学来视察或者发奖的日子才穿戴。（……只……才……）

我看见这些情形，正在诧异，韩麦尔先生已经坐上椅子，像刚才对我说话那样，又柔和又严肃地对我们说：……（……正在……已经……）

你们的爹妈对你们的学习不够关心。他们为了多赚一点钱，宁可叫你们丢下书本到地里，到纱厂里去干活儿。（……为了……宁可……）

（6）修改病句。例如90年代初中第九册第4课《介绍〈应用文写作知识〉》的练习：

下列语句，或不准确、有歧义，或啰唆，或褒贬不当，请一一改正。

我单位职工凡病假、事假三天以上者，扣发当月奖金。

×××自从调入我厂以来，任意旷工，辱骂同志，威胁领导，错误极其严重，应当进行批评。

80—90年代的大纲都对句子的学习提出了要求。如：

1980年《小学大纲》在“基础训练”部分提出：“小学阶段各年级的基础训练，一、二年级以巩固识字为重点，并进行词和句的训练；三年级以词和句的训练为重点，重视连句成段，连段成篇，运用常见的标点符号的训练；四年级继续进行句子训练。……在句子练习中，要重视一句话是否意思完整，一句话里面的词语是否都用得比较准确。”

1980年《中学大纲》在“各年级读写训练要求和课文目录”部分提出：“初中一年级……学习一点语法知识，掌握……单句的基本构造和一些简单的判断形式……开始培养阅读文言文的能力，了解一些……简单的文言句式。”“初中二年级……理解和掌握比较复杂的单句，……继续了解一些文言虚词和句式”，“初中三年级……学习和掌握几类常用复句的构造，……注意句与句之间的关系，掌握一些判断形式……初步掌握文言句式的一些特点”。

1992年《小学大纲》在“阅读”部分提出：“要重视句子的教学。理解句子是理解课文的基础，各个年级都应重视培养学生理解句子的能力。要使学生懂得句子是用于表达一个完整的意思的。要着重指导学生学会联系上下文和生活实际理解句子。对于含义深刻的句子，要体会出所表达的意思和思想感情，对于表现中心思想有较大作用的句子，要注意联系课文的有关内容，深入理解。”在“各年级的具体要求部分”提出：“一年级……学习观察简单的图画和事物，练习写句子”，“二年级……能用学过的部分词语写通顺的句子。能理顺次序错乱的句子”，“三年级……能修改有明显错误的句子”，“四年级……学习理解含义较深的词句或结构比较复杂的句子，能找出课文中重点的词语和句子”，“五年级……能理解含义较深的词句或结构比较复杂的句子”，“六年级……对含义较深的词句或结构比较复杂的句子，能联系上下文理解含义或体会感情色彩。注意欣赏文章中的优美语句”。

1992年《初中大纲》在“教学内容”部分提出：“体会课文中一些句子的深层含义……根据目的、对象、场合，选择比较恰当的语句。”在“基础知识”

部分提出：要学习“单句的成分（主、谓、宾，定、状、补）、复句的主要类型（并列、递进、选择、转折、因果、假设、条件）和常用的关联词语（复句不超过二重）”。

我们对80—90年代各个年级教材中的句子练习做了统计，并画出曲线图，如图5-9。

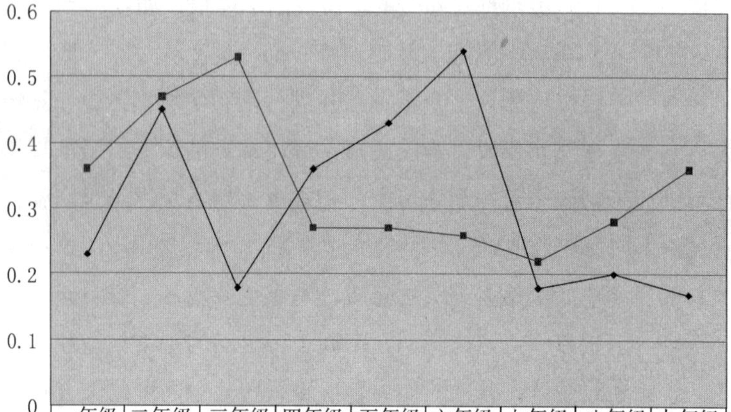

	一年级	二年级	三年级	四年级	五年级	六年级	七年级	八年级	九年级
80年代	0.23	0.45	0.18	0.36	0.43	0.54	0.18	0.2	0.17
90年代	0.36	0.47	0.53	0.27	0.27	0.26	0.22	0.28	0.36

图5-9　80—90年代教材各年级句子练习趋势图

从图5-9我们可以看出，两套教材中句子的练习数量呈现起伏震荡的趋势，并没有表现出随年级的增加而有规律变化的走势。这说明句子的练习编排较为随意。1980年《小学大纲》中把小学各年级的训练重点作了说明：“小学阶段各年级的基础训练，一、二年级以巩固识字为重点，并进行词和句的训练；三年级以词和句的训练为重点，重视连句成段，连段成篇，运用常见的标点符号的训练；四年级继续进行句子训练，以篇章结构为重点；五年级以篇章结构、练习写作为重点。”这个大纲虽然是为五年制小学制定的，但是也可以作为参考，我们可以看出，如果把小学阶段划为三个阶段的话，三至四年级这个阶段应该是句子训练的重点。但是从两套教材的情况来看，80年代教材在三年级对句子的练习处在非常低的位置，90年代教材在四年级也是处在非常低的位置，这都是与大纲的设计不吻合的。

五、语篇的练习

语篇是大于句子的一级语言单位。在教材中，语篇的练习主要有如下几种形式：

（1）根据课文思考问题。例如初中第一册第2课《天上的街市》中练习二：

诗中的牛郎织女和民间故事中的牛郎织女在生活遭遇上有什么不同？作者这样写说明什么？

（2）朗读或者背诵整篇或者部分课文。例如初中第一册第2课《天上的街市》中练习三：

有感情地朗读并背诵这首诗。

（3）划分自然段。例如初中第一册第10课《香山红叶》中练习四：

试把下边的文字加上标点符号，并按内容分成若干自然段：

据说两千年前古希腊的叙拉古城遭到罗马人的侵袭罗马人驾着帆船从海上前来进攻可是城里只剩下老头妇女和孩子满头白发的阿基米德急中生智号召妇女们起来保卫自己的国家叫她们拿出自己的镜子一同来到岸边这时候强烈的阳光照耀着大地阿基米德叫大家用镜子把太阳光反射到敌船上集中在一面帆的中央千百面镜子把阳光反射到一个点上奇迹出现了上过油的帆着火了帆船烧起来了敌人惊慌失措纷纷落水这个故事给我们一个启发太阳光是可以反射的把大面积的太阳光反射到一个点上温度可以达到很高根据这个原理人们设计了许多种太阳灶它们有一个共同的名称叫聚光灶

在1980年《小学大纲》：“小学阶段各年级的基础训练，一、二年级以巩固识字为重点，并进行词和句的训练；三年级以词和句的训练为重点，重视连句成段，连段成篇，运用常见的标点符号的训练；四年级继续进行句子训练，以篇章结构为重点；五年级以篇章结构、练习写作为重点。在基础训练中，要安排一点有关语法、修辞的练习。”

1992年《小学大纲》在“阅读”部分提出：“段和篇的教学主要包括：认识自然段，理解自然段的主要意思。了解自然段之间的关系，懂得有时候几个自然段合起来讲一个意思，成为一段。能给课文分段，归纳段落大意，了解段与段之间的关系，理清课文的叙述顺序。概括课文的主要内容和中心思想。分段可以有一定的灵活性，归纳段落大意，要抓住重点，语句要简短。概括课文的主要内容和中心思想，要从课文的实际出发，在学生理解课文的基础上进行”。在“各年级的具体教学要求”部分提出：“四年级……能初步理解段与段、段与篇的关系，学习给课文分段，说说段落大意”，“五年级……能了解段与段、段与篇之间的联系，能给课文分段、归纳段落大意和课文的主要内容。学习概括中心思想”，“六年级……能初步理解句、段、篇之间的联系，能归纳段落大意，能概括课文的主要内容和中心思想”。

我们对两套教材各个年级的篇章练习做了统计，在此基础上画出曲线，如图5-10。

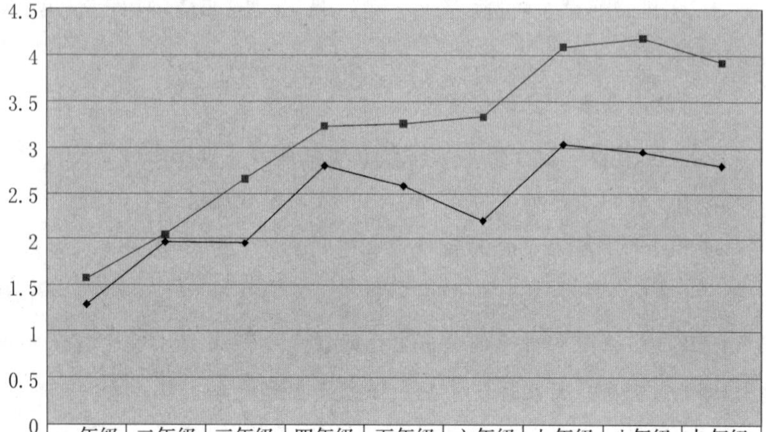

	一年级	二年级	三年级	四年级	五年级	六年级	七年级	八年级	九年级
80年代	1.3	1.97	1.96	2.8	2.58	2.2	3.03	2.95	2.8
90年代	1.58	2.06	2.65	3.23	3.25	3.32	4.08	4.18	3.91

图5-10　80—90年代教材各年级篇章练习趋势图

从图5-10我们可以看出，两套教材篇章练习曲线总的来看是上升趋势，这说明教材的编纂者对篇章的把握具有一定的掌控能力。不过从两条曲线来看，90年代的篇章练习编排要比80年代的篇章练习编排更合理一些。这具体表现在四至六年级这个阶段。根据如前所述大纲对篇章的要求，是把四至六年级作为一个重要阶段。90年代教材四至六年级的篇章练习基本是维持在相对于一至三年级较高的一个层级上，这正是与这个阶段的重要性匹配的，而80年代教材则在四至六年级这个阶段，虽然在四年级提高到了一个比一至三年级高的位置，但是整个四至六年级是递减的，这不是一个合理的走势。

以上我们对字、词语、句子、篇章练习各自的走势做了分析。但是语言要素练习编排是否合理，不仅仅表现在它们的单独表现上，它们之间的相对关系也是判断教材练习编排是否合理的一个重要依据。1980年《小学大纲》："小学阶段各年级的基础训练，一、二年级以巩固识字为重点，并进行词和句的训练；三年级以词和句的训练为重点，重视连句成段，连段成篇，运用常见的标点符号的训练；四年级继续进行句子训练，以篇章结构为重点；五年级以篇章结构、练习写作为重点。在基础训练中，要安排一点有关语法、修辞的练习。"从这个要求看，在小学各年级的练习，是经历了一个从字—词—句—篇章的重点转移。

下面我们把两套教材各年级各种练习的相对数量做了统计，并画出柱状图，如图5-11、图5-12。

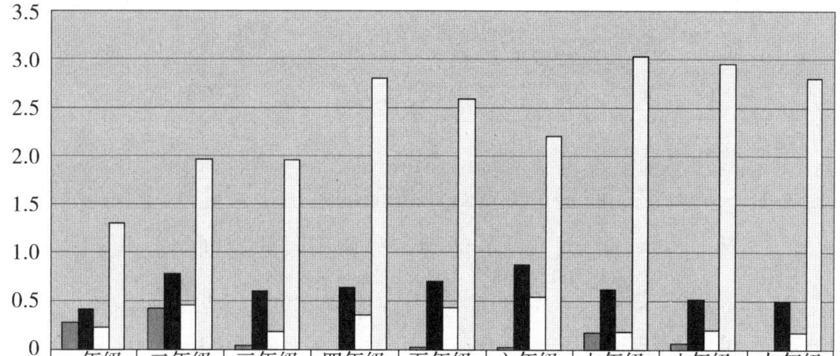

	一年级	二年级	三年级	四年级	五年级	六年级	七年级	八年级	九年级
字练习	0.28	0.42	0.04	0	0.02	0.02	0.17	0.07	0
词练习	0.41	0.78	0.61	0.64	0.7	0.88	0.62	0.52	0.5
句练习	0.23	0.45	0.18	0.36	0.43	0.54	0.18	0.2	0.17
篇章练习	1.3	1.97	1.96	2.8	2.58	2.2	3.08	2.95	2.8

图5-11　80年代教材各年级字词句篇章练习相对数量趋势图

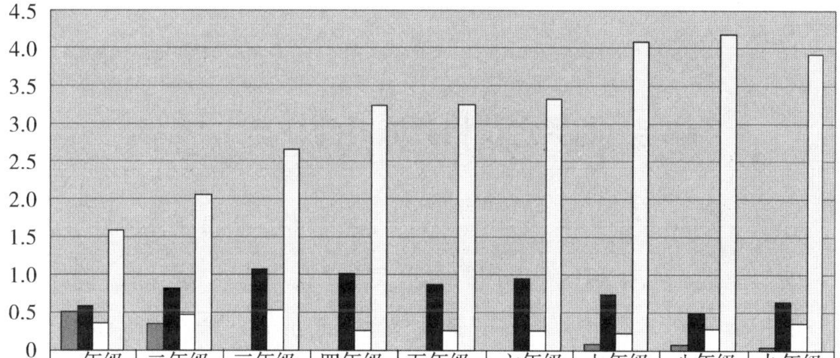

	一年级	二年级	三年级	四年级	五年级	六年级	七年级	八年级	九年级
字练习	0.52	0.35	0	0	0	0	0.08	0.07	0.04
词练习	0.58	0.82	1.07	1.02	0.88	0.95	0.73	0.49	0.64
句练习	0.36	0.47	0.53	0.27	0.27	0.26	0.22	0.28	0.36
篇章练习	1.58	2.06	2.65	3.23	3.25	3.32	4.08	4.18	3.91

图5-12　90年代教材各年级字词句篇章练习相对数量趋势图

从以上两图我们可以看出，二至九年级，语言要素练习的数量都是呈现字<句子<词语<篇章这样一个层级关系，一年级只是句子和字的相对数量做了微调，数量关系呈现句子<字<词语<篇章这样一个序列。从序列安排来看，并没有呈现出在小学各年级的练习，是经历了一个从字—词—句—篇章的重点转移。这说明，教材的练习存在着各年级重点不突出的问题。

第三节 对语言能力类练习题的考察

语言能力是美国著名语言学家乔姆斯基（Chomsky）在其转换生成语法理论中提出的概念。乔姆斯基认为语言能力指的是人具有识别和理解句子的能力，也包括对语言材料进行归纳，推导出语言规则，生成合乎规则的句子的能力。语言能力是讲话者潜在的语言知识，主要是对语言系统的一种抽象的掌握。他认为：语言不是一套习惯，而是一种受规则支配的系统，因此学习语言不是单纯模仿和记忆的过程，而是一种创造性的活动，是用有限的规则创造出无限的句子。而身为人类学家和社会语言学家的海姆斯（D.H.Hymes）则提出了与乔姆斯基不同的观点。他在1972年发表了《论交际能力》一文，对乔姆斯基的观点加以驳斥。海姆斯提出“交际能力”这一概念，与乔氏的语言能力相抗衡。他认为交际能力既包括语言能力，又包括语言运用。具体而言，包括四个社会文化特征：语法的正确性；语言的可行性或可接受性（有些话语法正确，但实际上人们不那么讲）；语言的得体性，即所用语言要适合当时的场合、目的、正确程度、在场人的社会地位、身份、年龄、心理状态等；知道某种语言形式的出现率，是常用的习语还是罕见的个人习惯。

一、语言能力的界定及相关练习的分类

语言是交际的重要工具，中小学语文教学的一个重要任务就是要培养学生的语言能力。这一点在80—90年代的教学大纲中都有直接的要求。例如：

1980年《小学大纲》：“小学语文教学的目的是培养学生识字、看书、作文的能力。”

1992年《小学大纲》：“小学是学习语文的基础阶段。在这个阶段，必须切实打好听说读写的基础”，“小学语文教学的目的，是指导学生正确地理解和运用祖国的语言文字，使学生具有初步的听说读写能力”。

1992年《初中大纲》：“教学目的……在小学语文教学的基础上，指导学生正确理解和运用祖国的语言文字，使他们具有基本的阅读、写作、听话、说话的能力，养成学习语文的良好习惯。”

我们通常把语言能力划分为听、说、读、写四个部分。如吕必松指出：“语言教学的共同规律之一，就是教学内容都要包括知识和技能两个方面，这是语言

教学与某些人文科学教学的重要区别之一。这里所说的知识，是指语言知识、语用知识以及跟语言和语用相关的文化知识，语言知识又包括语音、词汇、语法和文字等语言要素（注：我们把文字也列为语言要素，是因为这里所说的语言既包括口头语言，也包括书面语言。如果说语音是口头语言的物质外壳，那么文字就是书面语言的物质外壳）以及关于语言和语言要素的理论知识；技能则是指听、说、读、写等言语技能和相应的言语交际技能。”① 苏新春则对听说读写进行了细化，分为18个小类：

（1）听：a. 听力识别，b. 听力理解。

（2）说：a. 仿说，b. 复述，c. 讲述，d. 言语交际。

（3）读：a. 认读，b. 朗读，c. 默读，d. 浏览，e. 背诵，f. 内容理解，g. 情感体验，h. 思想启示。

（4）写：a. 一般书写技巧，b. 仿写，c. 写话，d. 习作。②

听、说、读、写是比较粗略的分法，对其细化确实是有必要的。

语言交际包括输入和输出两种方式。

听是最典型的输入，例如80年代小学第一册第23课《扫雪》课后的练习：“听写。下了一夜大雪。地上白了，树上白了，房子上也白了。”

说是最典型的输出。在练习题面上经常用“说一说”“讨论一下”的形式出现。

读，我们可以细分为两种方式，一种是以文字材料为依据，即口头的诵读，这在表面上有语音的输出，但这种诵读可以在没有受众的情况下完成，其目的不是输出，而是通过诵读来获得语言的习惯，所以实际上是一种输入的方式，我们把这种读的练习称为“诵”，在练习的题面上经常用“朗读课文”“背诵课文”的形式出现；另一种是心头的阅读，这在表面上没有语音的输出，更侧重对文意的理解，是一种带着问题的阅读方式，因而是一种输入的方式，我们把这种读的方式称为“阅”。例如80年代小学第一册第22课《孔融让梨》课后的练习：“孔融和哥哥 块儿吃梨，他为什么吃小梨？是谁叫他这样做的？”80年代小学第5课《海底世界》课后的练习：“抓住‘海底景色奇异’和‘海底物产丰富’两个重点，联系全文，给课文分段。”90年代小学第十二册第18课《詹天佑》的

① 吕必松：《汉语教学中技能训练的系统性问题》，《语言文字应用》1997年第3期，第43页。

② 苏新春：《对四套新课标语文教材课后练习的四维分析研究》，《江西科技师范学院学报》2010年第1期，第67页。

课后练习：“课文的中心思想是什么？是通过哪些具体内容来表达这一中心思想的？”

写，我们也可以分为两种，一种是依据文字材料的抄写，这种方式重在锻炼基本的语言知识，是一种输入的方式，我们把这种方式称为“抄”。另外一种则是利用语言符号表达思想感情，记录事情经过，辨别是非曲直的写作，是一种输出的方式，我们把这种方式称为“作”。例如90年代小学第十二册第6课《灯光》课后的练习：“把作者回忆的那件往事缩写成两百字左右的短文。”

据此，我们对传统的听说读写的能力做两个层级的划分：第一个层次是输入能力，包括听、诵、阅、抄4个次级类；第二个层次是输出能力，包括说、作两个次级类。

当然，在具体的练习中，也存在着一道练习同时兼跨几类的现象。例如：80年代小学第一册第22课《孔融让梨》的课后练习：“抄写下面的词语，用带点的词练习说话。哥哥、弟弟、小孩儿、让梨、从前、为什么。”这道练习同时兼跨“抄”“说”这两类。

二、输入、输出类练习的编排

根据输入、输出这种框架，我们也对两套教材的练习类型做对应的划分。并分别进行统计，在此基础上画出曲线如图5-13和图5-14。

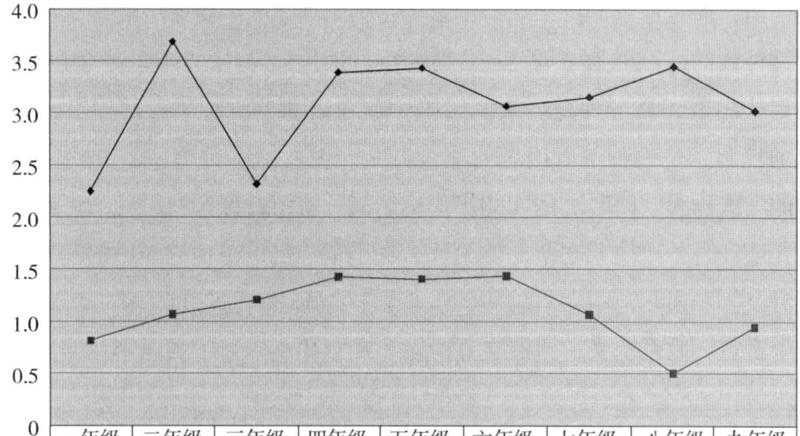

	一年级	二年级	三年级	四年级	五年级	六年级	七年级	八年级	九年级
80年代输入	2.25	3.68	2.32	3.39	3.43	3.07	3.15	3.45	3.02
80年代输出	0.81	1.07	1.21	1.42	1.4	1.43	1.07	0.5	0.95

图5-13　80年代教材各年级输入、输出练习趋势图

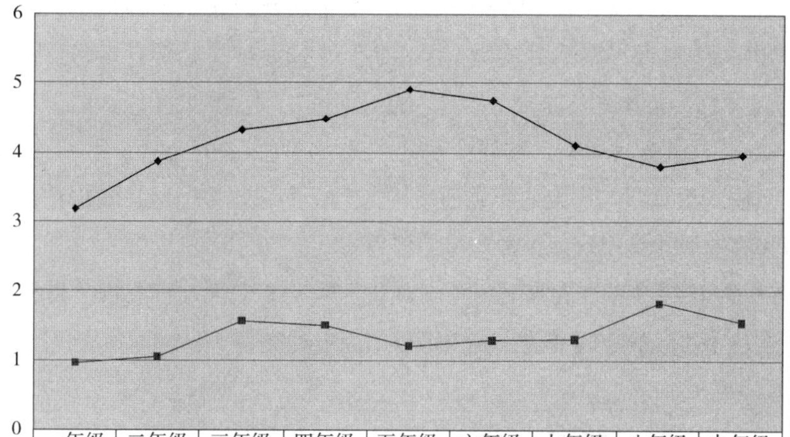

	一年级	二年级	三年级	四年级	五年级	六年级	七年级	八年级	九年级
90年代输入	3.18	3.86	4.32	4.48	4.9	4.74	4.11	3.8	3.96
90年代输出	0.96	1.04	1.57	1.5	1.21	1.29	1.31	1.82	1.55

图5-14　90年代教材各年级输入、输出练习趋势图

从图5-13和图5-14我们可以看出，两套教材的输入型练习都要比输出型练习多。从语言学习的角度看，输入型能力是输出型能力的基础，而掌握输出型能力是习得输入型能力的目标。但是，并不是说两种能力的培养是齐头并进的。从儿童语言习得的过程来看，母语的习得在最初阶段是一个以输入为主的过程。儿童从外界获得大量语言信息，储存起来并进行分类协调。第二个阶段才开始有了语言输出的能力，开始用学到的词汇和规则来表达自己的想法。基础教育阶段是学习母语口语和书面语的一个关键时期。学生已经掌握了一定的语言技能，这为进一步吸收语言知识打下了基础。从总体上来讲，知识的输入要比输出更加重要。片面追求学了就要应用无疑是一种拔苗助长的行为。从这个角度看，两套教材输入型练习要比输出型练习多无疑是符合学习规律的。

从两套教材输入型的练习看，80年代教材的输入型练习在各个年级并没有一定规律，呈现上下起伏的状态；而90年代教材基本分为两个阶段，一至五年级是递增的，六至九年级大致呈下降趋势。从输出型练习看，80年代教材基本分为两个阶段，一至六年级是递增的，七至九年级除了九年级翘起外，大致是下降的；而90年代教材则上下起伏，没有明显的规律。刘振前引述了语言习得进化理论认为，儿童获得语言后，习得能力自然失去。早期学习语言是为了在一生更长的时期内获得用语言进行交流的益处。因此，虽然人在整个成年期一直都在使用语言，语言学习机制在童年早期就已经完成了其使命（Pinker，1995年）。[①] 从人的生命周期来看，从出生到5岁属于幼年期（含新生儿期、婴儿期、幼儿期、学龄前期），6～11岁属于童年期（学龄期），12～17岁属于青春期。因此小学阶段一至六年级应该是同时强化其输入输出训练，而七至九年级，语言习得开始逐渐弱化，因此输入型练习可以逐渐减少，输出型练习可以逐渐增加。从曲线形式上看，输入型练习在一至六年级递增，七至九年级缓慢递减，输出型练习一至九年级一直递增才是比较理想的练习编排方式。

下面我们从6个次级类的角度对各种练习的变化进行分析。根据各种练习类型在各个年级的实际变化，我们可以归为三种类型。

三、递增型练习：阅

第一种是递增为主型。包括阅。其变化曲线如图5–15。

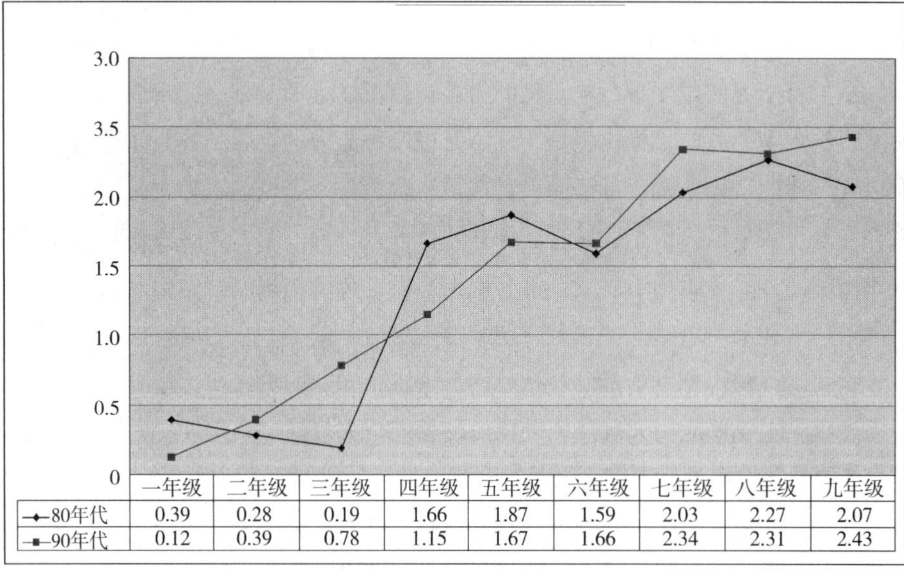

	一年级	二年级	三年级	四年级	五年级	六年级	七年级	八年级	九年级
—◆—80年代	0.39	0.28	0.19	1.66	1.87	1.59	2.03	2.27	2.07
—■—90年代	0.12	0.39	0.78	1.15	1.67	1.66	2.34	2.31	2.43

图5–15　80—90年代教材各年级阅练习趋势图

阅读是学生需要掌握的一项基本语文技能。80—90年代的大纲也对阅读的重要性和具体要求做出了说明。如：

1980年《小学大纲》：“能读懂适合少年儿童阅读的书报，理解主要内容，有初步的分析能力”，“阅读教学的任务是培养学生看书报的能力和认真阅读的

① 刘振前：《第二语言习得关键期假说研究评述》，《当代语言学》2003年第2期，第159页。

习惯。在培养阅读能力方面，小学阶段的具体要求是：……能给课文划分段落，概括中心思想。能读懂适合少年儿童阅读的书报，理解主要内容，有初步的分析能力。阅读能力要从一年级开始培养，循序渐进，逐步提高”。

1980年《中学大纲》：“中学语文教学必须用马克思主义的观点指导学生学习课文和必要的语文知识，进行严格的读写训练，使学生能够正确地理解和运用祖国的语言文字，具有现代语文的阅读能力和写作能力，具有阅读浅易文言文的能力。”“初中阶段，学生能够阅读通俗的政治、科技读物和文艺读物。”

1992年《小学大纲》：“阅读程度适合的书报，能理解主要内容，领会中心思想，有一定的速度，养成良好的阅读习惯”，“阅读教学是小学语文教学的基本环节，它是识字的重要途径，有利于提高识字质量；能够进行听说读写的综合训练，提高听话、说话和作文的能力；能够使学生获得多方面的知识，发展思维，提高认识，受到思想教育和美的熏陶。”“阅读教学，各个年级的要求要有所侧重。低年级要指导学生理解词句，初步理解课文内容。随着年级的升高，要帮助学生理解对表达中心有重要作用的词句和段落，了解整篇课文的叙述顺序，了解词与句、句与句、句与段、段与段、段与篇之间的联系，学会概括主要内容和中心思想。”

1992年《初中大纲》：“读一般的现代文，能领会词句在语言环境中的含义和作用，理解思想内容和文章的思路。”在这个大纲中，还特别提到阅读训练的主要方法：“整体感知课文的大概内容；感受课文的语言所表达的思想感情；借助工具书理解词语在上下文中的含义和作用；从课文中找出感受最深的句子或段落，抓住一段文字的中心，找出关键性语句；看出课文各个部分之间的联系，大体了解课文的思路和中心意思；根据不同表达方式和体裁的特点阅读课文；从课文的内容中体会作者的态度或观点；就课文的内容、语言、写法提出自己的看法或疑问；体会课文中一些句子的深层含义；欣赏课文中优美、精辟的语句；初步欣赏文学作品中的形象和描写。”

在两套教材中，90年代的教材与阅有关的练习曲线走势呈现比较明显的递增态势。而80年代教材的曲线虽然略有起伏，但是总趋势也是一路向上。80—90年代教材的阅读练习曲线基本上是重合的，这种重合反映了两套教材对阅读练习的重视程度。

另外，阅读经常是跟对问题的思考联系在一起的。从阅读练习的编排上，也体现了随年级增加，思考的深度在逐渐增加的趋势。例如80年代一年级的课文《我选我》的阅读练习：“‘我’指的是谁，她为什么要选自己？”这个问题可以很容易在课文中找到答案，而80年代九年级的课文《祖冲之》的阅读练习："想想，课文选取了哪些事例表现祖冲之坚持真理、刻苦钻研、严谨治学的精神？这些事实为什么有说服力？"这个练习的回答需要建立在对课文较强的概括能力之上。

从阅读的功能看，阅读可以使学生扩大知识面，超越家庭学校之外的各种人际关系的认识都可以从阅读中获得；培养想象力，周围环境虽然平淡无奇，但是通过阅读，给学生打开了一扇认识世界的大门，给他们的梦想带来无限的创意；阅读还可以给学生带来勤于思考的习惯。随着年级的增加，学生对字词的掌握也在逐渐增多，在此基础上，增加阅读练习的强度是完全有必要的。两套教材有关阅的练习以递增为主是符合学习规律的。

四、递减型练习：听、诵

第二种是递减为主型。包括听、诵。

听的练习变化曲线如图5–16。

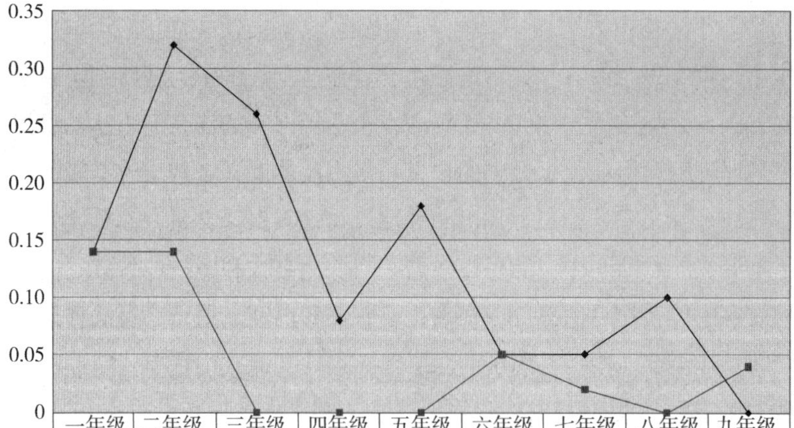

	一年级	二年级	三年级	四年级	五年级	六年级	七年级	八年级	九年级
80年代	0.14	0.32	0.26	0.08	0.18	0.05	0.05	0.1	0
90年代	0.14	0.14	0	0	0	0.05	0.02	0	0.04

图5–16　80—90年代教材各年级听练习趋势图

在80—90年代的教学大纲中，对听话能力都做出了说明。如：

1980年《小学大纲》："能听懂普通话，听人讲话能抓住主要意思。"

1980年《中学大纲》："还要注意进行听的训练，如听写，做听讲记录等。"

1992年《小学大纲》："听人说话，能理解内容"，"低年级能听明白别人说的一段话和一件简单的事，养成认真听话的习惯；中年级能听懂程度适合的讲话和少年儿童广播，理解内容；高年级能听懂别人的讲话，理解主要内容。"

1992年《初中大纲》："听话能力：听新闻广播和一般性发言，听读深浅适度的文章，能复述基本内容，说出要点和中心。参加讨论，能听出不同意见的分歧所在，会做听讲笔记。养成专心听话的习惯。""听话训练：与人交谈要有耐心，专注地倾听别人说话，了解对方的意思；听新闻广播和一般性的发言，抓住中心和要点；听读记叙性的文章，听清楚所写的人和事；听读说明性的文章，抓住被说明事物的特征；听读议论性的文章，听出作者的观点和理由；听课、听报告，能做记录，不遗漏主要内容；参加讨论，听出不同意见的分歧所在。"

从要求上看，90年代的大纲对听话能力的内容，还有训练方式都做了详细的论述，而80年代的大纲则简单得多，这反映了人们认识的深入。

口语的交际是一个双向的过程，发音人发出语音信息，听话人接收信息，这样才完成了一个交际的过程。有效的口语交际，听和说这两方面都是必不可少的。在以往的研究中，学者往往对口头表达的能力过分强调，而对听的研究重视不够。而实际上，听本身也是一个复杂的过程，我们可以把听分为听到和听懂两个过程。听到是与人本身听力器官有关，而听懂则要发动人脑的多种功能才能顺利完成。Anderson等对这个过程进行了详细描述，指出，"应当不断地估量摄入的信息能否与已知的有效信息合理衔接，已知信息可能源于普通背景知识、特定的可视资料或已经述说过的前文。如果摄入的新信息与已有信息不一致，听话人还需：①辨认出哪些信息属于不同类别的信息；②确认出信息的具体不同之处；③做出反应，如核对信息或进一步提出问题。"① 在第二语言教学中，听力练习的重要性要比第一语言的重要性高得多，而母语的听力，多是在日常生活中获得的。这反映在教材中，就是对听力练习的编排比较少。各个年级听力练习呈现递减趋势就是这样的一个反映。另外，教材的练习中，听力练习也多以听写字词句的形式出现，形式比较单一，缺乏调动学生综合能力进行训练的形式，这一点是需要进一步改进的。还需要指出的是，虽然90年代大纲对听话能力和听话训练的认识要比80年代大纲深刻得多，但是这种认识的深化并没有反映到练习上，我们可以看到，90年代教材"听"练习要比80年代教材少得多。

"诵"练习的变化曲线如图5-17。

---

① Anderson A, Brown G and Yule G, *A Report to Scottish Education Department: An Investigation of Listening Comprehension Skills* (Scottish Education Department, 1985).

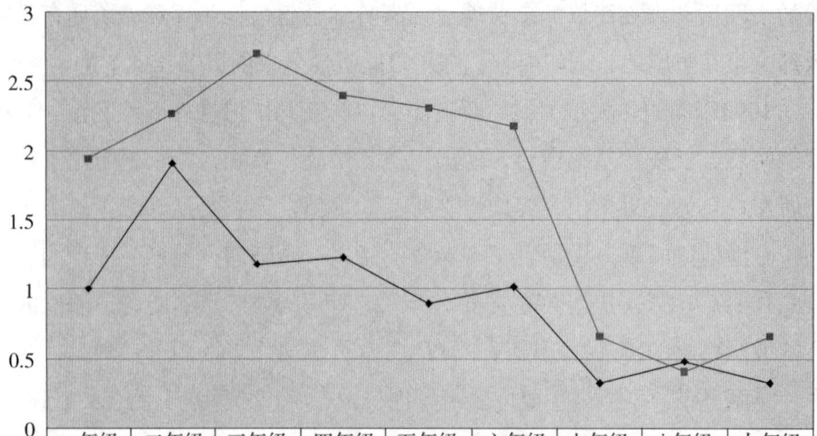

	一年级	二年级	三年级	四年级	五年级	六年级	七年级	八年级	九年级
80年代	1	1.91	1.18	1.23	0.9	1.02	0.33	0.48	0.33
90年代	1.94	2.27	2.7	2.4	2.31	2.18	0.66	0.41	0.66

图5-17　80—90年代教材各年级诵练习趋势图

诵读，是提高学生语言能力的一个重要组成部分。从过程上看，诵读是将书面文字转化为有声语言的过程，这个过程同时调动了眼、口、耳、脑多个器官，所以宋代理学家朱熹说“读书有三到，谓心到、眼到、口到”。从文字符号具有音形义三个表征来看，诵读是建立三者之间联系的最重要手段，多次诵读，可以让音形义之前建立的稳固联系，在大脑中固化下来，形成稳固的语感，所以古人说“书读百遍，其义自见”。从这种角度讲，诵读在整个一至九年级应该是一以贯之的一种练习方式。目前两套教材基本上呈现一个震荡下行的态势，这是不符合学习规律的。在高年级，虽然仍旧有诵读练习的形式，但主要是存在于文言文和诗歌类的作品中。例如80年代九年级课文《唐雎不辱使命》的课后练习中出现了“背诵这篇课文”的形式，《海燕》中出现了“有感情地朗读并背诵这篇课文”的练习。

编排诵读练习的方式，是与80—90年代教材的大纲有关。在80—90年代的大纲中，小学大纲都对朗读十分重视，并且对朗读提出了具体的要求。如：

1980年《小学大纲》：“在培养阅读能力方面，小学阶段的具体要求是能正确、流利、有感情地朗读课文，比较熟练地默读课文，能背诵或复述指定的课文。”“朗读，首先要做到正确地读。要用普通话，发音清楚响亮，不读错字，不丢字，不添字，不唱读，不重复字句。在正确地读的基础上，要求流利地读，再从流利地读到有感情地读。要读出不同的语调，读出词语之间、句子之间、段落之间的停顿，并注意轻重缓急，有感情地朗读能发展学生形象思维的能力。随着学生朗读能力逐步提高，对课文内容的理解就会逐步加深。因此，教师在各年级都应指导正确地、流利地、有感情地朗读，只是要求的程度有所不同。”

1992年《小学大纲》：“能正确、流利、有感情地朗读课文”，“朗读和默读是阅读教学中最经常最重要的训练，各年级都要重视朗读，充分发挥朗读对理解课文内容、发展语言、陶冶情感的作用，从一年级起，就应指导学生正确、流利、有感情地朗读，注意培养朗读的兴趣”。

而在初中大纲中，1980年《中学大纲》没有对朗读做出具体的说明。而90年代的大纲则是对朗读的要求基本上是一笔带过。

1992年《初中大纲》：“能用普通话正确、流利地朗读课文，背诵基本课文中的一些精彩片段。初步具有欣赏文学作品的能力。读文言课文，要了解内容，能顺畅地朗读，背诵一些基本课文。”

由此可见，初中教学大纲需要加强对诵读的重视，这样才能更好地在初中阶段加强对诵读的练习。

五、震荡型练习：抄、说、作

第三种是震荡为主型，包括抄、说、作三种类型。

抄练习的变化曲线如图5-18。

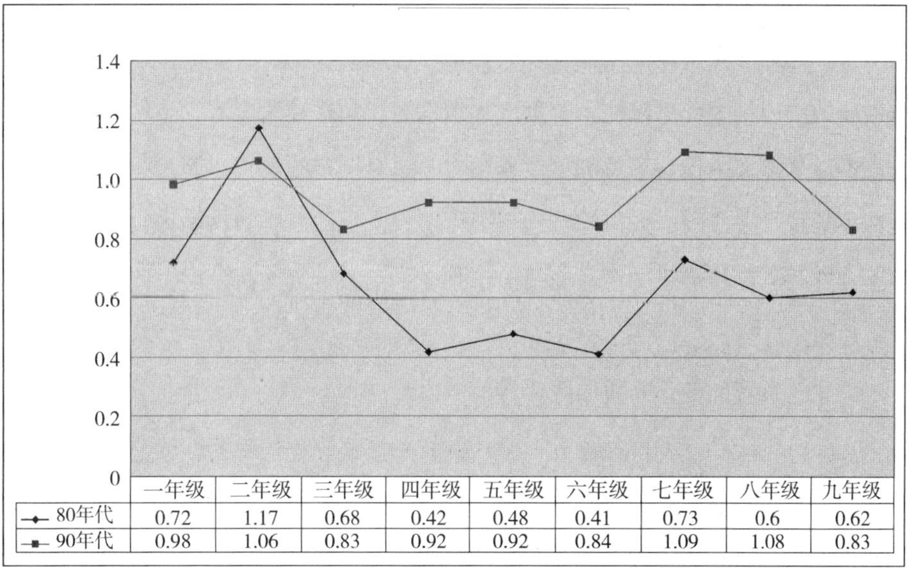

	一年级	二年级	三年级	四年级	五年级	六年级	七年级	八年级	九年级
80年代	0.72	1.17	0.68	0.42	0.48	0.41	0.73	0.6	0.62
90年代	0.98	1.06	0.83	0.92	0.92	0.84	1.09	1.08	0.83

图5-18　80—90年代教材各年级抄练习趋势图

汉字是"音形义"的结合体，从三者的关系看，字形与意义的结合十分紧密，这一点与拼音文字是不同的。拼音文字由字母组合而成，这种组合关系跟意义之间没有必然的联系，反而是跟读音之间有着较为明显的一致关系。另外，从形式上看，拼音文字为符号的线性排列，按照从左到右的顺序完成字母的组合。而汉字是由笔画组成，在一个近似于方形的空间内排列组合，形成一种二维的关系。另外，笔画的长短、位置的不同都会对汉字识别产生影响。根据章士正等人的研究成果，汉字的书写是一个左右大脑都参与，而且右大脑占主导优势的过程。"在书写汉字时，由于汉字为方块字，许多字的区别在于笔画的位置和长短，有特定的整体构型，字形远比线条形的拼音文字复杂，更具几何意义。正是由于右半球尤其是后顶叶皮质在几何和视空间分析、复杂和隐匿图形的探测和回忆方面占优势，所以更多地参与对汉字的认知。病变学方面也证明右半球失写症多是由于单侧忽视、空间分析能力的损害及视知觉障碍。特别具有意义的是，曾经在Menon的英文听写研究中并没有发现右大脑半球的激活。一些关于汉字认知的MRI研究也发现双侧后顶叶皮质中均有明显的激活，而对于拼音文字做同样的认知任务却只表现了明显的左侧化优势"①。从大脑的左右半区的分工来看，大脑右半球主要负责形象思维，与发明创造的功能密切相关，大脑左半球负责逻辑思维，对语言、概念、数字、分析的学习具有重要作用。从人类日常对大脑的使用来看，大脑的左半球使用比较多而右半球使用比较少。汉字的抄写正好更重视右半球的使用，因此可以使大脑形成均衡发展，从这种角度看汉字的抄写不可缺少。不过从课文中抄写练习的主要作用看，是对汉字的学习，而汉字的学习主要是在小学阶段完成的，如果综合这个因素考虑，目前两套教材的抄写练习设置都是不合理的。比较理想的抄写曲线应该是在一至六年级均衡发展，而在七至九年级呈现递减趋势。

"说"练习的变化曲线如图5-19。

---

① 章士正等：《国人汉字书写神经基础的脑功能成像》，《中国医学计算机成像杂志》2004年第1期，第63页。

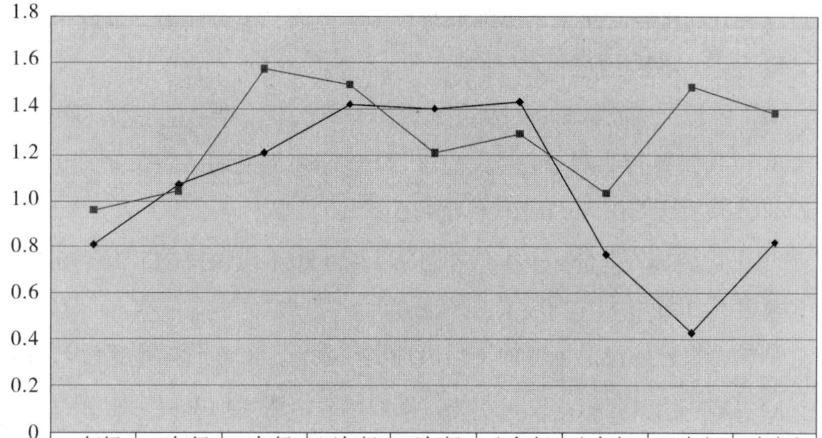

	一年级	二年级	三年级	四年级	五年级	六年级	七年级	八年级	九年级
80年代	0.81	1.07	1.21	1.42	1.4	1.43	0.77	0.43	0.82
90年代	0.96	1.04	1.57	1.5	1.21	1.29	1.03	1.49	1.38

图5-19 80—90年代教材各年级说练习趋势图

说话是人与人进行交流的基本方式，人们在日常生活中的思想交流、问题协商、传情达意，很多时候都要靠说话完成。关于说话的重要性，诸多教育名家都十分重视。叶圣陶说："口头为语，书面为言，文本于语，不可偏指，因合而言之。"① 张志公则指出人们对于口头语言缺乏重视会带来的严重后果："对于口头语言能力的不足，往往不予重视。不少青少年甚至成人口头语言贫乏，缺乏条理，甚至夹杂许多严重的语病，以至于夹杂一些粗陋的秽语之类，不以为意。对于不论在任何场合发言离不开稿子，不能作条理清楚、恰如其分的即兴发言，大都司空见惯，不认为是个问题。"②

从说话的作用来看，说话有讲述、讨论等多种方式，说话可以锻炼人敏锐的观察能力，通过从听话人得到的反馈信息，可以及时对自己的说话方式进行调整，语言的错误可以及时得到纠正，因此是一种有效的沟通方式。而且遣词造句都是在极短的时间内完成，这锻炼了人思维的条理性和周密性，是一种很好的锻炼人的思维方式。说话也是一项综合性的训练，可以同时对语音、词汇、语法、修辞进行训练。

另外，说话和写作的关系也十分紧密。说话是写作的基础，写作是对说话的系统化。不过两者的区别也是很明显的，说话是一种口头的方式，是短时间内，

---

① 叶圣陶：《叶圣陶语文教育论集》，教育科学出版社，1980，第138页。
② 张志公：《张志公论语文教学改革》，江苏教育出版社，1987，第250页。

由听说两方共同完成的。而写作是一种书面的方式，可以在较长的一个时间内，通过思考，反复修改完成，更强调写作人单方面的笔头能力。因此，从这种角度看，说话是一种更快捷的交流方式。

我们统计了两套教材各种练习出现的平均次数，结果呈现如下序列：

80年代阅练习1.32>80年代说练习1.04>80年代诵练习0.96>80年代抄练习0.66>80年代听练习0.14>80年代作练习0.05

90年代诵练习1.68>90年代阅练习1.45>90年代说练习1.28>90年代抄练习0.96>90年代作练习0.10>90年代听练习0.04

从两套教材的说话练习的平均出现次数来看，80年代的说话练习仅次于阅的练习，居全部练习的第二位，90年代的说练习仅次于诵练习、阅练习，居全部练习的第三位。应该说，教材的编写者对说话练习还是十分重视的。这种重视也反映在大纲中。如：

1980年《小学大纲》：“小学语文教学的要求是……能说普通话，能当众说清楚自己的意思”，“一年级……从完整地说一句话到连贯地说几句话”。

1980年《中学大纲》：“从初中到高中，学生要学会说普通话，进一步提高口头表达能力”，“说和写有密切的关系，指导学生口述见闻、说明事理、发表意见等等，不仅可以提高学生的口头表达能力，对提高书面表达能力也很有作用”。

1992年《小学大纲》：“学会说普通话，能清楚明白地表达意思”，“说话训练是语文教学的重要任务。培养学生的听说能力既是日常生活的需要，又能促进读写能力的提高和思维的发展。小学阶段……说话的要求是：……能用普通话清楚明白地表达自己的意思。养成边听边想和先想后说的习惯。听话、说话要注意文明礼貌。低年级能……说一段完整、连贯的话，口述一件简单的事。中年级能……清楚明白地口述一件事，讨论问题能说清楚自己的意思。高年级……能口述见闻，能当众作简短的发言。……低年级要上好说话课，有计划地进行听说训练。……教师要给学生创造各种听话、说话的机会，激发他们听说的欲望。要在学生的听说实践中，指导他们怎样听、怎样说，逐步提高听说能力”。

1992年《初中大纲》：“说普通话。回答交谈，讲述见闻，介绍事物，发表意见，做到语音清晰，意思明白，条理清楚，态度自然。养成有礼貌说话的习惯。”并且在能力训练中特别提到说话训练“说普通话。当众说话，语音清晰，音量适当，态度自然，说话语句连贯，意思完整、明白。说话注意对象和场合，用语文明、得体。课堂答问，参加讨论，积极主动，说话比较简要，有针对性讲述见闻，内容具体，有条理，用比较恰当的语调表达感情，按一定的顺序用恰当的方法口头介绍事物，说清楚事物的特征。扣住话题发表意见，观点清楚，有一定的说服力”。

我们还可以看到，90年代大纲要比80年代大纲更加详细和具体，对各个年级的要求也有比较详细的说明。这反映在曲线上，90年代的“说”练习的数量级要比80年代的高。

还需要指出的是，正如90年代大纲所说，说话的练习应该有一定的层级性。低年级的小孩子说话能力还不完善，不能用大段的话语表达自己的意思，而且用词造句常常有不规范的地方，这时候的说话训练应该以培养学生的说话兴趣为主，使学生敢于说话，乐于说话，因此，练习不应该集中在对词句的解释上。例如80年代一年级课文《扫雪》的课后练习：“下了一夜大雪，早晨是什么样的？人们怎样扫雪？找出课文里的句子来回答。”这个练习，虽然是一种说话练习，但却是一种比较低层次的说话，实际上是一种简单复述句子能力的锻炼。随着年级的增加，可以慢慢增加说话练习的数量，并且可以用口头作文或者讨论问题的形式来培养学生更高层次的说话能力。例如80年代九年级课文《“友邦惊诧”论》的课后练习：“课文从揭露事实引出反动谬论，然后针锋相对地进行驳斥。说说文章开头引用国民党反动政府的电文有什么作用，文末引用《申报》的消息又有什么作用。”这个说话练习是一个较为复杂的练习。对练习的解答首先建立在对篇章和时代背景的深入理解上，然后才能有条有理地进行回答。理想的说话练习编排方式在小学阶段可以是递增的，练习方式可以多种多样，而在七至九年级，数量上可以减少，但是说话的内容可以加深。从这一点上看，两套教材虽然照顾到了说话练习的数量，但是在编排梯度上没有很好地把握，所以形成了一种震荡的态势。

说话的教学也存在问题，在实际的教学中，更重视对课文内容的学习，考试方式也是动手不动口，缺乏有效的对口头表达能力的考查，这导致了教学上重写轻说的问题。另外，在教学中还可能存在着把说话的练习用书面的形式完成的情况，例如90年代初中第五册第16课的课文《海燕》后面有一个练习：找出课文中的比喻句、拟人句、反复句，说说它们的作用。这个题面上很明显指出应该“说说”，但是因为课后练习往往是作为家庭作业布置给学生的，所以会用书面的形式代替了本应口头完成的内容。这造成了说话练习名存实亡的状况。

作练习的变化曲线如图5-20：

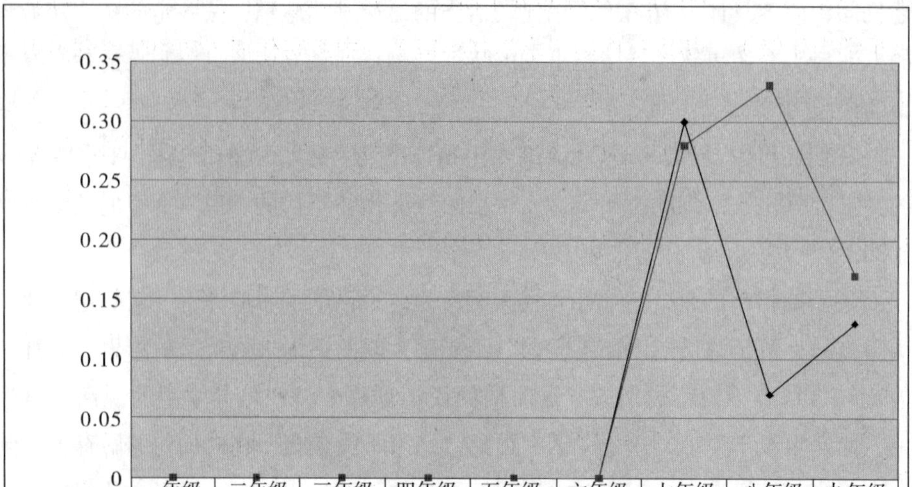

	一年级	二年级	三年级	四年级	五年级	六年级	七年级	八年级	九年级
80年代	0	0	0	0	0	0	0.3	0.07	0.13
90年代	0	0	0	0	0	0	0.28	0.33	0.17

图5-20　80—90年代教材各年级作练习趋势图

写作能力是语文能力的一个重要组成部分，是一种综合性的能力。苏联学者拉德任斯卡亚提出，写作能力包括审题、表现中心思想、搜集材料、系统地整理材料、修改文章、语言表达和选择文章体裁7种基本能力。但是对写作能力的培养是受到学生个体的智力、阅历、知识等条件影响的。因此，写作能力的培养是有阶段性的。

周泓（2002年）对当前中小学学生写作能力发展的研究进行了归纳，认为可以分为三阶段说、四阶段说、五阶段说。

（1）三阶段说。在现实教学中，人们常把小学生写作能力发展分为三个阶段：准备阶段，即口述阶段；过渡阶段，包括口述向笔述过渡，阅读向写作过渡；独立写作阶段，能独立思考，组织材料，写出文章。

（2）四阶段说。万云英等人（1981年，1984年，1988年）研究发现，小学生写作能力的发展一般经历看图说话、看图写作、素描写实范文仿作、丰富生活命题写作四个阶段。在这些阶段表现的特点有：写作形式发展逐步复杂化、独立化；写作体裁逐渐多样化；写作内容逐渐具体、丰富、生动。小学生写作遣词造句和构思特点有变化，用词日益丰富，语句逐渐复杂化。主题思想逐渐切题。小学生写作能力发展快慢不一，写作水平差距很大。小学四、五年级学生存在四种不同的过渡性言语表达形态：抄录型、改写型、写话型、写作型。

（3）五阶段说。朱作仁（1988年）参考国外的研究，结合我国的实际情况，总结出学生写作能力发展的五个阶段：写话阶段（小学低年级）、过渡期（小学中年级）、初级写作期（小学高年级）、中级写作期（初中阶段到高中一年级）、熟练写作期（高中阶段乃至以后）。这些阶段既相互划分，又是一个连续整体。写话阶段的特点主要是从口述到笔录，联词造句，联句成段，先说后写，表达的意思很简单。过渡期的特点是基本完成从口述到笔述，从句、段到篇的过渡，已能注意文章的构思，从不切题到切题，分清段落，会写复杂句。初级写作期特点是能用记叙、描写、说明等方法，能围绕中心选材、组材，开头结尾多样化，能借物抒情，掌握记叙文的一般写法。中级写作期特点是能对素材加以提炼、概括，明确中心思想，能运用多种表达方式和修辞手法，有谋篇布局的能力。熟练写作期特点是能处理内容复杂的材料，运用多种表达方式，结构完整，立意有一定深度，语汇丰富，写作速度快，有创作倾向。①

在这些发展阶段中，王可、林崇德认为：三到四年级和五到六年级发展迅速，四年级为关键期。②

现有的研究成果，与80—90年代教学大纲的要求是一致的。

1980年《小学大纲》中，把作文教学单独作为一个组成部分进行了详细说明。例如写作体裁方面："小学以学写记叙文为主，也要会写常用的应用文。"各年级对写作的要求方面应该贯彻层级性，指出："作文教学应该按从说到写的顺序，由易到难、由简单到复杂，循序渐进，逐步提高要求，要从看图说话到看图写话，再到命题作文；从写一句话到写一段话，再到作一篇文。但说和写不应截然划分，而应当紧密联系。小学阶段的作文要求，各个年级要有所侧重。一年级要求说完整的话，写完整的句子；二年级进一步加强词和句的训练，要求说话、写话时语句通顺，前后连贯；三年级要求段落分明，条理清楚；四年级要求中心明确；五年级达到全面要求。整个五年，都必须要求思想健康，内容具体，注意不写错别字。"

1980年《中学大纲》把作文能力放在了所有语文能力的最高处，指出："作文教学是语文教学的一个重要组成部分，学生语文学习得怎样，作文可以作为衡量的重要尺度，应当十分重视。"还对训练作文的方式做了说明："作文训练的方式是多种多样的，有命题作文、缩写、改写、扩写、写片段等等，教师要根据教学需要，灵活运用。命题作文要联系学生生活、学习、思想的实际"，各个年

---

① 周泓：《小学生写作能力研究》，西南师范大学博士学位论文，2002，第3~4页。

② 王可，林崇德：《中学生写作文本形成能力的发展特点》，《心理与行为研究》2008年第6期，第11页。

级写作能力也有各自的重点："教材要按照读写训练的要求进行编排，由易到难，由浅入深，循序渐进。培养学生的读写能力在各年级要有一定的重点：初中一年级记叙，二年级记叙和说明，三年级记叙和议论。"

1992年《小学大纲》在写作体裁方面沿袭了80年代大纲的要求"小学以学写记叙文为主，也要学写常用的应用文"。在写作能力的层级性方面，仍旧提出了要求，但是没有具体说明各个年级需要达到的具体目标"作文教学应该从说到写，由易到难，循序渐进。低年级着重练习写话，要有内容。语句要完整、连贯；中年级着重练习写片断，内容要真实具体，语句要通顺连贯，高年级着重练习写成篇的作文，要有中心，有条理，达到小学阶段的要求"。

1992年《初中大纲》对写作能力和写作训练做出明确的要求："能写记叙文，简单的说明文、议论文和一般应用文，做到思想感情真实、健康，内容具体，中心明确，条理清楚，文字通顺，不写错别字，正确使用标点符号，格式正确，书写规范、工整。初步养成修改文章的习惯。"

但是，在练习的编排中，大纲对写作练习层级性的要求没有得到体现。我们看到，在80—90年代的教材中，一至六年级写作基本上是一个空白，在七至九年级虽略有增加，但也是呈现起伏之势，而且并没有完全按照大纲的要求进行写作的练习。例如在80年代七年级的课文《第比利斯的地下印刷所》的课后练习中，出现了写作说明文的练习："给外地的亲友写封信，邀请他假期来访，告诉他来访时应走的路线，你家所在的街道或村庄以及房屋院落的外观和方位等"，而根据大纲的要求，说明文的练习应该是出现在初中二年级。这说明，写作的练习和课文的体裁在年级的分布应该有较为一致的安排。否则就不能讲练结合，担负起培养学生写作能力的功能。

参 考 文 献

[1] [美] Glenn E. Tagatz. 有关语言习得的三种主要理论 [J]. 肖苏亦，译. 国外语言学，1985 (4).

[2] [法] 阿兰·肖邦. 法国的教科书：编写、使用和培训 [J]. 汪凌，译. 全球教育展望，2003 (3).

[3] 陈钟梁. 是人文主义，还是科学主义 [J]. 语文学习，1987 (8).

[4] 段双全. 三种不同性质的语文界说 [J]. 语文建设，2010 (11).

[5] 胡明扬. 语言和语言学习 [J]. 世界汉语教学，1993 (1).

[6] 胡双宝. 汉语的基本结构单位是词还是字? [J]. 语文研究，2001 (2).

[7] 黄丽茄. 语言能力与交际能力 [J]. 佳木斯大学社会科学学报，2003 (6).

[8] 康艳红，董明. 初级对外汉语教材的词汇重现率研究 [J]. 语言文字应用，2005 (4).

[9] 江新. 词的复现率和字的复现率对非汉字圈学生双字词学习的影响 [J]. 世界汉语教学，2005 (4).

[10] 李海林. 语文本体与语文构成 [J]. 语文学习，2004 (4).

[11] 李熙宗. 关于语体的定义问题 [J]. 复旦学报（社会科学版），2005 (3).

[12] 李宇明. 第一语言习得论 [J]. 黄冈师专学报，1993 (1).

[13] 刘弘，孔梦苏. 对外汉语教材中虚拟人物的刻板印象研究 [J]. 语言教学与研究，2014 (1).

[14] 刘洪涛. 现代中学语文中的外国文学作品形态分析 [J]. 中国现代文学研究丛刊，2003 (3).

[15] 刘丽萍. 笔画数与结构方式对留学生汉字学习的影响 [J]. 语言教学与研究，2008 (1).

［16］刘珣. 试谈基础汉语教科书的编写原则［J］. 语言教学与研究，1982（4）.

［17］刘振前. 第二语言习得关键期假说研究评述［J］. 当代语言学，2003（2）.

［18］吕必松. 汉语教学中技能训练的系统性问题［J］. 语言文字应用，1997（3）.

［19］聂焱. 汉语语法、语言单位研究综述［J］. 固原师专学报（社会科学版），2004（4）.

［20］彭聃龄，王春茂. 汉字加工的基本单元：来自笔画数效应和部件数效应的证据［J］. 心理学报，1997（1）.

［21］彭瑞祥，张武田. 速示下再认汉字的某些特征［J］. 心理学报，1984（1）.

［22］申小龙. 汉语的人文性与中国文化语言学［J］. 读书，1987（8）.

［23］沈模卫. 合体汉字字形识别过程探索［J］. 应用心理学，1998（1）.

［24］苏新春. 位序调查法与学习性字表［J］. 北华大学学报（社会科学版），2011（4）.

［25］苏新春. 计量方法在词汇研究中的作用及频级统计法［J］. 长江学术，2007（2）.

［26］苏新春等. 教材语言的性质、特点及研究意义［J］. 语言文字应用，2007（4）.

［27］苏新春等. 对四套新课标语文教材课后练习的四维分析研究［J］. 江西科技师范学院学报，2010（1）.

［28］王汉卫，苏印霞. 论对外汉语教学的笔画［J］. 世界汉语教学，2012（2）.

［29］王可，林崇德. 中学生写作文本形成能力的发展特点［J］. 心理与行为研究，2008（6）.

［30］王晓明. 文学和人文精神的危机［J］. 上海文学，1993（6）.

［31］肖少北. 汉字识别中结构方式差异敏感性研究［J］. 应用心理学，1994（1）.

［32］肖少北，许晓艺. 结构方式在汉字识别中的作用［J］. 心理科学，1996（1）.

［33］杨惠元. 论速成汉语初级教程的练习设计［J］. 语言教学与研究，1997（3）.

[34] 尤浩杰. 对非汉字文化圈学习者汉字掌握的影响 [J]. 世界汉语教学，2003 (2).

[35] 于漪. 弘扬人文、改革弊端——关于语文教育性质观的反思 [J]. 语文学习，1995 (6).

[36] 苑春法，黄昌宁. 基于语素数据库的汉语语素及构词研究 [J]. 语言文字应用，1998 (3).

[37] 张凯. 汉语构词基本字的统计分析 [J]. 语言教学与研究，1997 (1).

[38] 张瑞华. 论语言语境与词汇学习 [J]. 北京第二外国语学院学报，2003 (4).

[39] 章士正等. 国人汉字书写神经基础的脑功能成像 [J]. 中国医学计算机成像杂志，2004 (1).

[40] 郑宇. 从课文后练习的编排看当代小学语文教育的走向 [J]. 课程·教材·教法，2006 (3).

[41] 周美玲，韩杰. 语文教材生字的位序调查统计及思考——基于新课标人教版、苏教版、北师大版、语文版 [J]. 课程教学研究，2012 (8).

[42] 周美玲，苏新春，韩杰. 频级统计法及其在教材语言调查中的作用 [J]. 嘉应学院学报，2012 (1).

[43] 周晓静. 教师：穿行在角色人与自然人之间 [J]. 教育研究与实验，2006 (3).

[44] 朱泳懿. 叶圣陶语文教材编写的实践与理论 [J]. 课程·教材·教法，1988 (4).

[45] 班杜拉. 社会学习理论 [M]. 北京：中国人民大学出版社，2015.

[46] 常宝儒. 现代汉语频率词典 [M]. 北京：北京语言学院出版社，1986.

[47] 陈秀玲，张洁. 中学语文课程标准与教材分析 [M]. 北京：科学出版社，2013.

[48] 复旦大学语言研究室编. 陈望道语文论集 [M]. 上海：上海教育出版社，1997.

[49] 胡裕树. 现代汉语 [M]. 上海：上海教育出版社，1995.

[50] 黄伯荣，廖序东. 现代汉语 [M]. 北京：高等教育出版社，2002.

[51] 顾黄初主编. 语文教材的编制与使用 [M]. 南京：江苏教育出版社，1996.

[52] 郭绍虞. 中国古代文论选（一卷本）[M]. 上海：上海古籍出版社，

1991.

［53］国家语言文字工作委员会. 现代汉字常用字部件及部件名称规范［M］. 北京：语文出版社，2009.

［54］江新. 对外汉语字词与阅读学习研究［M］. 北京：北京语言文化大学出版社，2008.

［55］李杏保，顾黄初. 中国现代语文教育史［M］. 成都：四川教育出版社，2000.

［56］李杨. 对外汉语教学中高级课程习题集［M］. 北京：北京大学出版社，1994.

［57］彭瑞祥，喻柏林. 不同结构的汉字再认的研究. 普通心理学与实验心理学论文集［M］. 兰州：甘肃人民出版社，1983.

［58］裘锡圭. 文字学概要［M］. 北京：商务印书馆，1988.

［59］苏培成. 现代汉字学纲要［M］. 北京：北京大学出版社，2001.

［60］苏新春. 现代汉语分类词典［M］. 北京：商务印书馆，2013.

［61］唐兰. 古文字学导论［M］. 济南：齐鲁书社，1981.

［62］现代汉语常用词表课题组. 现代汉语常用词表（草案）［M］. 北京：商务印书馆，2008.

［63］叶圣陶. 叶圣陶语文教育论集［M］. 北京：北京教育科学出版社，1980.

［64］张志公. 语文教学论集［M］. 福州：福建教育出版社，1981.

［65］中央人民政府教育部. 常用字表·常用字表说明［M］. 北京：人民教育出版社，1952.

［66］朱光潜. 朱光潜美学文集（第二卷）［M］. 上海：上海文艺出版社，1982.

［67］贾建花. 三套华文教材练习对比研究［M］. 厦门：厦门大学硕士论文，2014.

［68］李潇潇. 对外汉语教材汉字复现率及相关研究［M］. 上海：华东师范大学硕士论文，2011.

［69］刘旭. 常用汉字字量、字种研究［D］. 保定：河北大学硕士论文，2011.

［70］周泓. 小学生写作能力研究［D］. 重庆：西南师范大学博士学位论文，2002.

附　　录

1980年全日制十年制学校小学语文教学大纲（试行草案）[①]

我国正处在一个社会主义现代化建设的新时期，建设需要人才，培养人才的基础在小学。语文是小学的一门重要学科。学生学会了看书、作文，掌握了语文这种基础工具，对于学习其他各门知识，都是非常重要的。

语文这门学科，它的重要特点是思想教育和语文教学的辩证统一。在语文教学中，教师要在培养学生读写能力的过程中，注意课文的思想内容与表现形式的内在联系，正确地进行思想教育和语文教学。

小学语文课本入选课文的思想内容，应当有助于向学生进行热爱党、热爱社会主义祖国的教育；进行革命传统和党的优良作风的教育；进行革命理想和共产主义道德品质的教育；进行从小学科学、爱科学、用科学的教育；进行为革命而学习的教育；进行社会常识、自然常识、卫生保健的教育。

语言这东西，不是随便可以学好的，非下苦功不可。在语文教学中，教师要对学生严格要求，使他们懂得，要学好语文必须刻苦努力，要加速培养他们正确地理解和运用祖国语言文字的能力，打好初步的读写基础。

一、教学目的和要求

小学语文教学必须重视从小培养学生的无产阶级世界观。这个指导思想，要体现在整个小学语文教学之中。

小学语文教学的目的是培养学生识字、看书、作文的能力，初步培养准确、鲜明、生

---

① 本收所引1980年、1992年小学和初中四个语文教学大纲均转引自人民教育出版社《20世纪中国中小学课程标准·教学大纲汇编　语文卷》（吴履平主编，课程教材研究所编），2001年版。

动的文风。

小学语文教学的要求是使学生掌握常用汉字，初步打好阅读和写作的基础。（1）学会汉语拼音，以帮助识字和学习普通话；（2）学会常用汉字3000个左右，掌握常用的词汇；（3）会用铅笔、钢笔写字，学习写毛笔字；（4）学会查字典；（5）能听懂普通话，听人讲话能抓住主要意思；（6）能说普通话，能当众说清楚自己的意思；（7）能读懂适合少年儿童阅读的书报，理解主要内容，有初步的分析能力；（8）会写简短的记叙文和常用的应用文，做到思想健康，中心明确，内容具体，条理清楚，语句通顺，书写工整，注意不写错别字，会用常用的标点符号。

二、教材编排原则和方法

编排原则：（1）要有利于完成小学语文教学的目的要求，正确反映思想教育和语文教学的辩证关系。（2）要符合小学语文学习的规律，注意听说读写之间的内在联系和字词句篇之间的内在联系。入选课文的语言要合乎规范，体裁力求丰富多样。（3）要根据儿童的年龄特征和接受能力，做到由易到难，由浅到深，由具体到抽象，循序渐进，逐步提高。

编排方法：（1）对前三年讲读课文里出现的生字，提出两种不同的要求。一部分要求掌握，另一部分不要求掌握，只要能借助汉语拼音读出字音，大体懂得在词句中的意思就可以了。以后出现时，根据教材的安排再要求掌握。这样做，有利于编选内容比较丰富的课文，提高学生的阅读能力，也有利于培养学生的识字能力。教材中配有必要的图画，努力做到图文并茂。（2）课文分三类，一是讲读课文，二是阅读课文，三是学生自学的独立阅读课文，都在课本中标明。它们所占课数的比重，从低年级到高年级，第一类课文逐年适当减少，后两类课文逐年适当增加。增加后两类课文，有利于培养学生的自学能力。（3）根据课文内容的要求和读写训练的需要，在两、三课课文之后，安排进行读写综合练习的“基础训练”。（4）每册课本最后都附有生字表，表内列出各课要求掌握的生字，用汉语拼音注音。

三、识字、写字教学

识字是阅读和写作的基础。

在小学阶段要使学生学会常用字3000个左右。一、二年级以识字为重点。前三年学会2500个左右，为四、五年级较快地提高读写能力打下基础。

在识字教学中要求学生能够读准字音，认清字形，了解字义，学过的词要懂得意思，大部分会用；掌握汉字的基本笔画、笔顺规则、偏旁部首和间架结构。

识字教学要改进方法，提高质量。要根据学生认识事物的规律、学习语文的规律和汉字本身的规律，教给学生识字方法，培养识字能力。在教学中要把汉字的音、形、义紧密地结合起来，着重指导学生认清字形。学过的汉字要力求在阅读和写作练习中经常出现，反复运用，使学和用结合起来。

教给学生查字典是培养语文自学能力的重要措施，必须认真对待。要使学生及早学会音序查字法和部首查字法。

汉语拼音是帮助识字和学习普通话的有效工具，要充分发挥汉语拼音的作用。重视和学习汉语拼音，也有利于为将来实现汉字拼音化打下基础。小学一年级教学汉语拼音，要使学生学会声母、韵母、声调、拼音和整体认读的音节。二年级教学字母表、大写字母，会利用拼音查字典。以后各年级教学中，继续运用汉语拼音帮助识字，正音，学习普通话，阅读注音读物，并逐步养成查字典的习惯，培养自学能力。

写字和识字的关系极为密切。要使学生学会写铅笔字、钢笔字。要学会正确的执笔方法、写字姿势，把字写得正确、端正，有一定的速度，行款整齐，纸面干净，并注意爱惜文具，养成良好习惯。

在写字教学中要认真教给学生写字的基本知识，使学生掌握汉字的各种笔画、结构的书写方法；要由易到难地进行写字教学。教师写字要规范。

要教学生学习写毛笔字，注意指导学生使用毛笔的方法，从描红、仿影到临帖，逐步培养学生写毛笔字的能力。

要使学生认识把字写好的重要意义，自觉地下功夫多写多练，养成每天练习写字的习惯。

四、阅读教学

阅读教学的任务是培养学生看书报的能力和认真阅读的习惯。

在培养阅读能力方面，小学阶段的具体要求是：掌握学过的常用词汇，能正确、流利、有感情地朗读课文，比较熟练地默读课文，能背诵或复述指定的课文。能给课文划分段落，概括中心思想。能读懂适合少年儿童阅读的书报，理解主要内容，有初步的分析能力。

阅读能力要从一年级开始培养，循序渐进，逐步提高。

要重视词汇教学，帮助学生正确理解课文内容，积累词语并正确地运用词语。

词汇教学包括三方面的内容：一是正确地读出和写出生词，二是懂得词语的意思，三是能在口头语言和书面语言中正确地运用。

词义教学很重要。只有讲清学生不理解的词语和对表现中心思想有较大作用的词语，学生才能深刻地理解课文的思想内容，解词要力求简明而确切，通俗易懂，联系实际。要逐步培养学生结合上下文加深理解词义的能力。

教师要重视指导学生运用词语，使学生在运用中对词语获得确切的理解，并牢固地掌握。

教师要采取多种方法帮助学生积累生动活泼的词语，使他们学习运用丰富的词语，正确地表达自己的思想。

要加强朗读和默读。朗读和默读是阅读教学中最经常、最重要的训练。

朗读，首先要做到正确地读。要用普通话读，发音清楚响亮，不读错字，不丢字，不添字，不唱读，不重复字句。在正确地读的基础上，要求流利地读，再从流利地读到有感情地读。要读出不同的语调，读出词语之间、句子之间、段落之间的停顿，并注意轻重缓急。有感情地朗读能发展学生形象思维的能力。学生朗读能力逐步提高，对课文内容的理解就会逐步加深。因此，教师在各年级都应指导正确地、流利地、有感情地朗读，只是要求的程度有所不同。

默读时要让学生集中注意力，理解课文内容，分析课文中提出的问题，逐步培养认真阅读的习惯。

默读要在学生具有一定朗读能力的基础上进行。默读的时候，要做到不出声、不指读，随着年级的升高，默读的速度要逐步加快，读后能说出课文的主要内容，回答教师提出的问题。

要重视复述。复述可以培养学生的口头表达能力和逻辑思维能力。要求学生用普通话复述课文的片段或全文，做到声音响亮，口齿清楚，语句通顺，有中心，有条理。要采取多种形式，循序渐进地进行复述练习。

要重视背诵。背诵可以帮助学生加深对课文的理解，提高阅读能力；还可以帮助学生了解课文中用词造句、布局谋篇的内在联系，培养和提高作文能力。

要善于讲解课文。讲解课文时，教师要指导学生自觉地通过语言文字，正确理解课文的思想内容；并在理解思想内容的基础上，指导学生逐步学会怎样看书和作文。

讲解课文，不同的年级要有不同的要求。在低年级，要通过字、词、句的教学和指导朗读等帮助学生理解课文内容。随着年级的升高，逐步注意抓表现中心思想的重点词句和段落，抓整篇课文的层次结构。要帮助学生搞清楚课文各部分之间的内在联系，每一部分和整篇课文的内在联系，初步懂得文章是怎样运用语言表达思想的。讲解课文，还要根据不同的体裁，采用不同的教学方法。

概括段落大意实际上就是把整篇课文概括成一个简单的写作提纲。这是一种逻辑训练，可以使学生了解作者是按怎样的次序安排材料的，了解段与段之间是怎样联系起来的。概括段落大意，一定要抓住每段的中心，语言要简练。

要加强课外阅读的指导。课外阅读对培养和提高学生的读写能力起着重要的作用。教师在指导课外阅读时，要选择适合学生阅读的有益读物，开拓学生的眼界，要提示阅读的方法，组织读书活动，检查阅读效果，培养学生阅读的兴趣和认真读书的习惯。

五、作文教学

作文是学生思想水平和文字表达能力的具体体现，是字、词、句、篇的综合训练。

小学以学写记叙文为主，也要会写常用的应用文。

作文就是让学生把自己看到的、听到的、想到的、有意义的内容用文字表达出来。学生的生活越丰富，写作的内容就越充实。教师要结合教学，有计划地组织学生进行参观、访问等活动，接触实际，指导学生观察和分析。作文教学既要培养学生用词造句、布局谋篇的能力，又要培养学生观察事物、分析事物的能力。这两种能力从一年级起就要注意培养，看图说话、看图写话，就是作文最初步的训练。

作文教学应该按从说到写的顺序，由易到难、由简单到复杂，循序渐进，逐步提高要求，要从看图说话到看图写话，再到命题作文；从写一句话到写一段话，再到作一篇文。但说和写不应截然划分，应当紧密联系。

小学阶段的作文要求，各个年级要有所侧重。一年级要求说完整的话，写完整的句子；二年级进一步加强词和句的训练，要求说话、写话时语句通顺，前后连贯；三年级要求段落分明，条理清楚；四年级要求中心明确；五年级达到全面要求。整个五年，都必须要求思想健康，内容具体，注意不写错别字。

作文教学应当在重视对学生进行写作训练的同时，初步培养准确、鲜明、生动的文风，具体地说，在作文中要求逐步做到：（1）要有具体内容。写一段话或是写一篇文章，想告诉别人一件什么事，想说一说自己的什么想法，就把这件事、这个想法写下来，不说空话。（2）要实事求是。写一句话、一段话，以至一篇文章，要把自己想写的事情老老实实地写下来。（3）要看对象。作文时要想到，文章是写给谁看的。例如请假条是写给老师看的，板报稿是写给同学看的，等等。（4）要注意选词用语。写一句话、一段话，要想一想，该怎样写才能把自己想说的意思准确生动地表达出来，要用恰当的词句，采取恰当的表达方法。要注意词语的规范化。（5）要注意前后连贯。文章总是有开头、中间、结尾的。要想一想，什么是这篇文章的中心，围绕这个中心，先说什么，再说什么，最后说什么，才能使人家看得明白。（6）写完以后要修改。要注意有没有不通顺的句子，有没有用词不当的地方，有没有写错别字，有没有用错标点符号。要一句一句地念下去，把文章改得好一些。

作文教学要与阅读教学密切配合。在阅读教学中使学生懂得怎样选择材料、组织材料，怎样确定中心，怎样准确地选择词语，写出通顺的句子，怎样连句成段，连段成文，并注意前后的内在联系。作文教学时，要指导学生灵活运用在阅读中学到的知识和技能。

作文教学还要让学生多练。鲁迅说过："文章应该怎样做，我说不出来，因为自己的作文，是由于多看和练习，此外并无心得或方法的。"多看，指的是多读书报，还指的是多观察事物，即"多留心周围的事情"。多练，不仅要求增加作文练习的次数，还要求每次作文练习有一定的质量。在教学中，应当有计划地安排作文。在"基础训练"里对作文提出的具体要求，是普遍必须要做到的。除此之外，教师还应当利用各种机会，调动学生的自觉性，发挥学生的潜力，让学生多动笔，逐步养成爱动笔的习惯。

命题作文，教师要认真考虑出题。题目要有启发性，使学生能展开思路。要切合学生的生活实践，使他们有话可说。

要重视作文的指导、批改和讲评。作文前的指导，主要是启发学生写作的兴趣，明确作文的要求，展开作文的思路，指导学生选择材料、组织材料。教师批改作文，要看到学生的进步，加以鼓励，适当指点。对作文中带有普遍性的问题，可以联系阅读教学进行讲评。

六、基础训练

进行基础训练的目的，是让学生通过各种形式的作业练习、复习、巩固并综合运用学到的语文知识和技能，初步懂得运用语言文字的一般规律，为培养读写能力打下扎扎实实的基础。

重视实践，多读多练，是为我国传统语文教学所证实了的好经验。基础训练要贯彻这一精神。每课课后的"作业"，要求理解本课内容及表达方法，复习巩固本课学过的词语；两三课后的"基础训练"，是根据掌握语文这个基础工具的需要，有计划地安排的综合训练。基础训练的编排，要注意由浅入深、由简到繁、由具体到抽象、由感性到理性。每个年级的训练，要突出重点，基础训练的各个项目之间，注意互相联系。

基础训练的内容与课文紧密联系，但又有相对的独立性。形式力求多样，生动活泼，要能启发学生的思维，引起学生的兴趣，发挥学生的积极性和创造性，有利于加速培养读写能力。

小学阶段各年级的基础训练，一、二年级以巩固识字为重点，并进行词和句的训练；三年级以词和句的训练为重点，重视连句成段，连段成篇，运用常见的标点符号的训练；四年级继续进行句子训练，以篇章结构为重点；五年级以篇章结构、练习写作为重点。

在基础训练中，要安排一点有关语法、修辞的练习，要有意识地进行逻辑训练。在字词练习中，要加强词的观念，懂得常用词的确切意思，进行同义词、反义词的归类和比较。在句子练习中，要重视一句话是否意思完整，一句话里面的词语是否都用得比较准确。在篇章结构的练习中，要注意是怎样连句成段、连段成篇的。由此更进一步，要启发学生懂得整篇文章的结构，它的开头、中间、结尾都有内在的联系，要前后连贯；懂得说话、作文都要围绕中心，要突出重点；懂得说话，作文不仅要准确、通顺，还要生动、活泼。

七、大力改进小学语文教学

教师要总结教学经验，认真研究教学方法，大力改进语文教学，不断提高课堂教学质量。

要废止注入式，采用启发式。启发式教学在于发挥学生的主动精神。教师要善于调动学生学习的积极性和自觉性，启发学生开动脑筋，分析问题，解决问题。

要处理好知识和技能的关系。知识是懂不懂的问题，技能是会不会的问题。教师要把知识讲清楚，要讲清重点和难点；不在讲得多，而要讲在点子上；不在讲得深，而要讲求实效。要指导学生通过多读多练，把知识转化为技能。

要正确估计学生的能力。教师对学生的语文能力，要调查研究，做到心中有数。对程度比较差的学生，教师要加强辅导，对他们的进步，要加以鼓励。对程度好的学生，教师要提出更高的要求，发展他们的才能。

要十分重视培养学生的自学能力。对阅读课文，教师只要指导学生怎样阅读，不必费很多时间去讲；对独立阅读的课文，教师要放手让学生自己去阅读，读后适当检查阅读效果。要使学生逐步养成自学习惯。按照各年级的教学要求，要着重培养使用工具书的习惯，预习和复习的习惯，认真完成作业的习惯，教师批改后自觉改正的习惯，经常看书报和听广播的习惯。

要处理好课内和课外的关系。对小学生来说，课内与课外，以课内为主，必须加强课堂教学，切实上好每一堂课。还必须重视课外学习。除了加强课外阅读，鼓励课外习作外，还应当在学校的统一安排下，有计划地引导学生参加一些活动，让学生从小接触社会，热爱劳动，丰富语文教学的活动，充实写作的内容，有效地提高语文教学质量。在安排各项教学活动时，既要从严要求，鼓励刻苦学习，又要关心学生健康，不加重作业负担。

教师要在严格要求学生的同时，严格要求自己，以身作则。在教学时，说话、朗读、写字等，都要注意起示范作用。教师要努力学习政治，刻苦钻研业务，总结经验，不断创新，为提高语文教学质量，完成党交给自己的光荣任务而奋斗。

八、各年级的具体教学要求

一年级

1. 学会汉语拼音的声母、韵母、声调、拼音和整体认读的音节。要求默写声母和韵母，抄写音节。学习普通话。

2. 识字700个左右，要求读准字；认清字形，了解字义，学过的词要懂得意思，大部分会用；学会笔画名称、笔顺规则和常见的偏旁部首，能用铅笔写字，写得正确工整，写字姿势端正，执笔方法正确。

3. 学习正确、流利、有感情地朗读课文，背诵课文；在老师的指导下，能够读懂阅读课文。

4. 能正确地回答问题；能看图说话，从完整地说一句话到连贯地说几句话；能运用学过的常用词语书面造句，能看图写一句话到几句话，能写请假条；认识逗号，学习使用句号、问号和叹号。

二年级

1. 学会汉语拼音字母表，会按顺序背诵、默写字母，认识大写字母。继续学习普通话。

2. 识字1000个左右，要求读准字音，认清字形，了解字义，学过的词要懂得意思，大部分会用，继续练习写铅笔字，要求写得正确、端正、整洁；下学期开始练习用毛笔描红；开始练习查字典，上学期学习音序查字法，下学期学习部首查字法。

3. 学习正确、流利、有感情地朗读课文，背诵课文；开始练习默读课文；在老师的指导下学习独立阅读，能阅读注音的儿童读物，并理解内容。

4. 能正确地回答问题，能口述一件简单的事；能用学过的常用词语书面造句，能看图写一段话到写一件简单的事，能写申请书、留言条和简短的日记；学习使用逗号、冒号和引号。

三年级

1. 巩固汉语拼音，继续学习普通话。

2. 识字800个左右，要求读准字音，认清字形，了解字义，学过的词要懂得意思，大部分会用；能比较熟练地写铅笔字，开始练习用钢笔写字，要求写得正确、端正；开始练习用毛笔仿影；继续练习查字典。

3. 能正确、流利、有感情地朗读课文，背诵课文；能按要求默读课文；能阅读儿童读物；学习给课文分段，说出每段的段落大意，并练习概括课文的主要内容。

4. 能有条理地口述一件事；能详细地复述课文；能写板报稿、决心书和通知等。开始命题作文，学习写简短的记叙文，要求思想健康，内容具体，条理比较清楚，语句比较通顺。学习使用顿号和书名号。

四年级

1. 继续巩固汉语拼音，继续学习普通话。

2. 识字300个左右；能理解和运用学过的常用词语；继续用钢笔写字，写得正确、端正、整洁；练习用毛笔临帖；继续练习查字典。

3. 能正确、流利、有感情地朗读课文，背诵课文；能默读课文，概括课文的段意和中心思想；能阅读少年儿童读物。

4. 能有中心有条理地口述一件事；练习简要地复述课文；能写一般书信等应用文，继续练习写简短的记叙文，要求思想健康，中心明确，内容具体，条理清楚，语句通顺，书写工整，注意不写错别字，会用学过的标点符号。认识破折号和分号，练习使用省略号。

五年级

1. 继续巩固汉语拼音，继续学习普通话。

2. 识字200个左右；能理解和运用学过的词语；继续练习用钢笔写字，写得正确、端正、整洁，并有一定的速度；继续练习用毛笔临帖；能比较熟练地使用字典。

3. 能正确、流利、有感情地朗读课文，背诵课文；养成默读的习惯；能概括课文的段意和中心思想；能读懂适合少年儿童阅读的书报，理解主要内容，有初步的分析能力。

4. 能有中心有条理地口述所见所闻，表达自己的思想；练习创造性地复述课文；能记简单的读书笔记、会议记录等；能写简短的记叙文，要求思想健康，中心明确，内容具体，条理清楚，语句通顺，书写工整，注意不写错别字，会用常用的十种标点符号（句号、问号、叹号、逗号、冒号、引号、顿号、分号、书名号和省略号）。

1980年全日制十年制学校中学语文教学大纲（试行草案）①

我们伟大的祖国正处在社会主义现代化建设的新时期。中学语文教学必须适应新时期的需要，努力改进教学，提高学生的语文水平。

毛泽东同志指出："一个革命干部，必须能看能写，又有丰富的社会常识与自然常识，这是从事工作的基础与学习理论的基础，工作才有做好的希望，理论也才有学好的希望。"还指出，学生学会了看书作文，那他们出校后的发展就有了常常用得着的基础工具了。语文是从事学习和工作的基础工具。学生语文学得好，对于他们提高思想政治觉悟，学好其他各门学科，掌握文化科学知识，成长为又红又专的人才，有着重要的作用。

语文课在进行读写训练的同时，还必须进行思想政治教育。思想政治教育必须根据语文课的特点进行，必须在读写训练的过程中进行，读写训练也必须以正确的观点为指导，二者是相辅相成、互相促进的。

教学的目的和要求

中学语文教学必须用马克思主义的观点指导学生学习课文和必要的语文知识，进行严格的读写训练，使学生能够正确地理解和运用祖国的语言文字，具有现代语文的阅读能力和写作能力，具有阅读浅易文言文的能力；在读写训练的过程中，要注意提高学生的社会主义觉悟，培养无产阶级的情操和共产主义的道德品质。

中学语文教学读写训练的要求是：

初中阶段，学生能够阅读通俗的政治、科技读物和文艺读物，正确领会词句的含义，理解文章的内容；能写一般的记叙、说明、议论的文章，做到观点正确，内容具体，条理清楚，语句通顺，会使用标点符号，字写得正确整齐。学会使用一般的字典和词典。

高中阶段，学生能够比较熟练地阅读一般的政治、科技读物和文艺读物，能够阅读浅易文言文；能写比较复杂的记叙、说明、议论的文章，做到观点鲜明，内容充实，结构完整，中心明确，语句流畅。

从初中到高中，学生要学会说普通话，进一步提高口头表达能力。

---

① 这是1978年3月第一版大纲的修改本，1980年2月作为第二版印行。

教材的内容和编排

一、教材内容

（一）课文

课文要选取文质兼美的文章，必须思想内容好，语言文字好，适合教学。

（1）思想内容好。入选的现代作品，思想内容要有助于提高学生的社会主义觉悟，培养无产阶级的情操和共产主义的道德品质，树立无产阶级世界观。选取古代的作品，要根据批判继承的原则，“首先检查它们对待人民的态度如何，在历史上有无进步意义，而分别采取不同态度”，决定取舍，对入选的古代作品中某些消极因素，要作分析批判。在高年级，还可以选入少量有明显消极因素而艺术性强的传统名篇，指导学生认真鉴别和批判，学习正确地对待古代作品。入选的外国作品，要有进步的思想内容。

（2）语言文字好。入选的现代作品，语言要合乎规范，在用词、造句、布局、谋篇等方面具有典范性。入选的古代作品，在语言文字和写作方法上要足以作为学习的借鉴。入选的外国作品，译文要在保持原著风格的同时力求合乎现代汉语的规范。

（3）适合教学。课文要适合学生的年龄特征和接受能力，应该是在教师的指导下，经过一定的努力，学生能够理解和掌握的。课文的篇幅不宜过长，根据教学的需要，有些长文章可以节选。题材和体裁力求丰富多样。

全套课本的课文总数三百篇左右。课文分讲读和阅读两种，各省、市、自治区教育部门根据实际情况，对课文可作适当的抽换和补充。

（二）注释、思考和练习

课文附有注释、思考和练习。这些内容的安排，是为了帮助学生领会课文的思想内容和写作特点，有计划地进行读写训练，注释要针对不同的年级特点和课文特点，详略得宜。思考和练习要多样化，深浅适度，富于启发性，编配要有计划，前后要有联系，要同课文紧密结合，同作文教学和语文知识教学相互配合。练习题可以分为必作和选作，也可作必要的补充。

（三）语文知识

语文知识包括语法、逻辑、修辞、写作知识和文学常识等，这些知识要力求精要、好懂、有用。

语法、逻辑、修辞以及词句篇章的有关知识，可以结合的内容要尽可能结合起来教学。要少用术语，紧密结合学生阅读和写作的实际，力求通过练习收到实效。要根据读写训练的需要，结合汉语的特点，对语文知识的教学进行研究，使语文知识教学更好地为培养读写能力服务。

二、教材编排

教材要按照读写训练的要求进行编排，由易到难，由浅入深，循序渐进。培养学生的读写能力在各年级要有一定的重点：初中一年级记叙，二年级记叙和说明，三年级记叙和议论；高中一年级比较复杂的记叙和说明，二年级比较复杂的记叙和议论。

现代文的编排，根据各年级读写训练的要求，每册有计划地组织几个重点单元，其他单元同重点单元穿插编排。这样，可以使教材既重点突出，又灵活多样。

古代作品编排在每册之末。不分单元，编排顺序兼顾文章深浅和时代先后。教学时根据实际需要可以适当集中，也可以同现代文穿插进行教学。

作文教学

作文教学是语文教学的一个重要组成部分，学生语文学习得怎样，作文可以作为衡量的重要尺度，应当十分重视。

从低年级起就要培养学生有一个好的文风，懂得写文章要从实际出发，有的放矢，言之有物，实事求是。

作文训练的方式是多种多样的，有命题作文、缩写、改写、扩写、写片段等等，教师要根据教学需要，灵活运用。命题作文要联系学生生活、学习、思想的实际。说和写有密切的关系，指导学生口述见闻、说明事理、发表意见等等，不仅可以提高学生的口头表达能力，对提高书面表达能力也很有帮助。还要注意进行听的训练，如听写、做听讲记录等。

平时要注意指导学生观察事物，搜集材料。下笔之前要启发他们考虑清楚为什么写，写什么和怎样写。

作文要评改。评改是要启发学生认识自己的作文有什么优缺点，领悟到该怎样写，不该怎样写，经过多次反复的写作实践，逐步提高写作能力。评改要认真，方法可以多种多样（如普遍改或重点改，书面改或当面改，指导学生自己修改或组织学生互相修改等），但应以教师评改为主。每次评改可以着重解决一两个问题，对于共同性的问题应在全班讲评。

为了有效地提高学生的作文能力，要研究中学生作文能力发展提高的一般过程及其规律，研究作文训练的途径、步骤和方法，使作文更有科学性和计划性。中学生作文能力达到什么水平，应该有标准。要开展切实的科学研究，使这些问题逐步得到解决。

教学中应注意的几点

1. 要引导学生下苦功学习语文，要教育学生充分认识学习语文的重要性和艰苦性，要对学生严格要求，引导他们扎扎实实地打好基础。无论读或写，都要认真，课文要仔仔细细地读，字要规规矩矩地写，练习要踏踏实实地做，作文要认认真真地完成。要指导学生多读多写，勤学苦练，对文质兼美的典范文章，要熟读背诵。要让学生通过课内和课外各种学习语文的活动，坚持不懈地刻苦磨炼，养成良好的读写习惯，获得较强的读写能力。

2. 教学要联系实际。要使学生懂得：阅读和写作都与生活实践有密切关系，文章是客观事物的反映，写文章要实事求是地反映客观实际，中学阶段，学生学习语文主要是从书本中学习的，课堂教学是主要的。但教学要注意同学生的生活实践联系起来，要指导学生学习观察事物，写自己的见闻、感受和体会。

3. 提倡启发式。在教学中，要充分调动学生学习的积极性和主动性。教师讲课应力求精练，抓住重点和难点，要言不烦。要针对学生的实际情况，有的放矢地启发学生思考问题。要把语文知识的教学和读写训练结合起来，避免死记硬背名词定义。要通过多种方法，让学生自己动脑、动口、动手，逐步培养他们独立地分析问题和解决问题的能力。

4. 加强课外阅读和写作的指导。提高学生的读写能力，只靠课内是远远不够的，还要指导学生进行课外阅读和写作。教材中的阅读课文，要有计划地指导学生学习。从长篇作品中节选的课文，可以指导学生课外阅读全书或部分章节。要给学生推荐有益的读物，提示阅读的方法，引导学生不断扩大阅读范围。可以组织学生举行朗诵会、读书心得交流会等。要重视对学生课外写作的指导。提倡学生写日记、读书笔记，办墙报，举行作文比赛、书法比赛等。要使学生在课外阅读和写作中养成使用一般字典和词典的习惯。

语文教学工作也是思想工作，科学研究工作，又是一门艺术。语文教师要认真学习马列主义、毛泽东思想，努力提高自己的政治和业务水平。教师严格要求学生，首先要严格要求自己，以身作则。要树雄心立壮志，苦战攻关，大胆试验，勇于创新，不断地研究、总结、改进、提高，认真搞好语文教学，为社会主义现代化建设作出应有的贡献。

各年级读写训练要求和课文目录①

初中一年级

在小学的基础上，进一步扩大识字量，辨别字形、字音、字义，注意不写错别字；进一步丰富词汇，提高用词造句的能力；复习常用标点符号和汉语拼音，提高用普通话说话、朗读等口头表达能力。着重培养记叙能力，写记叙文力求中心明确，内容具体，条理清楚，前后连贯，首尾一致。继续练习写钢笔字和毛笔字。

---

① 课文目录和高中部分的内容本书从略。

学习一点文字和构词的知识，提高识字用字和解词用词的能力。学习一点语法知识，掌握词的分类、单句的基本构造和一些简单的判断形式。

开始培养阅读文言文的能力，了解一些常见的文言词和简单的文言句式。

初中二年级

继续丰富词汇，提高用词造句的能力。继续培养记叙能力，着重培养说明能力，掌握说明事物的要点和方法，写一般说明的文章，力求比较准确清楚，有条有理。继续练习写钢笔字和毛笔字。

学会辨别词义和词的不同色彩，理解和掌握比较复杂的单句，在学习词汇知识和语法知识的过程中，接受一些有关概念和判断的逻辑思维的训练。学习一点修辞方法。

继续了解一些文言虚词和句式，掌握一些文言词汇，初步理解古今词义的变化。

初中三年级

进一步丰富词汇，提高用词造句的能力，继续培养记叙能力，学习在记叙中运用议论和抒情的表达方法，着重培养议论能力，写一般议论的文章，做到观点正确，内容具体，条理清楚，语句通顺。

复习已学过的语法知识，学习和掌握几类常用复句的构造，学会准确使用有关的关联词语。注意句与句之间的关系，掌握一些判断形式，继续学习一点修辞方法。

继续理解古今词义的变化和掌握一些文言词汇，初步掌握文言句式的一些特点，学习使用工具书，了解一些文言词义。

1992年九年义务教育全日制小学语文教学大纲（试用）

一、前言

普及九年义务教育，是建设社会主义物质文明和精神文明的基础。小学是义务教育的基础阶段。小学语文是义务教育中的一门重要的基础学科，不仅具有工具性，而且有很强的思想性。教好这门学科，对于学生学习其他各门学科，获取新的知识；对于贯彻教育方针，促进学生德、智、体诸方面生动活泼地、主动地发展，培育有理想、有道德、有文化、有纪律的社会主义公民；对于提高民族素质，都有着重要意义。

小学是学习语文的基础阶段。在这个阶段，必须切实打好听说读写的基础，加强思想教育，发展观察能力和思维能力，全面完成语文学科的教学任务。

小学语文教学要以辩证唯物主义为指导。教师要不断端正教学思想，正确处理语言文字训练和思想教育的关系，学习语文和认识事物的关系，传授知识和发展智力、培养能力的关系，教和学的关系，课内和课外的关系，既要面向全体学生，又要注意因材施教，努力提高教学质量。

二、教学目的和教学要求

小学语文教学的目的，是指导学生正确地理解和运用祖国的语言文字，使学生具有初步的听说读写能力；在听说读写训练的过程中，进行思想政治教育和道德品质教育，发展学生的智力，培养良好的学习习惯。

小学语文教学的要求是：

教学生学会汉语拼音，帮助识字、阅读和学习普通话；学会常用汉字2500个左右，掌握常用词语，学会查字典，养成查字典的习惯；会写铅笔字和钢笔字，学习写毛笔字，养成良好的写字习惯；听人说话，能理解内容；学会说普通话，能清楚明白地表达意思；阅读程度适合的书报，能理解主要内容，领会中心思想，有一定的速度，养成良好的阅读习惯；能写简单的记叙文，做到有中心，有条理，内容具体，语句通顺，感情真实，思想健康；能写常用的应用文；书写工整，注意不写错别字；会用常用的标点符号。

在语文教学过程中，使学生受到辩证唯物主义的启蒙教育和社会主义道德品质的教育；逐步加深热爱祖国、热爱中国共产党、热爱社会主义的思想感情；陶冶爱美的情趣；锻炼观察、思维、想象、记忆的能力；养成良好的意志品格和学习习惯。

三、教学内容和教学提示

（一）语言文字训练方面

1. 汉语拼音

汉语拼音是小学语文教学的重要内容，是帮助识字、阅读和学习普通话的有效工具。

在小学阶段，要使学生学会汉语拼音的声母、韵母、声调和整体认读的音节；能够准确、熟练地拼读音节，有条件的可以逐步做到直呼音节；能默写声母、韵母和抄写音节；低年级学生在写话的时候，可以用音节代替没学过的汉字；认识大写字母和隔音符号，能背诵《汉语拼音字母表》。

教学汉语拼音，要以声母、韵母和拼读方法为重点。要重视教给学生拼读音节的方法，逐步培养拼读音节的能力；进行直呼音节教学的，一般可以由熟练拼读逐步达到直呼，音节教学要分步进行。在汉语拼音教学阶段，要着重进行常用音节的训练。在整个小学阶段，都要重视复习巩固汉语拼音，发挥汉语拼音的作用。

要重视汉语拼音字母和音节的书写指导。要指导学生掌握字母的笔画、笔顺，利用四线格把字母和音节写得正确、工整。

2. 识字、写字

识字是阅读和作文的基础。

在小学阶段，要使学生学会常用汉字2500个左右。要能读准字音，认清字形，了解字义，并能正确地书写、运用。前三年完成大部分识字任务。

识字教学要教给识字方法，培养识字能力。

要教给学生一些汉字的基本知识，使学生在识字的过程中，逐步掌握汉字的基本笔画、笔顺规则、偏旁部首和间架结构。

教会学生查字典，是培养语文自学能力的重要措施，必须予以重视。要教学生学会音序查字法和部首查字法，并能用数笔画的方法查难检字，逐步加快查字典的速度，养成查字典的习惯。

要重视正音和正字。要指导学生通过观察、比较，分辨多音字、同音字、形近字和多义字。

识字教学要改进方法，提高质量；要在语言环境中教识字，把字的音、形、义结合起来；要注意引导学生通过观察图画和实物，联系生活实际识字，把识字和认识事物结合起来；学过的字力求在语言训练中反复运用，把识字和听说读写结合起来；在识字的过程中重视写字的指导，把识字和写字结合起来。

写字是一项重要的语文基本功，是巩固识字的手段，对于提高学生的文化素养起着重要作用，必须从小打好写字的基础。从一年级开始就要严格要求，严格训练，逐步培养学生的写字能力。在写字教学中，教师要激发学生的写字兴趣，教会学生正确的写字姿势和怎样执笔、运笔，使学生掌握汉字的笔画、偏旁、结构的书写方法。逐步做到铅笔字、钢笔字写得正确、端正、整洁，行款整齐，有一定的速度。要重视毛笔字的教学，切实加强书写指导。从描红、仿影到临帖，逐步做到写得匀称，纸面干净。要注意培养学生认真写字和爱惜写字用具的习惯。要保证写字课的正常进行，不断提高写字课的教学质量。对于爱好书法的学生要加以鼓励。

3. 听话、说话

听话、说话训练是语文教学的重要任务。培养学生的听说能力既是日常生活的需要，又能促进读写能力的提高和思维的发展。

小学阶段听话、说话的要求是：听别人讲话要专心，能理解内容。能用普通话清楚明白地表达自己的意思。养成边听边想和先想后说的习惯。听话、说话要注意文明礼貌。

听说训练要在学生已有的基础上逐步提高要求。低年级能听明白别人说的一段话和一件简单的事，养成认真听话的习惯；能说一段完整、连贯的话，口述一件简单的事。中年级能听懂程度适合的讲话和少年儿童广播，理解内容；能清楚明白地口述一件事，讨论问题能说清楚自己的意思。高年级能听懂别人的讲话，理解主要内容；能口述见闻，能当众作简短的发言。

听说训练要贯穿在语文教学的各个环节之中。各年级的语文课都要重视听说训练，训练方式力求多样。听讲、朗读、复述、答问、讨论、口述作文等，都是听说的实际训练。低年级要上好说话课，有计划地进行听说训练。

听说训练要在学生的语言实践中进行。教师要给学生创造各种听话、说话的机会，激发他们听说的愿望。要在学生的听说实践中，指导他们怎样听、怎样说，逐步提高听说能力。

4. 阅读

阅读教学是小学语文教学的基本环节，它是识字的重要途径，有利于提高识字质量；能够进行听说读写的综合训练，提高听话、说话和作文的能力；能够使学生获得多方面的知识，发展思维，提高认识，受到思想教育和美的熏陶。

阅读教学的主要任务是培养学生的阅读能力和良好的阅读习惯。小学阅读教学，要通过词、句、段、篇的教学和朗读、默读、复述、背诵的训练，使学生掌握学过的常用词语，理解句子的意思；能给课文分段，归纳段落大意，概括课文的主要内容和中心思想；学习作者是怎样观察事物、思考问题和表达思想的；能正确、流利、有感情地朗读课文，比较熟练地默读课文，能背诵或复述指定的课文；能读懂适合少年儿童阅读的书报。

要重视词汇教学。词汇教学包括三方面的内容：一是正确地读出和写出学过的词语，二是懂得词语的意思，三是注意积累词语并能在口头和书面表达中正确运用。教师要指导学生逐步学会联系上下文理解词语，对于含义比较深刻的词语，要理解它们在课文中的意思和对于表达思想感情的作用。教师要采取多种方法，引导学生运用恰当的词语表达自己的思想感情。

要重视句子的教学。理解句子是理解课文的基础，各个年级都应重视培养学生理解句子的能力。要使学生懂得句子是表达一个完整的意思的。要着重指导学生学会联系上下文和生活实际理解句子。对于含义深刻的句子，要体会出所表达的意思和思想感情，对于表现中心思想有较大作用的句子，要注意联系课文的有关内容，深入理解。

段和篇的教学主要包括：认识自然段，理解自然段的主要意思。了解自然段之间的关系，懂得有时候几个自然段合起来讲一个意思，成为一段。能给课文分段，归纳段落大意，了解段与段之间的关系，理清课文的叙述顺序。概括课文的主要内容和中心思想。分段可以有一定的灵活性，归纳段落大意，要抓住重点，语句要简短。概括课文的主要内容和中心思想，要从课文的实际出发，在学生理解课文的基础上进行。

朗读和默读是阅读教学中最经常最重要的训练。各年级都要重视朗读，充分发挥朗读对理解课文内容、发展语言、陶冶情感的作用，从一年级起，就应指导学生正确、流利、有感情地朗读，注意培养朗读的兴趣。默读，要在学生具有一定朗读能力的基础上进行。要指导学生逐步学会边默读，边思考。随着年级的升高，适当提高默读的速度。

要重视复述和背诵。复述和背诵，要讲究方法，要在理解课文内容、了解叙述顺序的基础上进行。

在阅读教学中，教师要善于指导学生读懂课文。要指导学生通过语言文字正确理解课文的主要内容，体会思想感情，提高认识，接受思想教育；教师还要指导学生理解语言文字是怎样表达思想感情的，激发学生热爱祖国的语言文字。

阅读教学要处理好课文的部分和整体的关系。一般来说，可以按照由整体到部分再到整体的顺序进行教学。要从整体着眼，进行词、句、段的教学。要注意各个部分的内在联系，每个部分和整篇课文的内在联系，使学生对整篇课文有比较完整、深刻的理解。学生理解课文的过程，也是认识逐渐深化的过程。

阅读教学，各个年级的要求要有所侧重。低年级要指导学生理解词句，初步理解课文内容。随着年级的升高，要帮助学生理解对表达中心有重要作用的词句和段落，了解整篇课文的叙述顺序，了解词与句、句与句、句与段、段与段、段与篇之间的联系，学会概括主要内容和中心思想。

阅读教学要着眼于逐步培养学生的自学能力，使学生在阅读实践中学习独立思考，学习怎样读书。

5. 作文

作文是学生认识水平和语言文字表达能力的体现。小学生作文就是练习把自己看到的、听到的、想到的内容或亲身经历的事情，用恰当的语言文字表达出来。

小学以学写记叙文为主，也要学写常用的应用文。

作文要做到观察、思维、表达密切结合。作文教学既要培养学生用词造句、连句成段、连段成篇的能力，又要培养学生观察事物、分析事物的能力。这两方面的能力从一年级起就要开始注意培养。

作文教学要求学生逐步做到：（1）有具体内容。写一段话或是写一篇文章，内容要具体，不说空话。（2）有真情实感。要表达自己的真实感受，不说假话。（3）有中心。要围绕一个意思来写，使人知道是为什么而写的。（4）有条理。按一定的顺序写，使人看得清楚明白。（5）有重点。主要部分写详细些，次要部分写简略些。（6）展开想象。要能够从实在的事物出发，适当展开想象，使作文内容更丰富些。（7）注意选词用语。

要用恰当的词语表达自己的意思，句子要通顺连贯。（8）写完以后要修改。既要考虑作文内容，又要考虑语言文字的表达，把自己的作文改得更好些。

作文教学应该从说到写，由易到难，循序渐进。低年级着重练习写话，要有内容，语句要完整、连贯；中年级着重练习写片段，内容要真实具体，语句要通顺连贯；高年级着重练习写成篇的作文，要有中心，有条理，达到小学阶段的要求。

作文教学要与阅读教学密切配合。在阅读教学中，要指导学生学习作者观察事物、分析事物、遣词造句、连句成段、连段成篇的方法。在作文教学中，要引导学生把从阅读中学到的基本功，运用到自己的作文中去。

指导学生作文，要从内容入手。教师要引导学生接触自然，接触社会，指导学生留心观察和分析周围的事物，养成观察和思考的习惯。

课内和课外阅读，可以扩大学生的知识领域，丰富学生的作文内容。其他学科中的观察、参观、操作、实验等实践活动，有的也可以作为作文的内容。

作文训练的方式应当灵活多样。教师要以学生熟悉的事物为题材，提出作文的范围和要求，指导学生自己拟题作文。命题作文是作文训练的一种方式。教师可以出一个题目，也可以出几个题目供学生选择，但都要切合学生的生活实际，具有启发性，便于学生展开思路，有内容可写。

作文教学还要鼓励学生多练笔，不仅要求有一定的练习次数，还要求每次练习有一定的质量。教师应当根据作文训练的要求，结合实际，有计划地安排作文教学。还应当发挥学生的潜力，创造各种机会，激发学生的作文兴趣，逐步养成爱动笔的习惯。

要重视作文的指导。指导学生作文的过程，是提高学生认识能力的过程。教师要启发学生作文的愿望，提出明确要求，开拓思路，指导学生选择作文材料和恰当的表达形式。到了高年级，还要指导学生编写作文提纲。要重视批改和讲评的指导作用。批改作文可以采取多种形式，多种方法。要从学生实际出发，实事求是，讲究实效，要尊重学生的原意，鼓励学生的点滴进步。要培养学生修改自己作文的能力。讲评要结合学生的实际，教师要抓住学生作文中带有共性的问题，联系学过的有关知识，有针对性地进行讲评。也可以选择学生的好作文，让学生观摩、讨论。作文讲评要使每个学生都能看到自己的进步，明确努力方向。

（二）思想教育方面

语文学科的重要特点是思想教育和语言文字训练的辩证统一。进行思想教育是语文教学的一项重要任务。教师要充分认识加强思想教育的重要性，提高自觉性。

思想教育的主要内容是：

（1）使学生认识祖国山河壮丽，历史悠久，文化灿烂，人民勤劳智慧，语言文字优美，激发学生热爱祖国、热爱祖国语言文字的情感。

（2）使学生了解革命领袖、千千万万共产党人和广大人民群众在革命和建设事业中作出的杰出贡献，培养学生热爱中国共产党的思想感情。

（3）使学生了解我国社会主义建设事业取得的辉煌成就，了解在资本主义国家里劳动人民受压迫、受剥削的状况，懂得社会主义好，从而更加热爱社会主义。

（4）使学生认识自然，了解社会，受到辩证唯物主义的启蒙教育和爱科学、爱劳动、爱护公共财物、艰苦朴素、诚实勇敢、关心集体、团结友爱等教育，陶冶爱美的情趣。

语文教学要寓思想教育于语言文字训练之中。教师要在培养学生听说读写能力的过程中，注意思想内容与语言文字的内在联系，正确地进行思想教育。

在语文教学中进行思想教育，要根据教材的特点和学生的实际。教师要深入钻研教材，准确理解教材，把握教材的思想教育内容；要针对学生的年龄特点，动之以情，晓之以理，使思想教育切实有效。

四、课外活动

小学语文教学以课堂教学为主，课外活动是语文教学的有机组成部分。它可以加速培养并提高学生听说读写的能力；可以丰富学生的生活，开阔视野，增长知识；可以激发学生的兴趣，发挥特长，发展个性；可以陶冶学生的情操，使学生受到思想教育。

小学语文的课外活动包括课外阅读、兴趣小组活动和其他语文课外活动。

课外阅读是最经常最重要的语文课外活动，学校要为学生创造课外阅读的条件，通过多种渠道增加学生的阅读量。教师要加强课外阅读的指导，经常向学生推荐合适的读物并指导学生选择读物，引导学生把语文课内学到的方法，运用到课外阅读中去，培养认真读书的习惯。还要组织各种读书活动，采取多种形式，交流读书心得，检查阅读效果，不断提高阅读能力。

要根据学生的兴趣、爱好，组织他们参加各种兴趣小组活动，如书法小组、朗诵小组、写作小组和墙报小组等。适当组织其他语文课外活动，如参观访问，自己动手办报，开故事会、读书会、演讲会，进行普通话比赛、作文比赛等。

要有目的、有计划地开展语文课外活动，注意和其他学科活动的协调配合。开展课外活动要讲求实效，不要加重学生的负担。

五、教学中应该注意的几个主要问题

小学语文教学，必须实事求是，从实际出发，明确培养目标，端正教学思想，改进教学方法，提高教学质量。

（一）要正确处理语言文字训练和思想教育的关系。语言文字训练和思想教育要统一在语文教学过程之中。

教师要在语言文字训练的过程中，引导学生理解文章的思想内容，体会思想感情，使学生潜移默化地受到熏陶感染。学生理解了文章的思想内容，体会到了思想感情，可以加深对语言文字的理解。既要防止只重视语言文字的训练，忽视思想教育；又要防止脱离语言文字的训练，架空进行思想教育。

（二）要正确处理传授知识同发展智力、培养能力的关系。知识是智力和能力的基础，发展智力、培养能力的过程，能使学生加深对知识的理解。

智力的核心是思维。语言与思维密不可分。在语文教学中，要重视发展学生的思维，促进语言与思维的统一发展。

教师在指导学生理解和运用语言文字的过程中，要指引思维的途径、方法，鼓励独立思考。要培养学生提出问题、分析问题、解决问题的能力，逐步提高认识水平。

（三）要注意教学的纵向联系和横向联系。各个阶段、各项教学内容之间，有着紧密的联系，都是为实现教学目的服务的。

要处理好教学的阶段性与连续性。教师既要了解小学语文教学的总要求，又要把握所教年段的教学重点，并注意各阶段教学的连续性。

要重视听说读写之间的联系，使口头语言和书面语言相互促进。要注意课内和课外的联系。还要注意语文和其他学科的联系，做到相互配合、协调发展。

（四）要采用启发式，废止注入式。教师既要发挥主导作用，又要充分调动学生的积极性、主动性，使学生在语文学习过程中生动活泼地得到发展。

教师要深入了解学生，针对学生的实际，启发诱导。教师的提问、讲解等都要富于启发性。要讲求实效，使学生能够把理解的知识，在实践中运用。

课内外作业是巩固知识、提高能力的手段。教师要精心设计作业，要有启发性，分量要适当，不要让学生机械抄写，以利于减轻负担。

（五）要重视培养学生的自学能力。培养自学能力，要引导学生积极参加听说读写的实践，重视在实践中学习语言，理解语言，运用语言。要教给学生一些学习方法，鼓励他们采用适合于自己的方法，主动地进行学习。

教师要按照各年级的教学要求，逐步培养学生的自学习惯。要着重培养学生认真读书、认真思考的习惯，预习和复习的习惯，独立完成作业和检查作业的习惯，看书报和听广播的习惯，勤动笔的习惯。

（六）要改进成绩考查的方法。成绩考查是检验教学效果、提高教学质量的手段，是实现语文教学总目的的一个重要环节。

要根据教学大纲的教学目的、要求和教学内容，确定考查范围，改进考查的内容和形式。要对知识和能力进行综合考查，既要有书面的，也要有口头的。要安排好期末的成绩考查，更要注意对平时学习情况的考察，全面评估学生的学习成绩。要重视对学生学习成绩的分析，以便于改进教学。

提高语文教学的质量，关键在教师。教师要热爱本职工作，加强自身修养，努力学习政治和业务，严格要求自己，以身作则，更好地担负起教书育人的重任。

六、各年级的具体教学要求

五年制小学

一年级

汉语拼音

1. 能读准汉语拼音的声母、韵母、声调和整体认读的音节，学会拼音方法，能熟练地拼读音节，有条件的可以逐步做到直呼音节。学读轻声。能利用汉语拼音帮助识字、阅读、学习普通话。

2. 能默写声母、韵母并抄写音节，在四线格上写得正确、工整。写话时可以利用汉语拼音代替没学过的汉字。

识字、写字

3. 学会常用汉字450个左右。掌握汉字的基本笔画、笔顺规则、间架结构和常用的偏旁部首。

4. 能借助汉语拼音读准字音，能按汉字的基本笔画、笔顺、偏旁和结构分析、记忆字形，能初步理解字义。

5. 学过的词语能正确读、写，懂得意思，大部分能在口头语言中运用，一部分能在书面语言中运用。

6. 练习用铅笔写字，写得正确、端正、整洁，执笔方法和写字姿势正确。培养良好的写字习惯。

7. 会按照田字格里的范字写字。培养写字兴趣。

8. 学习使用和保管写字用具。

听话、说话

9. 能听懂别人说的一段话和一件简单的事，能听懂老师的提问和同学的回答。

10. 听话能集中注意力，不随便插话。

11. 学习说普通话。能用完整的语句回答老师提出的问题。看图或观察简单事物以后，能说几句意思完整、连贯的话。

12. 能当众说话，口齿清楚，声音响亮。学习使用礼貌语言。

阅读

13. 学习正确、流利、有感情地朗读课文。要求发音正确，声音响亮，按句逗停顿，不唱读。能背诵指定的课文。

14. 能理解课文中的词语和句子。能结合句子理解词语。懂得一句话表达一个完整的意思。

15. 认识自然段，了解课文内容。

16. 能阅读浅显的注音读物，初步了解内容。

17. 读书的姿势正确，养成爱惜书本的良好习惯。

作文

18. 能用学过的部分词语写完整、通顺的句子。

19. 学习观察简单的图画和事物，练习写句子。

20. 学习使用句号、问号。

二年级

汉语拼音

1. 巩固汉语拼音，能利用汉语拼音帮助识字、阅读、学习普通话。

2. 继续学读轻声。认识大写字母，能背诵《汉语拼音字母表》。

识字、写字

3. 学会常用汉字800个左右。读准字音，认清字形，能初步结合词语理解字义。学习辨析学过的同音字、形近字和多音字。

4. 学习音序、部首两种查字典的方法。学习独立识字。

5. 学过的词语能正确读、写，大部分能运用。能初步辨析近义词和反义词。

6. 继续练习用铅笔写字，写得正确、端正、整洁。开始学习用毛笔描红，学习执笔和运笔的方法。继续培养良好的写字习惯。

7. 学会使用和保管写字用具。

听话、说话

8. 能听懂别人说的一段话和一件简单的事，能转述基本内容。

9. 能认真听别人讲话，认真思考。

10. 继续学习说普通话。看图或观察事物以后，能说一段意思完整、连贯的话。能就所听所读的内容，用完整的语句回答问题。

11. 当众说话，做到语句完整，有礼貌。

阅读

12. 继续学习正确、流利、有感情地朗读课文。注意长句中和段落间的停顿。能背诵指定的课文。

13. 学习默读课文，要求不出声，不指读，一边读一边想。

14. 学习结合上下文和生活实际理解词句。

15. 能初步理解每个自然段的内容。初步理解课文的内容。

16. 学习课文中用词造句、连句成段的一些方法。

17. 能阅读注音的儿童读物，初步了解内容。

作文

18. 能用学过的部分词语写通顺的句子。能理顺次序错乱的句子。

19. 学习按一定顺序观察图画和简单事物，写几句意思连贯的话。能写留言条。学写简单的日记。

20. 学习使用逗号、感叹号。

三年级

汉语拼音

1. 巩固汉语拼音，能利用汉语拼音帮助识字、学习普通话。认识隔音符号。

识字、写字

2. 学会常用汉字600个左右。能辨析学过的多音字、同音字、形近字。学会用数笔画的方法查字典。学习从字典中选择词义，能初步独立识字。

3. 学过的词语能正确读、写，大部分会用。能初步辨析近义词和反义词。学习积累词语。

4. 能熟练地用铅笔写字，写得正确、端正、整洁，行款整齐，有一定的速度。

5. 练习用钢笔写字，写得正确、端正、整洁。学习用毛笔仿影，能正确地执笔、运笔，初步养成良好的写字习惯。

听话、说话

6. 能听懂程度适合的讲话和别人说的一件事，能转述内容。对不理解的问题能够提出来。

7. 能听懂少年儿童广播，听故事能边听边想象。

8. 能说普通话，能说一段意思完整、连贯的话。能复述课文，讨论问题能说清楚自己的意思。

9. 当众说话，做到语句比较通顺，有礼貌。

阅读

10. 继续学习正确、流利、有感情地朗读课文，能初步表达课文的思想感情。能背诵指定的课文。

11. 继续学习默读课文。能初步理解课文内容。

12. 能结合上下文和生活实际理解词句。

13. 学习分析自然段，归纳主要内容。开始学习给课文分段，练习说说段落大意。

14. 学习课文中用词造句、连句成段的一些方法。

15. 学习按要求预习课文。能借助字典学习生字词，初读课文，提出问题。

16. 能阅读儿童读物，了解主要内容。

作文

17. 能用学过的部分词语写通顺的句子。

18. 学习有顺序地比较细致地观察图画和事物，培养观察事物的兴趣。写出内容比较具体的片段。开始学写简单的记叙文。学写书信。

19. 学习使用冒号、引号、顿号。

20. 能理顺段落错乱的短文，能修改有明显错误的句子。

四年级

汉语拼音

1. 巩固汉语拼音，能利用汉语拼音帮助识字、学习普通话。

识字、写字

2. 学会常用汉字400个左右。能独立识字。能辨析多音字、同音字和形近字。自觉地纠正错别字。

3. 能比较熟练地查字典，初步养成使用字典的习惯。

4. 学过的词语能正确读、写，大部分会用。初步培养辨析词语的能力。进一步学习积累词语。

5. 能比较熟练地用钢笔写字，写得正确、端正、整洁，行款符合要求，学习用毛笔临帖，写得端正，纸面干净，养成良好的写字习惯。

听话、说话

6. 能听懂程度适合的讲话和广播，理解主要内容。能听出同学发言中的问题。

7. 养成专心听、认真思考的习惯。

8. 能用普通话清楚明白地讲述一件事。讨论问题能讲清自己的意思。能简要地复述课文。

9. 养成先想后说的习惯。说话有礼貌。

阅读

10. 能正确、流利、有感情地朗读课文。能表达课文的思想感情。能背诵指定的课文。

11. 能按要求默读课文，理解主要内容，有一定的速度。

12. 能理解含义较深的词句或结构比较复杂的句子。能抓住重点词、句、段，深入理解课文内容。

13. 能了解段与段、段与篇之间的联系，能给课文分段、归纳段落大意和课文的主要内容。学习概括中心思想。

14. 学习课文中观察事物、用词造句、连句成段、连段成篇的一些方法。

15. 学习预习课文。能自学生字词。初步了解课文内容，提出疑难问题，初步养成预习习惯。

16. 能阅读少年儿童读物，了解主要内容。

作文

17. 能用学过的部分词语写句子。

18. 观察事物能注意抓重点，并适当展开想象。初步养成观察周围事物的习惯，学习编写作文提纲。能写内容真实具体、条理比较清楚的简单记叙文。学写表扬稿。

19. 学习使用书名号、省略号。认识破折号。

20. 学习从内容、词句、标点等方面修改自己的作文。

五年级

汉语拼音

1. 巩固汉语拼音，能利用汉语拼音帮助识字、学习普通话。

识字、写字

2. 学会常用汉字250个左右。

3. 能熟练地查字典，养成使用字典的习惯。

4. 学过的词语能正确读、写，大部分会用。提高辨析词语的能力。注意积累词语。

5. 能比较熟练地使用钢笔写字，有一定速度。继续学习用毛笔临帖，写得匀称，纸面干净。

听话、说话

6. 听讲话和广播，能转述主要内容。

7. 听别人读程度适合的儿童文学作品和科普作品，能边听边想象。

8. 能用普通话清楚明白地讲述见闻。能当众作简短的发言，能创造性地复述课文。

阅读

9. 能正确、流利、有感情地朗读课文。能比较准确地表达课文的思想感情。能背诵指定的课文。

10. 能按要求默读课文，理解主要内容，体会思想感情，有一定速度。

11. 对含义较深的词句或结构比较复杂的句子，能联系上下文理解含义或体会感情色彩，注意欣赏文章中的优美语句。

12. 能初步理解句、段、篇之间的联系，能归纳段落大意，能概括课文的主要内容和中心思想。

13. 了解课文是怎样表达中心思想的。

14. 能预习课文。了解课文内容，提出疑难问题，养成预习的习惯。

15. 独立阅读程度适合的课外读物，能理解主要内容，体会思想感情，有初步的分析和概括能力。养成良好的阅读习惯。

作文

16. 能用正确的语句表达自己的思想。

17. 观察事物注意抓特点，养成观察周围事物的习惯。

18. 能按要求或自拟题目作文。能根据要求选择材料，编写作文提纲，写出有中心、有条理、有真情实感的简单记叙文。学写会议记录和读书笔记。

19. 初步会用句号、问号、感叹号、逗号、冒号、引号、顿号、书名号和省略号。认识分号。

20. 能初步修改自己的作文。

六年制小学

一年级

汉语拼音

1. 能读准汉语拼音的声母、韵母、声调和整体认读的音节。学会拼音方法，能熟练地拼读音节，有条件的可以逐步做到直呼音节。学读轻声。能利用汉语拼音帮助识字、阅读、学习普通话。

2. 能默写声母、韵母并抄写音节，在四线格上写得正确、工整。写话时可以利用汉语拼音代替没学过的汉字。

识字、写字

3. 学会常用汉字400个左右。掌握汉字的基本笔画、笔顺规则、间架结构和常用的偏旁部首。

4. 能借助汉语拼音读准字音，能按汉字的基本笔画、笔顺、偏旁和结构分析、记忆字形，能初步结合词语理解字义。

5. 学过的词语能正确读、写，懂得意思，大部分能在口头语言中运用，一部分能在书面语言中运用。

6. 练习用铅笔写字。写得正确、端正、整洁，执笔方法和写字姿势正确。培养良好的写字习惯。

7. 会按照田字格里的范字写字。培养写字兴趣。

8. 学习使用和保管写字用具。

听话、说话

9. 能听懂别人说的一段话和一件简单的事。能听懂老师的提问和同学的回答。

10. 听话能集中注意力，不随便插话。

11. 学习说普通话。能用完整的语句回答老师提出的问题。看图或观察简单事物以后，能说几句意思完整连贯的话。

12. 能当众说话，口齿清楚，声音响亮。学习使用礼貌语言。

阅读

13. 学习正确、流利、有感情地朗读课文。要求发音正确，声音响亮，按句逗停顿，不唱读。能背诵指定的课文。

14. 能理解课文中的词语和句子。能结合句子理解词语。懂得一句话表达一个完整的意思。

15. 认识自然段。了解课文内容。

16. 能阅读浅显的注音读物，初步了解内容。

17. 读书的姿势正确，养成爱惜书本的良好习惯。

作文

18. 能用学过的部分词语写通顺的句子。

19. 学习观察简单的图画和事物，练习写句子。

20. 学习使用句号、问号。

二年级

汉语拼音

1. 巩固汉语拼音，能利用汉语拼音帮助识字、阅读、学习普通话。

2. 继续学读轻声。认识大写字母，能背诵《汉语拼音字母表》。

识字、写字

3. 学会常用汉字750个左右。读准字音，认清字形，能初步结合词语理解字义。学习辨析学过的同音字、形近字。

4. 学习音序、部首两种查字典的方法。学习独立识字。

5. 学过的词语能正确读、写，大部分能运用。能初步辨析近义词和反义词。

6. 继续练习用铅笔写字，写得正确、端正、整洁。开始学习用毛笔描红，学习执笔和运笔的方法。继续培养良好的写字习惯。

7. 学会使用和保管写字用具。

听话、说话

8. 能听懂别人说的一段话和一件简单的事，能转述基本内容。

9. 能认真听别人讲话，认真思考。

10. 继续学习说普通话。看图或观察事物以后，能说一段意思完整、连贯的话，能就所听所读的内容，用完整的语句回答问题。

11. 当众说话，做到语句完整，有礼貌。

阅读

12. 继续学习正确、流利、有感情地朗读课文。注意长句中和段落间的停顿。能背诵指定的课文。

13. 学习默读课文。要求不出声，不指读，一边读一边想。

14. 学习结合上下文和生活实际理解词句。

15. 能初步理解每个自然段的内容。初步理解课文的内容。

16. 学习课文中用词造句的一些方法。

17. 能阅读注音的儿童读物，初步了解内容。

作文

18. 能用学过的部分词语写通顺的句子。能理顺次序错乱的句子。

19. 学习按一定顺序观察图画和简单事物，写几句意思连贯的话。能写留言条。

20. 学习使用逗号、感叹号。

三年级

汉语拼音

1. 巩固汉语拼音，能利用汉语拼音帮助识字、学习普通话。认识隔音符号。

识字、写字

2. 学会常用汉字550个左右。能辨析学过的多音字、同音字、形近字。学会用数笔画的方法查字典。学习从字典中选择词义。能初步独立识字。

3. 学过的词语能正确读、写，大部分会用。能初步辨析近义词和反义词。学习积累词语。

4. 能熟练地用铅笔写字，写得正确、端正、整洁，行款整齐，有一定的速度。

5. 练习用钢笔写字，写得正确、端正、整洁。学习用毛笔仿影，能正确地执笔、运笔。初步养成良好的写字习惯。

听话、说话

6. 能听懂程度适合的讲话和别人说的一件事，能转述内容。对不理解的问题能够提出来。

7. 能听懂少年儿童广播，听故事能边听边想象。

8. 初步能说普通话。能说一段意思完整、连贯的话。

9. 当众说话，做到语句比较通顺，有礼貌。

阅读

10. 继续学习正确、流利、有感情地朗读课文。边读边思考，读出不同的语气。能背诵指定的课文。

11. 继续学习默读课文，能初步理解课文内容。

12. 能结合上下文和生活实际理解词句。

13. 学习分析自然段，归纳主要内容。

14. 学习课文中用词造句、连句成段的一些方法。

15. 学习按要求预习课文。能借助字典学习生字词，初读课文，提出问题。

16. 能阅读儿童读物，了解主要内容。

作文

17. 能用学过的部分词语写通顺的句子。

18. 学习有顺序地比较细致地观察图画和事物，写出内容比较具体的片段。学写简单的日记。

19. 学习使用冒号、引号。

20. 能修改有明显错误的句子。

四年级

汉语拼音

1. 巩固汉语拼音，能利用汉语拼音帮助识字、学习普通话。

识字、写字

2. 学会常用汉字400个左右。能辨析多音字、同音字和形近字。

3. 能在阅读和作文中使用字典解决有关字词的疑难问题。

4. 学过的词语能正确读、写，大部分会用。初步培养辨析词语的能力。进一步学习积累词语。

5. 继续练习用钢笔写字，用毛笔仿影，养成良好的写字习惯。

听话、说话

6. 能听懂程度适合的讲话。参加讨论，能听出同学发言中的问题。

7. 养成专心听、认真思考的习惯。

8. 参加讨论能主动发言，能用普通话讲清自己的意思。能复述课文。能清楚明白地讲述一件事。

9. 当众说话，语句比较通顺，有礼貌。

阅读

10. 能正确、流利、有感情地朗读课文。能初步表达课文的思想感情。能背诵指定的课文。

11. 能按要求默读课文，理解主要内容，有一定的速度。

12. 学习理解含义较深的词句或结构比较复杂的句子。能找出课文中重点的词语和句子。

13. 能初步了解段与段、段与篇的关系，学习给课文分段，说说段落大意。

14. 学习课文中观察事物、用词造句、连句成段的一些方法。

15. 继续学习预习课文。能借助字典自学生字词，初步了解课文内容，能提出问题。

16. 能阅读少年儿童读物，了解主要内容。

作文

17. 练习用学过的部分词语写句子。

18. 初步能有顺序、有重点地观察图画和周围的事物，培养留心观察周围事物的兴趣和习惯。学习写内容真实具体、条理比较清楚的简单记叙文，学写书信。

19. 学习使用顿号。

20. 能修改有错误的句子。能理顺段落混乱的短文。

五年级

汉语拼音

1. 巩固汉语拼音，能利用汉语拼音帮助识字、学习普通话。

识字、写字

2. 学会常用汉字250个左右。能独立识字。自觉地纠正错别字。

3. 能比较熟练地查字典，初步养成使用字典的习惯。

4. 学过的词语能正确读、写，大部分会用。继续培养辨析词语的能力。注意积累词语。

5. 能比较熟练地用钢笔写字，写得正确、端正、整洁，行款符合要求。学习用毛笔临帖，写得匀称，纸面干净。

听话、说话

6. 能听懂程度适合的讲话和广播，理解主要内容。

7. 能从听话中吸收知识，丰富词汇。

8. 能用普通话清楚明白地讲述一件事。讨论问题能讲清自己的意思。能简要地复述课文。

9. 养成先想后说的习惯。说话有礼貌。

阅读

10. 能正确、流利、有感情地朗读课文。能表达课文的思想感情。能背诵指定的课文。

11. 能按要求默读课文，理解主要内容，有一定的速度。

12. 能理解含义较深的词句或结构比较复杂的句子。能抓住重点词、句、段，深入理解课文内容。

13. 能了解段与段、段与篇之间的联系，能给课文分段、归纳段落大意和课文的主要内容。学习概括中心思想。

14. 学习课文中观察事物、用词造句、连句成段、连段成篇的一些方法。

15. 学习按要求预习课文，能自学生字词，初步了解课文内容，提出疑难问题，初步养成预习的习惯。

16. 能阅读少年儿童读物，了解主要内容。

作文

17. 能用学过的部分词语写句子。

18. 观察事物能抓住重点，并适当展开想象。初步养成观察周围事物的习惯。练习按要求或自拟题目作文。学习编写作文提纲。能写有中心、有条理、有真情实感的简单记叙文。学写表扬稿。

19. 学习使用书名号、省略号。认识破折号。

20. 学习从内容、词句、标点等方面修改自己的作文。

六年级

汉语拼音

1. 巩固汉语拼音，能利用汉语拼音帮助识字、学习普通话。

识字、写字

2. 学会常用汉字150个左右。

3. 能熟练地查字典，养成使用字典的习惯。

4. 学过的词语能正确读、写，大部分会用。提高辨析词语的能力，注意积累词语。

5. 能比较熟练地使用钢笔写字，有一定速度。继续学习用毛笔临帖，写得匀称，纸面干净。

听话、说话

6. 听讲话和广播，能转述主要内容。

7. 听别人读程度适合的儿童文学作品和科普作品，能边听边想象。

8. 能用普通话清楚明白地讲述见闻。能当众作简短的发言。能创造性地复述课文。

阅读

9. 能正确、流利、有感情地朗读课文。能比较准确地表达课文的思想感情。能背诵指定的课文。

10. 能按要求默读课文，理解主要内容，体会思想感情，有一定速度。

11. 对含义较深的词句或结构比较复杂的句子，能联系上下文理解含义或体会感情色彩。注意欣赏文章中的优美语句。

12. 能初步理解句、段、篇之间的联系，能归纳段落大意，能概括课文的主要内容和中心思想。

13. 了解课文是怎样表达中心思想的。

14. 能预习课文，了解课文内容，提出疑难问题，养成预习的习惯。

15. 独立阅读程度适合的课外读物，能理解主要内容，体会思想感情，有初步的分析和概括能力。养成良好的阅读习惯。

作文

16. 能用正确的语句表达自己的思想。

17. 观察事物注意抓特点，养成观察周围事物的习惯。

18. 能按要求或自拟题目作文。能根据要求选择材料，编写作文提纲，写出有中心、有条理、有真情实感的简单记叙文。学写会议记录和读书笔记。

19. 初步会用句号、问号、感叹号、逗号、冒号、引号、顿号、书名号和省略号。认识分号。

20. 能初步修改自己的作文。

1992年九年义务教育全日制初级中学语文教学大纲（试用）

语文是学习和工作的基础工具。语文学科是学习其他各门学科的基础。学好语文，不但对于学好其他学科十分必要，而且对于将来从事工作和继续学习会产生深远的影响。

语文学科对于提高学生的思想道德素质和科学文化素质，培育有理想、有道德、有文化、有纪律的社会主义公民，具有重要的意义。

语文教学必须以马克思主义为指导，贯彻教育方针，面向现代化、面向世界、面向未来；积极进行教学改革，提高教学质量，为社会主义物质文明和精神文明建设服务。

一、教学目的

在小学语文教学的基础上，指导学生正确理解和运用祖国的语言文字，使他们具有基本的阅读、写作、听话、说话的能力，养成学习语文的良好习惯。在教学过程中，开拓学生的视野，发展学生的智力，激发学生热爱祖国语文的感情，培养健康高尚的审美情趣，培养社会主义思想品质和爱国主义精神。

二、教学要求

1. 阅读能力。

读一般的现代文，能领会词句在语言环境中的含义和作用，理解思想内容和文章的思路，了解基本的写作方法，具有一定的语言感受能力。初步掌握精读、略读的方法，培养默读习惯，提高阅读速度。能用普通话正确、流利地朗读课文，背诵基本课文中的一些精彩片段。初步具有欣赏文学作品的能力。读文言课文，要了解内容，能顺畅地朗读，背诵一些基本课文。能熟练使用常用字典、词典。养成读书看报的习惯。

2. 写作能力。

能写记叙文、简单的说明文、议论文和一般应用文，做到思想感情真实、健康，内容具体，中心明确，条理清楚，文字通顺，不写错别字，正确使用标点符号，格式正确，书写规范、工整。初步养成修改文章的习惯。

3. 听话能力。

听新闻广播和一般性发言，听读深浅适度的文章，能复述基本内容，说出要点和中心。参加讨论，能听出不同意见的分歧所在，会做听讲笔记。养成专心听话的习惯。

4. 说话能力。

说普通话。回答交谈，讲述见闻，介绍事物，发表意见，做到语音清晰，意思明白，条理清楚，态度自然。养成有礼貌说话的习惯。

5. 基础知识

了解一些必要的语法修辞知识、文学知识、文体知识和读写听说知识。

语文教学要进行思想教育。思想教育要依据语文学科的特点，在语文训练中进行。要着重于思想感情的陶冶、道德品质的培养，使学生提高社会主义觉悟，初步具有辨别是非、善恶、美丑的能力。熏陶渐染，潜移默化，循环往复，逐步加深。

三、教学内容

（一）课文

指导学生学习课文，是语文课堂教学的主要内容。传授语文知识，训练语文能力，进行思想教育，培养审美情趣，主要以课文作为凭借。

课文要文质兼美，内容要有助于增强学生热爱祖国的思想感情，有助于培养学生艰苦奋斗、为社会主义现代化建设献身的精神，有助于学生树立辩证唯物主义和历史唯物主义观点。语言文字要合乎规范，在用词、造句、布局、谋篇等方面具有典范性。课文要难易适度，适合教学，应该是经过一定的努力，教师能教好，学生学得了的，题材和体裁应该丰富多样，能激发学生的学习兴趣。

大纲规定的基本课文是各种初中语文课本的共同课文。课文总数应不少于180篇，在全部课文中，现代文占80%左右，文言文占20%左右。要重视选取反映新中国成立以来的社会生活和时代精神的现代文。各地可以编选少量乡土内容的课文。

（二）能力训练

1. 阅读训练。

整体感知课文的大概内容。

感受课文的语言所表达的思想感情。

借助工具书理解词语在上下文中的含义和作用。

从课文中找出感受最深的句子或段落。

抓住一段文字的中心，找出关键性语句。

看出课文各个部分之间的联系，大体了解课文的思路和中心意思。

根据不同表达方式和体裁的特点阅读课文。

从课文的内容中体会作者的态度或观点。

就课文的内容、语言、写法提出自己的看法或疑问。

体会课文中一些句子的深层含义。

欣赏课文中优美、精辟的语句。

初步欣赏文学作品中的形象和描写。

用普通话正确、流利、有感情地朗读课文。

集中注意力默读课文，不动唇、不指读。

用一定的速度（每分钟500字左右）阅读浅易的文章，把握大意。

用圈点、批注的方法精读课文。

用摘录或制作卡片等方法积累阅读的材料。

写读书心得笔记。

2. 写作训练。

书写工整、规范，有一定的速度。

养成卷面整洁、注意行款格式的习惯。正确使用标点符号。

观察、分析周围的事物，用自己的话写出观察的结果和感受。

随时收集、积累语言材料。

根据写作需要，确定表达的内容和中心。

选择恰当的表达方式，比较准确地表达自己的意思。

合理安排内容的先后、详略。

运用联想或想象，丰富表达的内容。

记事写人，内容具体，有真情实感。

选用恰当的说明方法，有条理地说明事物的特征。

发表自己的看法，有一定的根据，作一些简单的分析。

根据目的、对象、场合，选择比较恰当的语句。

根据需要，对文字材料作缩写、扩写、改写、续写。

学写一般的应用文。

养成修改文章的习惯。

（作文每学期不少于6次，并经常进行片段训练。）

3. 听话训练。

与人交谈，耐心、专注地倾听别人说话，了解对方的意思。

听新闻广播和一般性的发言，抓住中心和要点。

听读记叙性的文章，听清楚所写的人和事。

听读说明性的文章，抓住被说明事物的特征。

听读议论性的文章，听出作者的观点和理由。

听课、听报告，能做记录，不遗漏主要内容。

参加讨论，听出不同意见的分歧所在。

4. 说话训练。

说普通话。

当众说话，语音清晰，音量适当，态度自然。

说话语句连贯，意思完整、明白。

说话注意对象和场合，用语文明、得体。

课堂答问，参加讨论，积极主动，说话比较简要，有针对性。

讲述见闻，内容具体，有条理，用比较恰当的语调表达感情。

按一定的顺序，用恰当的方法，口头介绍事物，说清楚事物的特征。

扣住话题发表意见，观点清楚，有一定的说服力。

（三）基础知识

1. 汉语知识。

语音：汉语拼音规则。

标点符号：复习、巩固标点符号知识。

汉字：在小学的基础上扩大识字量，达到3500个字。汉字构字常识（主要是形声字），同音字、形似字、多音多义字。

词：词的分类（多义词、同义词、反义词，词义的褒贬）。

短语：短语的结构（并列、偏正、动宾、动补、主谓）。

句子：单句的成分（主、谓、宾，定、状、补），复句的主要类型（并列、递进、选择、转折、因果、假设、条件）和常用的关联词语（复句不超过二重）。

修辞：比喻、拟人、夸张，排比、对偶、反复、设问、反问。

句式的变换和选择：简明、连贯、得体。

2. 文体知识。

记叙文（要素、人称、顺序、中心、详略）；说明文（对象特征、条理、方法）；议论文（论点、论据、论证）；应用文（书信、电报、规则、计划、总结等常识）。

3. 文学知识。

小说、散文、诗歌、戏剧的常识；基本课文涉及的重要作家和作品。

（四）课外活动

语文课外活动是语文教学的组成部分，包括课外的阅读活动、写作活动、听话说话活动、写字活动和参观访问活动。可以组织读书报告会、朗诵会、故事会、演讲会和办墙报等，还可以组织各种语文小组和文学社团。每学年课外读三五本书，提倡课外练笔。

四、教学中要重视的问题

（1）正确处理语文训练和思想教育的关系。语文训练和思想教育是统一的，相辅相成的。要因文解道，因道悟文，引导学生通过语言文字正确理解课文的思想内容，又在领会思想内容的基础上，加深对语言文字的理解，收到语文教学应有的效果。

（2）读、写、听、说四种能力都很重要。读写能力是学习和工作的重要条件，必须着力培养；听说能力在现代生活中日益需要，也应加强训练，读、写、听、说之间关系密切，互相促进，教学中可以进行单项训练，也可以结合起来训练，要按照合理的序列安排教学内容，使四种能力协调发展，扎扎实实打好基础。字要规规矩矩地写，话要清清楚楚地说，课文要仔仔细细地读，练习要踏踏实实地做，作文要认认真真地完成。

（3）学习语文知识，有助于提高学生的语文能力和文化素养，传授语文知识应遵循精要、好懂、有用的原则，尽可能和课文结合，联系学生读写听说的实际。不要用名词术语考学生。

（4）语文教学要重视学生智力的发展，要在读写听说训练之中，指导学生学习运用比较、分析、归纳等方法，发展他们的观察力、记忆力、思考力、想象力。

（5）课堂教学是语文教学的基本形式，要努力提高课堂教学的质量。教师要认真备课，钻研教材，了解学生实际，合理设计教学。要贯彻启发式的原则，运用恰当的教学方法，调动学生学习语文的主动性和积极性，引导他们动脑、动口、动手，培养自学能力和自学习惯。作业要适量，评改可采取多种方式，讲求实效。

（6）语文课外活动和语文课堂教学是相辅相成的。开展课外活动要发挥学生的主动性、独立性和创造性。要明确目的，制订计划，加强指导。要因地制宜，讲求实效，注意不加重负担。活动方式应该灵活多样，生动活泼，适合学生的年龄特点。

五、基本课文篇目（略）